粟品孝 編

歷代周敦頤文集序跋目錄彙編

上海古籍出版社

本書係國家社會科學基金項目階段性成果

本書受到"四川大學一流學科 區域歷史與邊疆學學科群"資助

目　　録

前言 ………………………………………………………………………… 1

凡例 ………………………………………………………………………… 1

第一部分　宋刻本（七部）…………………………………………… 1

一、宋孝宗淳熙十六年葉重開編《濂溪集》七卷 ……………………… 1

二、宋寧宗嘉定十四年度正編《周濂溪集》 …………………………… 2

三、宋寧宗嘉定末至理宗寶慶初蕭一致刻《濂溪先生大成集》七卷 … 4

四、宋理宗紹定元年易統刻《濂溪先生大全集》七卷 ………………… 8

五、宋理宗淳祐初年周梅叟刻《濂溪先生大成集》七卷 ……………… 9

六、宋理宗寶祐四年至景定五年間編《濂溪先生集》 ………………… 11

七、宋度宗咸淳末年編《元公周先生濂溪集》十二卷 ………………… 17

第二部分　明刻本（十九部）………………………………………… 28

一、明孝宗弘治四年周冕編《濂溪遺芳集》 …………………………… 28

二、明孝宗弘治年間周木重輯《濂溪周元公全集》十三卷 …………… 30

三、明世宗嘉靖五年呂柟編《周子抄釋》二卷 ………………………… 42

　　附：清高宗乾隆四十五年四庫全書本《周子抄釋》卷前提要 …… 46

四、明世宗嘉靖十一年宋圭刻《周子書》 ……………………………… 47

五、明世宗嘉靖十四年周倫編、黃敏才刻《濂溪集》六卷 …………… 49

六、明世宗嘉靖十九年魯承恩編《濂溪志》十卷 ……………………… 54

七、明世宗嘉靖二十二年王會編《濂溪集》三卷 ……………………… 69

八、明世宗嘉靖三十七年丁永成重刻《濂溪集》六卷 ………………… 73

九、明神宗萬曆三年王俸、崔惟植等編《宋濂溪周元公先生集》十卷 …… 75
十、明神宗萬曆二十一年胥從化、謝貺編《濂溪志》十卷 …… 87
　　附：清高宗乾隆二十八年周南等重修《濂溪志》十卷序言 …… 104
十一、明神宗萬曆二十四年張國璽刻《周子全書》六卷 …… 105
十二、明神宗萬曆二十七年劉汝章輯《宋濂溪周元公先生集》十卷 …… 107
十三、明神宗萬曆三十四年徐必達校正《周子全書》七卷 …… 112
十四、明神宗萬曆三十七年林學閔修《濂溪志》四卷 …… 116
十五、明神宗萬曆四十年顧造校刻《周子全書》七卷 …… 127
十六、明神宗萬曆四十二年周與爵輯《宋濂溪周元公先生集》十卷、
　　《世系遺芳集》五卷 …… 130
十七、明神宗萬曆末舊題"李楨編"《濂溪志》四卷 …… 145
十八、明熹宗天啓三年黃克儉輯刻《宋濂溪周元公先生集》十卷 …… 150
十九、明熹宗天啓四年李嵊慈編《宋濂溪周元公先生集》十三卷 …… 154
　　附：南京圖書館藏本丁丙題跋 …… 163

第三部分　清刻本（九部） …… 165

一、清聖祖康熙二十四年吳大鎔修、常在編《道國元公濂溪周夫子志》
　　十五卷 …… 165
　　附：清德宗光緒元年周振文重刻本序言 …… 185
二、清聖祖康熙三十年周沈珂父子重輯《宋濂溪周元公先生集》十卷、
　　《世系遺芳集》五卷 …… 185
三、清聖祖康熙四十七年張伯行輯《周濂溪先生全集》十三卷 …… 189
四、清世宗雍正六年周有士重輯《宋濂溪周元公先生集》十卷 …… 199
五、清高宗乾隆二十一年董榕輯《周子全書》二十二卷 …… 199
　　附：清德宗光緒二十九年周子後裔重刊本跋語 …… 212
六、清高宗乾隆四十五年四庫全書本《周元公集》八卷 …… 214
七、清宣宗道光十九年周誥編《濂溪志》七卷附《濂溪遺芳集》一卷 …… 216
八、清宣宗道光二十七年鄧顯鶴編《周子全書》九卷 …… 232
九、清德宗光緒十三年賀瑞麟輯《周子全書》四卷 …… 246

附錄 ……………………………………………………………………… 250

    一、日本後光明天皇正保四年山崎嘉編《周子書》………………… 250

    二、清宣宗道光二年周勳懋編《重修周元公祠志》四卷 …………… 251

    三、清德宗光緒九年彭玉麟輯《希賢録》二卷 …………………… 252

    四、1929 年周鳳岐編《周元公祠志略》十卷 ……………………… 254

    五、2016 年李寧寧、黄林燕編纂《九江濂溪志》六卷 …………… 255

現存周敦頤文集版本概況及收藏單位一覽表 ………………………… 278

參考文獻 ………………………………………………………………… 286

致謝 ……………………………………………………………………… 294

前　　言

宋儒周敦頤(1017—1073)，道州(治今湖南道縣)人，世稱濂溪先生，被譽爲"道學宗主""理學開山"，對宋以來的中國乃至東亞各國的社會文化都有廣泛而深遠的影響。其文集編纂始於南宋，明代衍生出《濂溪志》和《周子全書》。別集、專志和全書三大系列相互影響，主體內容非常相近，可統稱爲周敦頤文集。[①]

一、周敦頤文集的由來及其在宋代的多次編刻

周敦頤著作不多，據其好友潘興嗣撰《濂溪先生墓誌銘》所述，主要有"《太極圖》《易說》《易通》數十篇，詩十卷"。而且由於周子在當時地位不高，這些論著最初只是"藏於家"，沒有刊佈流傳。南宋初期以來隨著理學和周子地位的上揚，其著作開始以《通書》或《太極通書》等形式在各地刻印流傳。這些版本以周子本人作品爲主，核心是其《太極圖說》《通書》，另外還附有關於周子生平的"銘、碣、詩、文"，或者朱熹所寫的《濂溪先生事狀》。

真正從文集的觀念出發，並大量采錄周子本人作品之外的內容，來彙編成周子文集者，開始於南宋孝宗淳熙十六年(1189)道州州學教授葉重開所編的《濂溪集》七卷(已佚)。據其自序，此本內容較之前所有的《通書》或《太極通書》版本都要豐富，編者不但注意"參以善本，補正訛闕"，還注意"采諸集錄，訪諸遠近"，把"諸本所不登載，四方士友或未盡見"的內容彙集起來，比如完整收錄朱熹過去編刻《太極通書》時有所刪減的"銘、碣、詩、文"，把朱熹、張栻兩位理學大儒注解周子《太極圖說》的著作也補充進來，最後"以類相從，分爲七卷"。整個說來，此本

[①] 梁紹輝《周敦頤評傳》(南京大學出版社，1994年)書末所附"周敦頤全集版本"、劉小琴《周敦頤文集版本考略》(《北京大學中國古文獻研究中心集刊》第4輯，北京大學出版社，2004年)均如此處理，本書也依此而行。

突破了過去編刻《通書》或《太極通書》時以周子本人作品爲主的情況，"遺文才數篇，爲一卷，餘皆附錄也"，①主要內容已經是他人贈答、紀述、褒崇周子和詮釋周子著作的有關文獻。

葉氏編纂周子文集的原則、觀念和規模，長期爲後人所繼承。在葉氏之後，用心搜求周子遺文遺事最勤者，是朱熹晚年弟子度正(1166—1235)。度正出生和成長於周子爲官之地合州(治今重慶市合川區，周子曾任簽書合州判官事五年)，又生逢周子爲代表的理學快速發展時期，很早就確立了理學的信仰，並注意搜求周子的遺文遺事。科舉入官特別是在問學朱熹之後，度正更是加快了這一步伐，並最終在積累近三十年之功的基礎上於嘉定十四年(1221)編纂出周子文集。據其《書文集目錄後》，度正"徧求周子之姻族，與夫當時從遊於其門者之子孫"，獲得大量有關周子的文獻，或"列之《遺文》之末"，或"收之《附錄》之後"，或對"遺事""復增之"。②從這些用詞來看，他在編定周子文集時必定有一個底本，很可能就是上述葉重開編刻的《濂溪集》七卷本。其文集內容除了《太極圖說》和《通書》外，還包括遺文、遺事和附錄等卷目。值得注意的是，度正在編纂周子文集的同時，還編有周子《年譜》(或稱《年表》)，但是否附在周子《文集》中，不得而知。

度正所編文集久佚，是否直接刊印，並不清楚。但蕭一致在嘉定十六年至寶慶二年(1223—1226)知道州期間刻印的《濂溪先生大成集》七卷，正好是度正編定周子文集兩年之後的一段時間，故筆者懷疑此本是依據度正編定的文集來刻印的。此本已佚，③但其目錄則附在明朝弘治年間(1488—1505)周木編刻的《濂溪周元公全集》後而得以保存。據目錄可知，《大成集》七卷的內容依次是《太極圖說》《通書》、遺文、遺事和附錄(三卷)，應該是葉氏七卷本《濂溪集》奠定的基本結構和順序。而且，上述度正《書文集目錄後》提到的周子詩文，正好都在《大成集》目錄中，這就進一步增加了《大成集》是根據度正所編文集而來的可能性。

---

① (宋)陳振孫著，徐小蠻、顧美華點校：《直齋書錄解題》卷十七，上海古籍出版社，1987年，第503頁。

② (宋)度正：《書文集目錄後》，見宋本《元公周先生濂溪集》卷八，嶽麓書社，2006年，第142頁。曾棗莊、劉琳主編的《全宋文》卷六八六九據《永樂大典》卷二二五三六亦收載，題名《書濂溪目錄後》，見該書第301冊，第143頁，上海辭書出版社、安徽教育出版社，2006年。這裏引錄的個別文字已據《全宋文》訂正。

③ 清初錢謙益《絳雲樓書目》(粵雅堂叢書本)卷三"宋文集類"曾著錄此書："宋板《濂溪先生大成集》，二冊，七卷。"說明此本明清之際尚存世間。

在蕭一致刊《濂溪先生大成集》後十餘年,連州(時屬廣南東路,治今廣東連縣)州學教授、周敦頤族人周梅叟曾將其翻刻於州學,時間約在淳祐元年(1241)、二年間。時人稱其"取《太極圖》《通書》《大成集》刊於學宫"。① 此《大成集》當是周梅叟從道州赴任連州時將蕭一致主持刻印的道州本帶來翻刻的。據時知廣州府的方大琮所見,"其遺文視春陵本稍增",②也就是内容較道州本(道州古爲春陵郡)略有增加。筆者估計,增加的很可能就是附在周木編刻的《濂溪周元公全集》後面的《濂溪先生大成集拾遺》所收兩方面内容,一是周子在合州與人遊龍多山時唱和的八首詩,二是所謂"家集"的七篇遺詩。據方氏所見,道州和連州在刊印周子文集時,曾刊印周子年譜,即所謂"道本年譜""連譜",兩者或許就是依據度正所編的周子年譜,只是後者較前者略有變化而已。③ 但周木《濂溪周元公全集》後面所附《濂溪先生大成集目錄》及其《拾遺》都不見有周子年譜,説明當時的周子年譜或許是單獨刻印的。

在蕭一致刊《濂溪先生大成集》稍後,江西進士易統在萍鄉(今屬江西省)又刻成《濂溪先生大全集》七卷(已佚)。南宋晚期的目錄學著作《郡齋讀書附志·别集類三》中曾記載二書道:

《濂溪先生大成集》七卷,《濂溪先生大全集》七卷。右周元公頤字茂叔之文也。……始,道守蕭一致刻先生遺文並附錄七卷,名曰《大成集》。進士易統又刻於萍鄉,名曰《大全集》。然兩本俱有差誤,今並參校而藏之。④

從這段文字的表述語氣來看,《大成集》與《大全集》兩者不但卷數一致,内容可能也相當接近。而且可以肯定的是,《大全集》必定吸收了度正所編文集的内容,因爲此本就有度正所寫《書萍鄉大全集後》這一跋文。

宋理宗寶祐四年至景定五年間(1256—1264),又有學者編刻《濂溪先生集》

---

① (宋)方大琮:《鐵庵集》卷四《舉連州教授周梅叟乞旌擢奏狀》,此據《全宋文》卷七三六六,第321册,第76頁。
② (宋)方大琮:《鐵庵集》卷二十一《與周連教書一》,此據《全宋文》卷七三八五,第321册,第402頁。
③ (宋)方大琮:《鐵庵集》卷二十二《與田堂賓(灝)書》,此據《全宋文》卷七三八六,第322册,第13頁。
④ (宋)趙希弁:《讀書附志》卷下,見(宋)晁公武撰、孫猛校證:《郡齋讀書志校證》,上海古籍出版社,1990年,下册,第1186—1187頁。

（已殘，現藏中國國家圖書館）。此集雖然没有分卷，但仍像蕭一致七卷本那樣，内容依次是《太極圖説》《通書》、遺文、遺事和附録，因此可以肯定此本是承襲之前的七卷本而來。不過與之前文集不同，此本在卷前列有周子的《家譜》和《年譜》，這大約是對之前周子文集編纂的一個增補。

至宋度宗咸淳末（約 1271—1274），又有學者在江州（治今江西九江）編刻《元公周先生濂溪集》十二卷（下稱江州本，現藏中國國家圖書館）。江州本雖然增至十二卷，但在結構順序上仍像之前的七卷本一樣，依次是《太極圖説》《通書》、遺文、遺事和附録，前後承繼關係十分清晰。不過，江州本與之前的不分卷本《濂溪先生集》可能淵源於不同的底本。如不分卷本前爲《家譜》《年譜》，且不署名；江州本卷前則名《世家》《年表》，並有度正後序，兩本在一些人名上也有明顯不同，内容上亦繁簡不一。不分卷本和江州本所收周子著作的題名，也多有差别，如前者的《香林寺餞趙虔州》，後者則爲《萬安香城寺别虔守趙公詩》（與《濂溪先生大成集》的著録同），並有注文道：「别本云：清獻自虔州赴召，舟至造口，同遊香林寺，石刻可考。《大成集》以爲萬安香城，非也。」另外就是江州本的相關内容明顯比不分卷本要豐富得多。這些説明，江州本固然可能參考了不分卷本，但更多的則是參考了其他版本，並做了新的搜羅和整理。

二、明代以來周敦頤文集的主要版本及其源流

繼宋之後的元代，是否編輯和刊刻過周敦頤文集？目前所見資料非常有限，僅知清末常熟縣"小藏家"趙宗建的《舊山樓書目》有著録："元刊《周濂溪集》，八本。"[1]明初纂修的《永樂大典》卷八二六九曾兩次提到一種"周濂溪集"："宋《周濂溪集》附録篇載《南安書院主靜銘》""《周濂溪集》附録篇載《謹動銘》"。[2] 從現存的宋刻周子文集目録來看，附録部分都不見這兩篇銘文，因此筆者懷疑此《周濂溪集》可能就是趙氏所見的元刊《周濂溪集》。當然，這一認識還需要更多的材料來支撑。

從明代開始，周敦頤文集則有大量新的編刻，且形式更爲豐富，不但延續了

---

[1] （清）趙宗建：《舊山樓書目》，上海古籍出版社，2005 年，第 60 頁。"小藏家"之説見該書"出版説明"。

[2] （明）解縉等：《永樂大典》卷八二六九，中華書局影印本，2012 年第 2 版，第 4 册，第 3847 頁。

宋本的別集體，還新出現了《濂溪志》和《周子全書》。它們雖然在我國傳統書目中分屬集、史、子三個部類，但實際上交互影響，編排格局和主體內容也大同小異，因此一般把它們同視爲周敦頤文集。明代以來周子文集版本繁複，梳理下來，主要有三個系統。

（一）開始於明朝弘治年間（1488—1505）周木編成的《濂溪周元公全集》十三卷本

此本是在幾乎全部照錄宋末江州本十二卷内容並有所調整的基礎上，進一步補充若干内容而成，大體可稱江州本的擴展版。其擴展的依據，有稍前周子十二世孫周冕編的《濂溪遺芳集》。比如在卷六《遺文》部分載錄有周子《書窗夜雨詩》《石塘橋晚釣》，其中在《石塘橋晚釣》詩題下有小字注文："舊無此五字，而此詩又連上共作一首，今從《遺芳集》改正。"在卷九《附錄》中載錄朱熹《愛蓮詩》，詩後注道："此詩近見《遺芳集》錄之。"《濂溪遺芳集》久佚，但時人方瓊弘治四年（1491）的序言則保存至今。據方序，此集收錄的是周子《太極圖説》《通書》（譽爲"芳"）之外的作品（譽爲"遺芳"），包括周子本人的詩文，他人的贊詠、贈答、褒崇、記序，與之後家集性質的《世系遺芳集》不同，是目前所見明代第一個周子文集版本。

三十餘年後的嘉靖五年（1526），關中大儒吕柟編成《周子抄釋》。其自序説他"得（周子）全書於寧州吕道甫氏"。此"全書"當指周木《濂溪周元公全集》，因爲：第一，筆者比對二書，發現《周子抄釋》的内容没有超出《濂溪周元公全集》，其中卷二恰有周木從《濂溪遺芳集》過錄而來的周子《書窗夜雨》和《石塘橋晚釣》二詩；第二，《周子抄釋》在"附錄"中既載朱熹《先生事狀》，又載其《濂溪先生行錄》，這種載錄情況之前只見有《濂溪周元公全集》如此。不過，《周子抄釋》僅有内外兩篇（兩卷），卷首卷末文字都不多，屬於特别簡略的類型，因此此本雖然一直受到重視，多次重印，甚至收入《四庫全書》，但它在周子文集版本源流史上並無多大地位，後來都没有得到任何版本的依仿。

周木《濂溪周元公全集》在明清時期也流傳不廣，很長時間不見有人提及。直到清朝康熙中期，大儒張伯行才在北京一座寺廟得見其書，他在康熙四十七年（1708）編成的《周濂溪先生全集》十三卷的序言中寫道："甲戌歲（康熙三十三年，1694），余館中垣，居京師，乃於報國寺中偶得《濂溪全集》，如獲至寶。"過去我們一直不知道張氏這裏所謂的《濂溪全集》爲何，最近筆者將張本《全集》與周木《全集》比對，才發現張氏所謂的《濂溪全集》就是周木編的《濂溪周元公全集》，張氏所編《全集》是對周本《全集》的改編。①

張伯行是康熙時名儒，其《周濂溪先生全集》十三卷問世後影響極大。乾隆二十一年(1756)任江西分巡吉南贛寧道的董榕編輯《周子全書》二十二卷，光緒十三年(1887)關中大儒賀瑞麟輯《周子全書》三卷，一繁一簡，主要依據的就是張本《全集》。其中賀本簡明，是1990年中華書局出版的陳克明點校本《周敦頤集》的"基礎"本。

張本《全集》在清代和民國時期多次刷印，如福州正誼書院曾在名臣左宗棠的直接支持下，將其收入清同治至光緒年間刻印的《正誼堂全書》中；光緒六年(1880)又爲洪汝奎輯入《洪氏唐石經館叢書》；民國學者又依據福州正誼書院刻本收入《叢書集成初編》和《國學基本叢書》中，書名簡題爲《周濂溪集》，影響深廣，成爲學者瞭解和研究周子及其開創的理學思想、理學文化的重要典籍。現代周子文集的整理本一般也參考過張本，如1990年中華書局出版的陳克明點校本《周敦頤集》三卷、1993年江西教育出版社出版的周文英主編本《周敦頤全書》八卷等都是如此；1996年由海南國際新聞中心出版的曹楊整理本《周敦頤集》四卷(《傳世藏書》之一)本，更是以張本爲底本。

(二) 以萬曆三年(1575)王俸、崔惟植編《宋濂溪周元公先生集》十卷爲核心

此本主要參考之前的三種周敦頤文集而來：嘉靖十四年(1535)周倫編、黄敏才刻於江州的《濂溪集》六卷，嘉靖十九年(1540)魯承恩編《濂溪志》十卷，嘉靖二十二年(1543)王會編《濂溪集》三卷。受命參與編纂此本的蔣春生在序言中說："志(按指魯承恩本)則博而泛，其失也雜；集(按指王會本)則簡而樸，其失也疏，皆弗稱。乃參取江州集，薈萃詮次類分焉。"②三本各有優劣，相對説來，兩部《濂溪集》比較簡明，而《濂溪志》則相當龐雜。此本雖兼取三本，但更多還是淵源於内容豐富的《濂溪志》。只是此本已綜合了之前三部周子文集的優長，在編排和書名上均作了新的處理，結構謹嚴，内容豐實，是後世周子文集編撰者非常重視的版本。

---

① 粟品孝：《周敦頤文集三個版本的承續關係》，載《宋代文化研究》第二十輯，四川大學出版社，2013年。
② (明)蔣春生：《宋濂溪周元公先生集序》，王俸、崔惟植等編《宋濂溪周元公先生集》卷首，明萬曆三年刻本。

從發展源流來看,繼承萬曆三年本的周子文集主要存在兩個子系統:一是萬曆二十七年(1599)潤州大族劉汝章在萬曆三年本基礎上改編的《宋濂溪周元公先生集》十卷,劉本變化很小,幾乎是對萬曆三年本的重刻;天啓三年(1623)永州府知府黄克儉所編《宋濂溪周元公先生集》十卷又主要是依據劉汝章本而來;黄本問世不久又爲天啓四年(1624)李嵊慈編《宋濂溪周元公先生集》十三卷參考借鑒。二是開始於萬曆四十二年(1614)蘇州周與爵父子所輯的《宋濂溪周元公先生集》十卷、《世系遺芳集》五卷。前面十卷從書名到内容都承襲自萬曆三年本,僅有少量詩文的補充;後面五卷則是新增的,實際屬周氏家族文集性質。之後康熙三十年(1691)蘇州周沈珂父子以"重輯"爲名,對周與爵本進行重印,並將各卷所題"吴郡守祠奉祠孫與爵編輯"或"吴郡十七世孫與爵重輯"挖改爲"裔孫周沈珂同男之翰重輯"或"裔孫周沈珂同男之屏、之翰、之楨重輯",並刪去原本的周與爵輯刻書凡例;雍正六年(1728)周有士父子(當與周沈珂同族)再度以"重輯"爲名,重印周沈珂本,各卷卷首又改題"裔孫周有士炳文甫重輯"。至乾隆時,朝廷編修《四庫全書》,收入周沈珂本,並做若干處理,一是刪去十卷中的前兩卷,二是剔除後面的五卷《遺芳集》,三是將書名省稱爲《周元公集》。其中周與爵、周沈珂、周有士三本跨越明清兩朝,朝代已經更换,但版刻一直延續,足見其家族傳承力量的强大。四庫本《周元公集》八卷影響深廣,1993年周文英主編的《周敦頤全書》參考過此本,2002年嶽麓書社的點校本《周敦頤集》八卷更直接以此爲底本。

這裏要特别補充説明嘉靖十四年(1535)周倫編、黄敏才刻於江州的《濂溪集》六卷本(下稱江州本)。江州本前有宋萍鄉本《濂溪先生大全集》的胡安之序和署名度正的《(周濂溪先生)年表》,似乎淵源於宋萍鄉本。但據筆者比勘,其底本應是宋末江州刻本《元公周先生濂溪集》。其收録中有些值得注意:一是在卷首載録元末明初大儒宋濂的周子像記,開啓了後來各種形式的周子文集收載此記的先河;二是在卷二周子著作部分,將之前版本中的《思歸舊隱》改題爲《静思篇》,《萬安香城寺别虔守趙公詩》改題爲《香林别趙清獻》,誤收朱熹的《天池》詩。江州此本在二十多年後即嘉靖三十七年(1558),爲在江州爲官的丁永成重刻,其中在卷六增多10多篇詩文。江州本在周敦頤文集發展史上還有著特殊的地位,首先表現在對後世有深遠影響的萬曆三年的《宋濂溪周元公先生集》十卷就借鑒吸收過此本部分内容,比如最明顯的就是卷四《元公雜著》部分,收録了題名《静思篇》《香林別趙清獻》和《天池》的詩文；卷首收録王汝賓的《刻濂溪集跋》，可能也是直接來源於此本。其次，同樣對後世有深遠影響的胥從化《濂溪志》十卷本，在卷二《元公雜著》部分也如同萬曆三年本一樣收録，在卷七《古今紀述》部分還收録有江州本的王汝賓和林山的跋語。第三，江州本在《周子全書》系列的發展史上也起過重要作用。萬曆二十四年（1596）山東按察司副使、管直隸淮安府事張國璽所編《周子全書》六卷就是依據江州本而來，是《周子全書》系列發展史上的第一部。筆者比對發現，這個《周子全書》六卷實際是江州本的翻刻，只是書名作了更改，序跋文字也全部換掉，而其他内容則一仍其舊。

江州本最大的特點是簡要，但似乎有些過分，比如周子的詩文很不全，書信未見收，附録的内容也不多，因此難以獨立構成一個發展系統中的一環，只能爲其他有關版本提供部分内容而已。這種情況在所有過於簡要的周子文集中都存在，比如上面提及的嘉靖二十二年（1543）王會編的《濂溪集》。不過，王會本在卷首著録有濂溪故里圖、月巖圖、書院圖，並有圖説文字，卷二的年譜後有度正、度蕃兄弟的跋語，均爲後來衆多周子文集版本所繼承。但它只有遺書（含事狀）、年譜和歷代褒崇三卷，而且《太極圖説》和《通書》均無注解和相關論釋，附録也僅僅九篇記文而已，因此也很難獨立構成一個發展系統中的一環，只能爲其他有關版本提供參考（如萬曆三年本就對此有借鑒和吸收）。

（三）以萬曆二十一年（1593）胥從化、謝覎編《濂溪志》十卷本爲核心

此本上承明朝嘉靖十九年（1540）永州府同知魯承恩編的《濂溪志》十卷。魯本是周子文集編纂史上第一部名實相符的《濂溪志》，"首之圖像，以正其始；次之序例、目録，以明其義；次之御製，以致其尊；次之遺書，以昭其則；次之著述、踐履，以紀其迹；次之事狀、事證，以詳其實；次之譜系、譜傳、譜稽，以衍其裔；次之奏疏、公移，以取其征；次之表、説、辨、賦、詩、記、序、跋，以備其考；次之祭文、附録，以稽其終"，[①]内容極爲豐富，甚至有些龐雜。萬曆三年（1575）永州府知府王俸、道州知州崔惟植編《宋濂溪周元公先生集》十卷，曾參考魯本，比如卷五的書信部分，就完全是照抄魯本而來。當然，從書名和内容上，依仿魯本更多的則是萬曆二十一年（1593）胥從化、謝覎編的《濂溪志》十卷。

---

① （明）魯承恩：《濂溪志序》，胥從化、謝覎編《濂溪志》卷七下，明萬曆二十一年刻本。

魯承恩本《濂溪志》影響不大，歷代公私書目也罕有著録，但胥從化本《濂溪志》則在明清兩代有很大影響。之後萬曆三十七年(1609)知道州林學閔編《濂溪志》四卷，就是依據胥本改編而來，版刻多數照舊，結構則作了很大調整，內容也有一些變化，尤其是增多了數十篇詩文；萬曆末又有人挖改林學閔本，形成舊題"李楨輯"的《濂溪志》四卷(舊題"九卷")，版刻和內容基本上還是林學閔本，只是凡有"林學閔"字樣處，均作了剜改。這三部萬曆時期的《濂溪志》在版刻上前後相續，內容大同小異，可以相互補充。其中林學閔本卷首收載的周子畫像，為後來眾多版本所承襲，流傳廣泛的中華書局點校本《周敦頤集》也如此，幾成周子標準像。①

胥從化本《濂溪志》及其改編本後來仍很受重視。如明末天啟四年(1624)知道州李嵊慈編《宋濂溪周元公先生集》十三卷，主要就是依據胥從化本及其改編本《濂溪志》，並參考了天啟三年(1623)永州府知府黃克儉所編《宋濂溪周元公先生集》。李本雖以"集"為名，但版心題"濂溪志"，其序言名為《濂溪周元公志序》，其卷目安排也是志書形式，因此明顯更多的是參照胥從化本《濂溪志》而來。至清朝康熙二十四年(1685)知道州吳大鎔修《道國元公濂溪周夫子志》十五卷，也主要是參照胥從化本《濂溪志》及其改編本。之後乾隆二十八年(1728)周子後裔周南等人甚至直接重刻胥從化本《濂溪志》十卷。至道光十九年(1839)，也是周子後裔的周誥編《濂溪志》七卷，又主要是在康熙《道國元公濂溪周夫子志》的基礎上新編的，並參考了康熙三十年(1691)蘇州周沈珂父子"重輯"的《宋濂溪周元公先生集》十卷，其中附錄的《濂溪遺芳集》一卷內容基本同於康熙《道國元公濂溪周夫子志》卷十五的《古今藝文志》，只是標題、作者和順序有些變化。道光二十七年(1847)湖南大儒鄧顯鶴編《周子全書》九卷，儘管書名已無"志"字，但實際上其底本就是道光《濂溪志》，該書卷首下尚有"道州濂溪志原本"字樣。最近王晚霞博士編著《濂溪志新編》(中國社會科學出版社，2019年)，雖然綜合了宋明清《周濂溪集》《周子全書》《濂溪志》等各種版本的文獻26種，但在體例上則依仿康熙《道國元公周夫子志》，足見其影響之深遠。

值得注意的是，萬曆三十四年(1606)南京吏部考功郎中徐必達校正《周子全書》七卷，也主要是參考胥從化本《濂溪志》，以及嘉靖二十二年(1543)知道州王

---

① 參見粟品孝：《萬曆〈濂溪志〉三種及其承繼關係》，未刊稿。

會編的《濂溪集》三卷。此本最初是與記述張載的《張子全書》合刻的，後在日本延寶三年(1675)重刻。萬曆四十年(1612)巡按江西監察御史顧造在南康府(治今江西星子縣)也編有《周子全書》七卷，主要是依據徐必達本而來，只是編排順序略有變化而已。

三、周敦頤文集諸版本的文獻價值

周敦頤文集從最初的版本開始，就有一個明顯特點，即周子本人的作品很少，主體內容是其他人撰述的有關周子的文獻。而周子本人的作品主要是《太極圖說》和《通書》，二者單行本易得，因此過去學界似乎不太重視周子文集的版本問題。筆者多年致力於此，深感過去的一些認識存有偏差，周子文集的各個版本多具有很高的價值。下面僅從文獻學的角度略做舉列。

（一）可以大體梳理出周子本人詩文的彙集過程，並對一些誤收誤題現象進行辨正

誠如前述，周子本人的詩文在其死後很長一段時間沒有整理刊印，散佚嚴重，南宋以來才逐漸為人彙集。筆者在梳理歷代周子文集版本的著錄情況後發現，南宋末期周子文集的詩文已形成賦一、文五、書六、詩二十四、行記五總計四十一篇的規模，明朝時新增《任所寄鄉關故舊》《春晚》《牧童》三詩，誤收《宿大林寺》(或題《宿崇聖》)、《天池》二詩，清朝時新增行記五則，誤收《暮春即事》《觀易象》二詩。在此基礎上，我們來觀察中華書局點校本《周敦頤集》，就會發現，其收錄的《宿大林寺》《暮春即事》《觀易象》三詩均非周子作品，應當剔除。[1]

而中華書局本《周敦頤集》所收《書窗夜雨》和《石塘橋晚釣》二詩的著錄也存在不足。此二詩實際是一首詩，應題作《夜雨書窗》。這在已知的多種宋刻本周敦頤文集中是很清楚的。南宋後期的《濂溪先生大成集》(七卷)雖然久已失傳，但其目錄還完整地保存在明代周木重編的《濂溪周元公全集》卷十三後的附錄中，其中有《元公家集中詩七篇》，內有《夜雨書窗》詩，而無《石塘橋晚釣》詩。較《濂溪先生大成集》稍後刊刻的《濂溪先生集》不分卷本，其目錄同樣有《家集中七

---

[1] 粟品孝：《周敦頤詩文的彙集過程及若干考辨》，載《宋史研究論叢》第二十三輯，科學出版社，2018年。

首》,也只有《夜雨書窗》詩,而無《石塘橋晚釣》詩。以上二本所收《夜雨書窗》詩雖然僅存目録,但明言出自"家集",是很有説服力的。宋亡前夕刊刻的《元公周先生濂溪集》十二卷,無有《石塘橋晚釣》詩,但有《夜雨書窗》詩。該詩共十二句,其中前六句與中華書局本《周敦頤集》所收《書窗夜雨》詩完全相同;後六句與《石塘橋晚釣》詩也基本相同。這就説明,中華書局本《周敦頤集》所收《書窗夜雨》和《石塘橋晚釣》二詩,本爲一詩,題名是《夜雨書窗》;《周敦頤集》將其析爲兩首著録,並將《夜雨書窗》改爲《書窗夜雨》,是不符合歷史實際的。

當然,這並非點校者的臆改,他的失誤淵源有自。中華書局本《周敦頤集》的底本是清朝光緒年間賀瑞麟所編《周子全書》,而賀瑞麟又主要是依據康熙年間張伯行所編《周濂溪先生全集》。張本卷八有《夜雨書窗》和《石塘橋晚釣》二詩,在《石塘橋晚釣》詩的標題後有小字一段:"舊無此五字,而此詩又連上共作一首,今從《遺芳集》改正。"這一情況包括注文恰好在張本所依據的明朝周木編的《元公周先生濂溪集》卷六中就有。這就説明,《夜雨書窗》和《石塘橋晚釣》二詩最初是聯爲一首著録的,題名就是《夜雨書窗》。將此詩析爲《夜雨書窗》和《石塘橋晚釣》兩首來著録,源於明朝弘治四年周敦頤十二代孫周冕編刻的《濂溪遺芳集》,後來明朝周木編《元公周先生濂溪集》加以承襲,張伯行本出自周本,賀瑞麟踵而繼之,中華書局點校本又沿而不改,及至後來的《全宋詩》卷四一一也延續了這一失誤。

(二) 可以對周子生平事迹有更準確的認識

周子文集各本一般都收録了關於周子生平事迹的年譜,但不同版本的著録往往有所差别。過去我們一般倚重清代張伯行的《周濂溪集》(叢書集成本),後來又常用中華書局點校本《周敦頤集》,二者均有署名南宋度正所編的周子《年譜》。其實,這兩本的《年譜》都是經過删改的,只有宋刻本《元公周先生濂溪集》所收度正的《濂溪先生周元公年表》才是原貌。從中我們對周敦頤的生平事迹有一些新的認識:

比如在天禧元年丁巳條敍述周敦頤出生情況時,《年譜》載:"(周敦頤父親)先娶唐氏……唐卒,繼娶侍禁成都鄭燦女,是生先生。"《年表》則載:"(周敦頤父親諫議公)先娶唐氏……唐卒。左侍禁鄭燦,其先成都人,隨孟氏入朝,因留於京師。有女先適盧郎中,盧卒,爲諫議公繼室,是生先生。"很明顯,《年表》顯示周敦頤的父母均是再婚之人,他的母親是再嫁之婦。可是《年譜》卻把這一重要事實抹去了,這肯定與清代以婦女再嫁爲恥有關。

再比如嘉祐二年丁酉條關於周敦頤在合州的教學情況,《年譜》載:"九月,回謁鄉士,牒稱爲'解元才郎',今不詳爲誰氏子? 蓋當時鄉貢之士,聞先生學問,多來求見耳。"《年表》則載:"九月,回謁鄉士,牒稱爲'解元才郎',今不詳其爲誰氏子? 當是去年鄉貢,今年南省下第而歸者,聞先生學問,故來求見耳。"兩相對比,《年譜》美化周敦頤形象的情況是十分清楚的。

另外,周敦頤出生的具體月日和地點,南宋度正編的《年表》失載,並在小字注文中寫道:"先生之生,所係甚大,當書其月、日、地,而史失其傳,今存其目而闕之,以俟博考。"之後的周子文集和年譜也長期未記,但清朝道光十九年(1839)周誥編的《濂溪志》,在《年譜》中則明確寫道:"宋真宗天禧元年丁巳,五月五日,先生生於道州營道縣之營樂里樓田保。"這一記載依據何在,恐需進一步考究。

(三) 可以從中發掘大量新的文獻,有些文獻往往是獨有的

周子文集的文獻量很大(而且越是後來的版本新增的內容往往越多),不少文獻往往是其獨有的,或是最原始的。

最突出的是張栻《太極解義》的重新發現和完整再現。張栻注解周子《太極圖說》的《太極解義》久不傳世,十多年前的點校本《張栻全集》也沒有收錄。但筆者在調查周子文集歷代版本時,卻在中國國家圖書館館藏的一個宋刻殘本《濂溪先生集》(不分卷)上找到了張栻《太極解義》,可惜有缺頁,內容不全。後來幾經努力,終於在明代周木重編的《濂溪周元公全集》中發現了完整的張栻《太極解義》。這不僅對周敦頤研究是個重要文獻,對張栻研究應該也很有幫助。《張栻全集》的點校整理者最近重新點校出版《張栻集》(中華書局,2015年),就利用了這一發現。

周子文集還保留了不少其他傳世文獻失收的宋人詩文。據統計,在現存宋刻《元公周先生濂溪集》卷七中,有 13 人共 19 首詩爲《全宋詩》失收,其中王子修、周剛、鮑昭、薛被、文仲璉和周以雅等 6 人未入《全宋詩》作者之列;有 37 人共 47 篇文章爲《全宋文》失收,包括周敦頤的蜀籍門人傅耆所寫的《與周敦頤書》和《答盧次山書》這兩通對瞭解周敦頤詩文之學有重要幫助的書信。何士先、徐邦憲、胡安之、陳緯、劉元龍、蔡念成、余宋傑、馮去疾、盧方春、曾迪和傅伯崧共 11 人甚至未入《全宋文》作者之列。另外還有 11 篇文章爲《全宋文》收錄不全或有

明顯差異者。如游九言《書太極圖解後》，《全宋文》卷六三一〇依據嘉靖《建陽縣志》，題爲《太極圖序》，但内容止於"先識吾心"，而缺"澄神端慮"以下的大段内容；林時英《德安縣三先生祠記》，《全宋文》卷七二一一依據《永樂大典》卷七二三七，題爲《德安縣學尊賢堂記》，文字與此處差異較大。

以上只是對宋人詩文的補充。我們知道，周敦頤文集在明清還有很多刻印，其中又陸續新增了大量明清人的詩文，我相信也有不少珍貴的文獻資料有待發掘。

這裏要特別強調的是，周子文集的一些重刻本、改編本、挖改本也不能忽視，内中往往也有一些新的文獻。比如，嘉靖三十七年（1558）丁永成在江州爲官時據嘉靖十四年（1535）周倫編、黃敏才刻《濂溪集》六卷本重刻的《濂溪集》。雖是重刻本，但在卷六增刻了15篇詩文，多數不見於後來各種周子文集。再如萬曆三十七年（1609）知道州林學閔依據萬曆二十一年（1593）胥從化編《濂溪志》十卷改編而成《濂溪志》四卷，版刻多數照舊，結構則作了很大調整，内容也有一些變化，尤其增多了數十篇詩文。更重要的是，林本卷首的周子像，區别於之前所有的版本，而爲後來衆多版本繼承；而挖改自林學閔本的萬曆末舊題"李楨輯"的《濂溪志》四卷（舊題"九卷"），也有一些新的詩文收錄。

總之，周子文集形式多樣，内容豐富，如果超越文獻學的視角，從思想史、教育史、社會史、經濟史等方面着力，其價值自然會更加凸顯。目前我們已經注意到，清康熙二十四年（1685）吳大鎔修、常在編《道國元公濂溪周夫子志》十五卷的影印本收入《中國哲學思想要籍叢編》（廣文書局，1974年），明萬曆四十二年（1614）周與爵父子重輯的《宋濂溪周元公先生集》十卷《世系遺芳集》五卷（哈佛大學藏本）被選入《中國古代思想史珍本叢刊》影印出版（海豚出版社，2018年），中國科學院中國古代社會生活史料編委會編《中國古代社會生活史料》二編第二十八册（蝠池書院，2013年）還專門收錄宋刻《元公周先生濂溪集》的衆多"祭文"。

四、本書的編纂構想及有關情況説明

周敦頤文集版本繁複，藏地分散，任何人想要全部知見都是十分困難的。如何將這些散處各地、很有價值的版本比較完整地呈現出來，爲廣大研讀者提供便利呢？這是筆者一直思考的問題。首先想到的當然是利用現代影印技術，編纂出版一套周子文集版本叢刊。但一來各本的主體內容相近，很多版本內容前後承襲，重複率高，因此叢刊似乎没有必要，至少是不緊迫的；二來涉及收藏單位的權屬問題，操作起來實在不易。2017年6月在湖南省道縣紀念周敦頤誕辰一千周年的討論會上，湖南圖書館尋霖研究員得知我的情況後，提議彙編一部周子文集各本的目録，讀者可藉此瞭解各本著録情況，得到資料綫索，尋獲所需信息。我認爲這是一個很好的建議，而且感到應該把序跋資料也一併録載，這對瞭解每一版本的編纂過程、特點和價值很有幫助。回校後我即著手進行這一工作，在斷斷續續兩年多的時間後，最近總算完成。下面對本書的一些情況做些必要的説明。

本書依據傳世文獻和一些目録學著作、圖書館館藏信息，共列出周敦頤文集的宋刻本7部、明刻本19部、清刻本9部，共35部（僅限於1912年前的古籍類，近現代以來的重印本、整理本不收）；並在附録中列出1部日本學者編刻的周子文集和與周子文集密切相關的4部文獻（其中有兩部是1912年以後的，内容特别、重要，故收録）。每部書一般分三部分，依次是版本簡介、序跋資料和目録情況。

版本簡介往往涉及考辨。比如宋末不分卷的《濂溪先生集》，近代藏書名家傅增湘認爲是"淳祐刊本"，筆者依據文内内容判斷爲理宗寶祐四年至景定五年間（1256—1264）編刻。再比如萬曆三年（1575）王俸、崔惟植編《宋濂溪周元公先生集》十卷，目前僅見湖南圖書館藏有1部，其他如首都圖書館、日本東京大學東洋文化研究所、宫内廳書陵部、内閣文庫藏本，均非萬曆三年本，過去的一些書目著録信息是不確切的。最複雜的恐怕是萬曆時期的三本《濂溪志》，過去的一些認識和判斷存在諸多問題。比如萬曆二十一年（1593）胥從化編《濂溪志》十卷，過去似乎僅知國家圖書館藏本（缺卷三至卷六），其實上海圖書館還藏有一部，館藏目録誤標爲"李楨撰""九卷"本，實際是缺卷首、卷一、卷二的胥從化本。兩者合觀，可得一完整的胥本《濂溪志》。僅見日本内閣文庫有藏的萬曆三十七年（1609）林學閔本《濂溪志》四卷是挖改胥本而來，大體上是删去胥本的目録、敍例和卷十的内容之後，將胥本其他内容重新整合，並做若干增删而成的。至於爲《四庫全書總目》標爲"李楨撰"的《濂溪志》"九卷"本，實際是萬曆末年的挖改本，源自林學閔本。還有就是有些版本的底本如何，過去不清楚。如明代吕柟的《周子抄釋》、清代張伯行的《周濂溪先生集》，這次筆者經過比對，確定它們都是依據明代周木編《濂溪周元公全集》十三卷本而來的。嘉靖十四年（1535）周倫編、黄敏才刻於江州的《濂溪集》六卷，其底本應是宋末江州刻本《元公周先生濂溪集》。

録載序跋資料時，也不是照搬照抄，而是有所考索。比如序者姓名問題，康熙二十四年(1685)吴大鎔主修的《道國元公濂溪周夫子志》，前後序的落款均只有丁、張二姓，名字闕如。筆者借助其他資料，考其作者分別是時人丁思孔、張伯行。再比如序文内容，萬曆三年(1575)本的跋文是崔惟植的《刻宋濂溪周元公先生集跋》，而後來萬曆四十二年(1614)本周與爵編的《濂溪周元公先生集》在載録此跋時，不僅把崔惟植寫成了崔植，還對跋文做了一些改動。這些情況筆者均在注文中予以説明。一些序跋文字依作者草書手迹刻印，極難辨認。如明朝嘉靖十四年(1535)周倫編的《濂溪集》，卷末有王汝賓的跋語，草書。雖然後來如嘉靖十九年(1520)魯承恩本《濂溪志》、嘉靖三十七年(1558)丁永成重刻本《濂溪集》、萬曆二十一年(1593)胥從化本《濂溪志》、萬曆四十二年(1614)周與爵本《宋濂溪周元公先生集》等都轉成楷書收録，但或有脱字，或有誤讀(甚至把作者讀成了王汝憲)，筆者則借助師友幫助，重新做了識讀。

至於收載的目録，有幾種情況。一是原書有目録的，筆者則注意將原目録與正文標題進行比對，或補其缺，或糾其誤，或説明異同。二是原書没有目録，或目録過於簡單，筆者則依據正文標題重擬。三是原書没有目録，而正文錯置情況嚴重，這就要求做必要的考證。比如萬曆三十七年(1609)林學閔的《濂溪志》四卷、萬曆末舊題"李楨撰"《濂溪志》四卷，錯置情況都比較嚴重，筆者比勘他本，做了還原。四是一些版本存在誤收誤題的現象，筆者也做了必要的考辨。

總之，將數十部周子文集的序跋和目録彙編在一起，絶不是抄録這麽簡單和輕鬆的事情，而是涉及或大或小的衆多考證，以及繁瑣的對勘工作。幸好現在已經完成，希望對學界研究周子及其代表的理學文化、相關的歷史文化有實質的推進。至於其中的錯謬，祈請讀者批評指正！

凡　　例

　　一、本書分宋刻本、明刻本、清刻本三部分，具體依版本出現的時間先後排列。如有重刊並有新的序跋者，則以附録形式著録；如僅是重印而無内容上的增減者，則不重出。

　　二、每一版本的作者題署，分爲"編""輯""修""刻""校正"等，均依原書題署形式著録。

　　三、每一版本的著録一般由三部分組成，先是版本簡介或考述，次載録序跋文字（以及提要、凡例等），次著録目録。如版本已佚，或無序跋，不詳目録，則只作版本介紹。

　　四、一些版本原有目録，則依原目録著録，並與正文標題比勘；原目録過簡，則補以正文標題；原無目録者，則依正文重擬。

　　五、一些版本前後承繼，内容或有重複或有增減，本書爲存諸本原貌，一般照録如舊，但内容全同者則略去，以省篇幅。序跋文字重複者略而不録，如遇文字有增減，則加注説明。

　　六、少量後編文集其實是對前人所編文集的重版，只是改换書名或編者，其序跋和目録則不重録，僅予簡要介紹。

　　七、底本異體字一般不作改動，少數偏僻異體字或俗體字則改録爲通行規範繁體字。避諱字予以改回，不作説明。

第一部分　宋刻本（七部）

一、宋孝宗淳熙十六年葉重開編《濂溪集》七卷

這是已知最早的一部周敦頤文集。其時道州州學教授葉重開在舂陵本《通書》的基礎上，"參以善本，補正訛闕"，最後"以類相從，分爲七卷"，取名《濂溪集》，又名《舂陵續編》。其序言作於宋孝宗淳熙十六年（1189）十一月，而卒於宋光宗紹熙四年（1193）的尤袤所編《遂初堂書目》的"別集類"列有《周濂溪集》，或爲此本。另，南宋陳振孫《直齋書錄解題》卷十七亦著錄"《濂溪集》七卷"，並説："遺文才數篇，爲一卷，餘皆附錄也。"疑爲是刻。此本久佚，現僅存一序傳世。

【序跋】

舂陵續編序　　葉重開

濂溪先生《通書》，傳之者日衆。舂陵本最先出，板浸漫滅。重開既白諸郡侯，參以善本，補正訛闕，並以南軒、晦庵二先生《太極圖説》，復鋟木郡齋矣。今序次此編，名之曰《濂溪集》。其間諸本所不登載，四方士友或未盡見，采諸集錄，訪諸遠近得之，以類相從，分爲七卷。或謂晦庵更定周子之書，至於再三，極其精審，凡銘、碣、詩、文附見舊帙者，悉從删去。疑此集之雜，將無補於求道。重開應之曰：晦庵發明正道之傳，示學者純一之旨，擇之不容不精。是書集于先生之鄉，凡片言隻字知所尊信，猶恐或失之，取之不得不廣。又況先生之道，愈講愈明，學者仁智之見雖有淺深，然自遠而即近，由粗以至精，月異而歲不同，今而畢錄於此，觀之者宜知所適從矣。云云。

淳熙己酉十一月庚申，括蒼葉重開謹書於希賢閣。

（據宋刻本《元公周先生濂溪集》卷八）

二、宋寧宗嘉定十四年度正編《周濂溪集》

度正是朱熹晚年弟子,生於周敦頤曾經爲官的合州(治今重慶市合川區)地區。他長期致力於周子遺文遺事的搜求與整理,最後在南宋寧宗嘉定十四年(1221)知重慶府期間完成了周子文集和年表的編纂。從度正《書文集目錄後》所謂"列之《遺文》之末""收之《附錄》之後"、對"遺事""復增之"這些用詞來看,他在編定周子文集時必定有一個文集的底本。目前我們知道在度正之前只有前述道州州學教授葉重開編刻的《濂溪集》七卷本,因此我們判斷度正所依據的底本是葉氏的七卷本《濂溪集》。度正所編文集久佚,書名不詳,今姑且名曰《周濂溪集》,並將其爲文集和年表所寫的跋語錄於後,並載其弟度蕃的年表跋語。

【序跋】
書文集目錄後　　度正

正往在富沙,先生語及周子在吾鄉時,遂寧傅耆伯成從之游,其後嘗以《姤説》《同人説》寄之。先生乃屬令尋訪,後書又及之。正於是徧求周子之姻族,與夫當時從遊於其門者之子孫,始得其與李才元漕江西時慰疏於才元之孫,又得其賀傅伯成登第手謁於伯成之孫,其後又得所序彭推官詩文於重慶之温泉寺,最後又得其吾鄉時所與傅伯成手書。於序見其所以推尊前輩,於書見其所以啟發後學,於謁、於疏又見其所以篤於朋友慶弔之誼,故列之《遺文》之末。又得其同時人往還之書、唱和之詩,與夫送別之序、同游山水之記,亦可以想像其一時切磋琢磨之益,笑談吟詠之樂,登臨遊賞之勝,故復收之《附錄》之後。而他書有載其遺事者,亦復增之。如近世諸老先生崇尚其學,而祠之學校,且記其本末,推明其造入之序,以示後世者,今亦併述之焉。正竊惟周子之學,根極至理,在於《太極》一圖;而充之以修身齊家治國平天下,則在《通書》。吾先生既已發明其不傳之秘、不言之妙,無復餘蘊矣,其餘若非學者之所急。然洙泗門人記夫子微言奧義,皆具載於《論語》,而夫子平日出處之粗迹,則亦見於《家語》《孔叢子》等書而不廢。正今之備錄此篇,其意亦猶是爾。學者其亦謹擇之哉。

嘉定十四年六月二十有八日,後學三陽度正記。

(據宋刻本《元公周先生濂溪集》卷八)

書濂溪先生周元公年表後　　度正

右正少時得明道、伊川之書讀之,始知推尊先生。而先生仕吾鄉時,已以文學聞於當世。遂搜求其當時遺文、石刻,不可得,又欲於架閣庫訪其書判行事,而郡當兩江之會,屢遭大水,無復存者。始仕遂寧,聞其鄉前輩故朝議大夫知漢州傅耆曾從先生遊,先生嘗以《說姤》及《同人說》寄之,遂訪求之,僅得其目錄及《長慶集》,載先生遺事頗詳。久之,又得其手書、手謁二帖。其後過秭歸,得《秭歸集》;之成都,得李才元《書臺集》;至嘉定,得吕和叔《淨德集》;來懷安,又得蒲傳正《清風集》,皆載先生遺事。至於其他私記、小說及先生當時事者,皆纂而錄之。一日,與今夔路運司帳幹楊齊賢相會成都,時楊方草先生年譜,且見囑以補其闕,刊其誤。楊,先生之鄉士也,操行甚高,記覽亦極詳博,意其所考訂必已精審。退而閲之,其載先生來吾鄉歲月,頗自差舛,甚者以周恭叔事爲先生事,又以程師孟送行詩爲趙清獻詩。於是屢欲執筆,未暇也。及來重慶,官事稍閒,遂以平日之所聞者而爲此編。然其所載,於先生入蜀本末爲最詳,其他亦不能保其無所遺誤。正往時嘗有志徧遊先生所遊之處,以訪其遺言遺行,今自以衰晚,莫能遂其初志。有志之士儻能垂意搜羅,補而修之,使無遺缺,實區區之志也。

嗚呼,天之未喪斯文也,故其絶千有餘年而復續;續之未久,復又晦昧,至近世復燦然大明。小人之用事者,自以爲不利於己,盡力以抑絶之。賴天子聖明,大明黜陟,而斯文復興,如日月之麗天,人皆仰之,有願學之志。假令百世之下,復有能沮毀之者,其何傷於日月乎,其何傷於日月乎!

嘉定十四年八月二十有九日,後學山陽度正謹序。

(據宋刻本《元公周先生濂溪集》卷首《濂溪先生周先生年表》末)

周元公年表後記　　度蕃

性善兄頃在成都,夜讀《通鑑》,其後常患目昏,不能多作字,其編類《濂溪家世年表》,蕃執筆從傍書之。書至買平紋紗衫材、拷蒲綾袴段,蕃曰:不太苛細否?曰:此固哲人細事,如聖人食之精、膾之細、魚之餒、紺緅之飾、紅紫之服、當暑之絺綌，《鄉黨》皆備書之。今讀之如生於千載之前，同堂合席也，豈可忽乎？蕃恐觀者之不達乎此，故書之以示同志云。

嘉定十四年九月二十有五日，弟蕃百拜謹跋。①

(據明嘉靖二十二年王會編《濂溪集》卷二《年譜》末)

三、宋寧宗嘉定末至理宗寶慶初蕭一致刻《濂溪先生大成集》七卷

此本在南宋目錄學著作《郡齋讀書附志·別集類三》曾載錄，對其書名、編刻者及刻印地都有明確記載：

《濂溪先生大成集》七卷……右周元公頤字茂叔之文也。……始，道守蕭一致刻先生遺文並附錄七卷，名曰《大成集》。②

此道州守臣蕭一致是江西新喻人，字伯易，生卒年不詳。據明朝隆慶五年(1571)刻本《永州府志》卷四下記載，蕭氏是在嘉定十六年(1223)知道州的，到寶慶三年(1227)為許綸取代。③ 因此蕭一致應該是在嘉定十六年至寶慶二年(1223—1226)期間刻印《濂溪先生大成集》的，④ 正好是度正編定周子文集兩年之後的一段時間，故筆者懷疑此本是依據度正編定的文集來刻印的。此本已佚，不見序跋傳世，但其目錄則附在明朝弘治年間(1488—1505)周木編刻的《濂溪周元公全集》(詳後)的《後錄》中保存了下來，茲錄於後。

---

① 此後記的作者在歷代周子文集中有度正和度蕃兩種完全不同的署名方式。宋刻本《元公周先生濂溪集》卷首《濂溪先生周先生年表》末題為度正，但觀其用語，特別是其中在記錄度正的話後有"並令記之"語，顯非度正自記。明朝弘治年間周木編《濂溪周元公全集》大約注意到這一問題，在繼續署度正的情況下，內容上做了兩處改動，一是"子弟執筆"，改為"弟蕃執筆"；二是"並令記之"改為"故並記之"。雖然只有數字之易，但這樣就像是度正自記的口吻了。至嘉靖二十二年知道州王會新編《濂溪集》，在卷二《年譜》末則改署"度蕃"，內容上亦與之前版本略有不同。考慮到此周子《年譜》是王會從周子後裔周繡麟處直接獲得，可信度較高，故本書依此。之後很多周子文集均將此跋署為度蕃所為。如明朝萬曆三十四年徐必達《合刻周張兩先生全書》本、萬曆四十年顧造《周子全書》本、萬曆四十二年周與爵《宋濂溪周元公先生集》、清修四庫本《周公集》、乾隆二十一年董榕《周子全書》本，等等。

② (宋)趙希弁：《讀書附志》卷下，見(宋)晁公武撰、孫猛校證：《郡齋讀書志校證》，上海古籍出版社，1990年，下冊，第1186—1187頁。

③ 清朝嘉慶二十五年刻本《道州志》卷四也如此記載。

④ 此本在元修《宋史》卷二〇九《藝文志·總集類》中有著錄。

【目録】

卷之一　太極圖　説一篇朱熹氏全解
卷之二　通書　凡四十章朱熹氏全解
卷之三　遺文
　　拙賦
　　同宋復古游大林寺詩
　　題浩然
　　贈虞部譚公昉致仕
　　題大顛堂壁
　　劍門詩
　　行縣至雩都遊羅巖
　　万安香城寺別虔守趙公
　　題惠州羅浮山
　　養心亭説
　　邵州新遷學釋菜祝詞
　　告先師文
　　愛蓮説
　　賀傅耆伯成手謁
　　手書
　　慰李大臨才元疏
　　與二十六叔手帖
　　與仲章姪手帖
　　宿崇聖院詩序
卷之四　遺事　凡十九條
卷之五　附錄一
　　仙居縣太君墓誌銘　　潘興嗣
　　墓誌銘　　前人
　　墓碣銘　　蒲宗孟
　　祭文　　孔文仲
　　事狀　　朱熹

詩寄永州通判周茂叔　　趙抃
詩送茂叔通判赴零陵　　程師孟
濂溪隱齋　　任大中
再題虞部周茂叔濂溪　　前人
送茂叔赴合州僉判　　前人
江上懷永陵倅周茂叔虞部　　前人
送永陵倅周茂叔還居濂溪　　前人
寄廣東運判周茂叔　　前人
周茂叔濂溪　　潘興嗣
和周茂叔憶濂溪　　前人
益師①趙閱道以詩寄周茂叔　　程公闢
相率同和　　前人
贈周茂叔太博　　前人
乙巳歲除日收周惇實茂叔虞曹武昌惠書
　　　知已赴官零陵丙午正月内成十詩奉寄　　蒲宗孟
賀周茂叔弄璋　　吕陶
送周茂叔殿丞序并詩　　前人
和周茂叔席上酬孟翱太博　　傅耆
周茂叔送到近詩數篇因和渠閻裴二公招隱　　前人
茂叔先生濂溪詩呈次元仁弟　　蘇軾
濂溪詩　　黃庭堅
濂溪詩　　張舜民
答周茂叔書　　傅耆
又手書　　前人
又手書　　前人
又手書　　前人
上永倅周茂叔啓　　前人
答盧次山　　前人

---

① 據他本，"師"應爲"帥"之刻誤。

濂溪謁周虞部　　李大臨
巴東龍昌洞記　　蔣概

卷之六　附錄二

營道齋詩　　何棄
游濂溪詞　　鄒勇
濂溪詩　　王庶
零陵通判廳康功堂詩　　胡寅
邵州新遷學記　　孔延之
道州進士題名記　　郭份
永州倅廳拙堂記　　曾幾
永州州學先生祠堂記　　張栻
道州州學先生祠堂記　　胡銓
南安三先生祠堂記　　郭見義
韶州先生祠堂記　　謝諤
江州重建先生祠堂記　　前人
邵州復舊學記　　張栻
靜江府學三先生祠堂記　　前人
廣東憲司先生祠堂記　　前人

卷之七　附錄三①

江州先生書堂記　　朱熹
道州重建先生祠堂記　　張栻
南康軍新立先生祠堂記　　前人
濂溪田記　　章穎
道州先生故居祠堂記　　前人
韶州先生祠堂記　　朱熹
合州先生祠堂記　　何預
隆興府學先生祠堂記　　朱熹
道州重建先生故居祠堂記　　龔維蕃
南安三先生祠堂記　　葉適

---

① "三"字原無，此據前面卷五、卷六的樣式補。

四、宋理宗紹定元年易統刻
《濂溪先生大全集》七卷

此本在南宋晚期的目録學著作《郡齋讀書附志·别集類三》中與《濂溪先生大成集》一併著録：

> 《濂溪先生大成集》七卷，《濂溪先生大全集》七卷。右周元公頤字茂叔之文也。……始，道守蕭一致刻先生遺文並附録七卷，名曰《大成集》。進士易統又刻於萍鄉，名曰《大全集》。然兩本俱有差誤，今並參校而藏之。[①]

據時人胡安之跋語，此本刻於宋理宗紹定元年(1228)。惜已久佚，僅有兩篇跋語傳世。

【序跋】
書萍鄉大全集後（節）　　度正

云云。天地之間，理與氣而已。理中有氣，氣中有理，固不可離而爲二也。然聖賢之示人，有專言之者，有兼言之者。"無極而太極"，是指極至之理而專言之，夫子言性與天道，孟子道性善是也。"太極動而生陽，静而生陰"，是合理與氣而兼言之，"性相近，習相遠""中人以上可以語上，中人以下不可與語上"是也。物得其理，所以成性；得其氣，所以成質。理反原，氣不反原。三代而上，異端邪說不作而民聽一，愚夫愚婦可以與知焉。自佛法流入中國，而人始惑矣。周先生所以著爲是說者，蓋以發前聖之未言，啓後學之未悟，嗣遺音，續絶響，垂於無窮，其功顧不大哉！然先生以其光風霽月、灑落之胸言之，今乃欲以急迫匆遽之心，矜其聰明，恃其智巧，欲襲而取之，宜乎讀之者多而知之者無幾也。然則學者苟能虚心一意，積其操存之實，極其涵養之功，優柔厭飫以求之，夫何難致之有，學者勉之而已。云云。

[①]（宋）趙希弁：《讀書附志》卷下，見（宋）晁公武撰、孫猛校證：《郡齋讀書志校證》，上海古籍出版社，1990年，下册，第1186—1187頁。

書萍鄉大全集後　　胡安之

易兄綸叟昆仲，暇日携所刻周子《大全集》見示曰，願有以志其後，愚謝不敢。他日論及"無極而太極"之旨，愚竊誦先師文公之言曰："不言無極，則太極同於一物，而不足爲萬化之本；不言太極，則無極淪於空寂，而不能爲萬化之根本。"又誦曰："無極即是無形，太極即是有理。今雖多爲之詞，無以易此言矣。"綸叟曰："然則邵子所謂道爲太極、心爲太極，何耶？"曰："老師所釋，以名義言之也。邵子道爲太極，以流行者言之也；心爲太極，以統會者言之也。流行者，萬物各具一理；統會者，萬理同出一原。不知統會，無以操存；不識流行，無以處物，《圖》義備此。"綸叟又曰："文公先生曰：'五行之生，隨其氣質，而所稟不同，所謂各一其性也。各一其性，則渾然太極之全體，無不各具於一物之中，而性之無所不在，又可見矣。'如何？"曰："各一其性，氣質之性也；性之無所不在，本然之性也。性之字義雖曰不同，然既有氣質，則本然之性，未嘗不具於其中也。"綸叟喜曰："請即此二者以志焉，可乎？"愚又謝不敢。綸叟固請曰："問學之工，亦可以嗇於示人，而不廣資問辨之益乎？"愚無以對，因直錄所以相與酬答者如此。云云。

紹定元年二月甲子，末學萍鄉胡安之叔器敬書。

（以上兩跋均據宋刻本《元公周先生濂溪集》卷八）

五、宋理宗淳祐初年周梅叟刻《濂溪先生大成集》七卷

在蕭一致刊《濂溪先生大成集》後十餘年，連州（時屬廣南東路，治今廣東連縣）州學教授周梅叟曾將其翻刻於州學。周梅叟是周敦頤族人，字春卿，道州營道縣（治今湖南道縣）人，"習《禮記》"。紹定三年（1230）來知道州的李韶[①]"采諸旦評"，拔其爲當地書院堂長，後中嘉熙二年（1238）進士，出任連州州學教授。周梅叟至遲在嘉熙四年（1240）已到任，約在淳祐元年（1241）、二年（1242）間"取《太極圖》《通書》《大成集》刊於學宮"。[②] 此《大成集》當是周梅叟從道州赴任連州時將蕭一致主持刻印的道州本帶來翻刻的。淳祐三年（1243），周梅叟到廣州出任

[①] 李韶知道州的時間據《（嘉慶）道州志》卷四，嘉慶二十五年刻本。
[②] （宋）方大琮：《鐵庵集》卷四《舉連州教授周梅叟乞旌擢奏狀》，此據《全宋文》卷七三六六，第321册，第76頁。

科舉考官,將新刻的《大成集》送給了時知廣州的方大琮。據方氏所見,"其遺文視舂陵本稍增"。① 這裏所謂的"舂陵本",當是蕭一致所刻的道州本,因道州舊爲舂陵郡。所謂"稍增",當增加極少。筆者估計,增加的很可能就是附在明朝周木編刻的《濂溪周元公全集》後面的《濂溪先生大成集拾遺》所收的兩方面內容,一是周子在合州與人遊龍多山時唱和的八首詩,二是所謂"家集"的七篇遺詩。周梅叟是周敦頤族人,掌握並貢獻出來"家集"的內容是很自然的。而周子在合州龍多山唱和詩,則是周梅叟在京城(可能是參加科舉考試時)從"蜀賢"那裏得到的,即方大琮寫給周梅叟書信中所說的"夜來所謂入京則得蜀賢遺以龍多山詩"。② 這裏的"蜀賢",很可能是眉州丹棱李塥後人或鄉人。現在我們還能見到李塥寫於紹定三年(1230)的跋語。③ 與道州本一樣,周梅叟連州翻刻本也附有年譜,時知廣州的方大琮簡稱其爲"連譜",且發現與"道本年譜"有些不同。④

此本久佚,未見序跋傳世,主體目錄即是上錄蕭一致刊《濂溪先生大成集》的目錄,茲將周梅叟補充的《濂溪先生大成集拾遺》的目錄內容列於後。

【目錄】

遊赤水縣龍多山唱和詩八首
　李參政跋尾
元公家集中詩七篇
　書堂
　虔倅周茂叔同石守遊山
　江上別郎中
　按部至舂州
　憶江西提刑何仲容
　夜雨書窗
　思歸舊隱

---

① (宋)方大琮:《鐵庵集》卷二十一《與周連教書一》,此據《全宋文》卷七三八五,第 321 册,第 402 頁。
② (宋)方大琮:《鐵庵集》卷二十一《與周連教書二》,此據《全宋文》卷七三八五,第 321 册,第 404 頁。
③ 見宋刻本《元公周先生濂溪集》卷六,第 107 頁。
④ (宋)方大琮:《鐵庵集》卷二十二《與田堂賓(灝)書》,此據《全宋文》卷七三八六,第 322 册,第 13 頁。

六、宋理宗寶祐四年至景定五年間編《濂溪先生集》

此本現藏中國國家圖書館,由近代著名藏書家傅增湘先生捐贈。傅氏在《訂補邵亭知見傳本書目》中介紹此書道:

> 宋刊本,九行十八字,白口,左右雙闌。版心上記大小字數。前有目錄,爲卷首、目錄、家譜、年譜、太極圖、太極説、通書、遺文、遺事、附錄詩文。存卷首至太極圖,餘缺佚。年譜末記今上皇帝淳祐元年御筆以五臣從祀云云,知爲理宗以後刊本。淡墨印,大字,似宋末閩中刊本。余藏。

該書的整理者傅熹年先生又補充説:"一九五一年廠肆曾出一本,與此全同,亦淡墨晚印,知此書所存非一本矣。"[1]可惜我們目前尚不知其他公私藏家藏有此本。

傅增湘先生在其《藏園群書經眼錄》中對此書也有著錄,文字介紹與上述大體相同而微異:

> 宋刊本,大版心,半頁九行,每行十八字,注雙行同,白口,左右雙闌,版心上記大小字數。宋諱貞字缺末筆,惇寫作㥄,或題光宗廟諱。
> 按:據目錄,原書不分卷,今所存者至太極圖朱氏解止,都四十四葉。以下太極説、通書、遺文、遺事、附錄、詩文皆缺佚。年譜末記今上皇帝淳祐元年御筆以五臣從祀云云,則當爲淳祐刊本矣。(余藏。)[2]

據筆者所見,傅增湘先生的説法大體可信,但也小有疏誤。首先,此本不止於《太極圖》,還較爲完整地保存了《太極説》的内容。其次,此本並非"淳祐刊本"。該書《年譜》"神宗熙寧元年戊申"條在述及孔延之所作《邵州新遷學記》時,有一段小字注文:"寶祐三年宋侯仲錫撤祠宇而大之,始建書堂焉。"據此,此本當

---

[1] (清)莫友芝撰、(民國)傅增湘訂補、傅熹年整理:《藏園訂補邵亭知見傳本書目》卷十三上《集部三·別集類二·北宋》,第三册,中華書局,1993年,第51頁。

[2] (民國)傅增湘:《藏園群書經眼錄》卷十三《集部二》,第四册,集部上,中華書局,1983年,第1146頁。

刻於南宋理宗後期,最早不會超過寶祐三年(1255),更不會是淳祐年間(1241—1252),從"今上皇帝"的記述來看,應該是理宗皇帝寶祐四年至景定五年間(1256—1264)編刻的。

此本未見序跋,雖爲殘本,但目録則完整保存至今。

【目録】

家譜

年譜

太極圖

　朱熹氏解

太極説

　朱熹氏解

　張栻氏解

　朱熹氏解①

　朱熹氏再書解後

　張栻氏再書解後

通書

　胡宏氏序

　祁寬氏跋

　朱熹氏解凡四十章諸本並稱四十一章當是誤稱一字

　　乾道己丑太極通書後

　　淳熙己亥春書婺源通書後

　　夏再定太極通書後序

　　淳熙丁未記通書後

　　張栻氏乾道庚寅跋通書後

遺文

　拙賦　　文公跋見附録

　養心亭説

---

① 似缺"後"字。

愛蓮說　　文公跋見附錄
邵州新遷學釋菜祝詞
告先師文
與傅伯成手書
與二十六叔等手帖
與仲章侄手帖
崇聖院詩序
同宋復古游大林寺詩
題浩然閣
贈譚虞部致仕
香林寺餞趙虔州
題大顛壁
題羅浮山
題劍門關
題羅巖
家集中七首
　書堂
　虔州同石守遊山
　江上別郎中
　行部至春州
　憶何仲容
　夜雨書窗①
　思歸舊隱②
題豐都觀三首
　仙都觀
　讀英真君丹訣
　宿山房
題寇順之道院

---

① "窗"字剝蝕，據他本補。
② "隱"字剝蝕，據他本補。

遊龍多山與費琦唱和八首
遺事　　凡二十條
附錄一
　　仙居縣太君墓誌銘　　潘興嗣
　　先生墓誌銘　　前人
　　先生墓碣銘　　蒲宗孟
　　事狀　　朱熹
　　祭先生文　　孔文仲
　　南康奉安先生祠文　　朱熹
　　舂陵祭先生祠文　　前人
　　和茂叔憶濂溪　　潘興嗣
　　贈茂叔太博　　前人
　　題濂溪　　前人
　　和趙閱道寄茂叔　　前人
　　濂溪詞并序　　黃庭堅
　　寄永倅茂叔虞部　　趙抃
　　送茂叔赴永陵倅　　程師孟
　　濂溪詩　　蘇軾
　　濂溪隱齋　　任大中
　　再題周茂叔濂溪　　前人
　　送茂叔赴合州僉判　　前人
　　江上懷永倅周茂叔　　前人
　　送永倅周茂叔還濂溪　　前人
　　寄廣東運判周茂叔　　前人
　　濂溪詩　　張舜民
　　寄零陵倅周茂叔十詩　　蒲宗孟
　　賀周茂叔弄璋　　呂陶
　　送周茂叔殿丞序　　前人
　　和周茂叔席上酬孟翶太博　　傅耆
　　和招飲　　前人

答周茂叔書　　前人
又手書三　　前人
上永倅周駕曹手啓　　前人
答盧次山　　前人
謁周虞部　　李大臨
贈周茂叔　　何平仲
賀茂叔得子　　前人
題拙賦　　前人
同遊馬祖山　　趙抃
次韻見贈　　前人
次韻重陽見菊　　前人
次韻不赴重九　　前人
和香林寺餞別　　前人
題濂溪書堂　　前人
山北紀行二首　　朱熹
營道齋詩　　何棄
遊濂溪辭　　鄒勇
濂溪詩　　王庶
題永倅廳康功堂　　胡寅
長沙贈別賦太極　　張栻
答賦　　朱熹

附録二

先生畫像贊　　晦庵
記濂溪傳　　前人
題太極西銘解後　　前人
書拙賦後　　前人
書愛蓮說後　　前人
書濂溪光風霽月亭　　前人
江州重建先生書堂記　　前人
韶州州學先生祠記　　前人

隆興府學先生祠記　　前人

袁州州學三先生祠記　　前人

徽州婺源三先生祠記　　前人

先生贊　　南軒

道州重建先生祠堂記　　前人

永州州學先生祠堂記　　前人

韶州先生祠堂記　　前人

南康軍先生祠記　　前人

靜江府學三先生祠堂記　　前人

南劍州尤溪縣學傳心閣銘　　前人

附録三

道州先生祠堂記　　胡銓

道州先生故居祠堂記　　章穎

濂溪田記　　章穎

道州進士題名記　　郭份

永州倅廳拙堂記　　曾幾

南軒①三先生祠堂記　　郭見義

韶州先生祠堂記　　謝諤

江州重建先生祠堂記　　謝諤

合州先生祠堂記　　何預

道州重建先生故居祠堂記　　龔維蕃

南安三先生祠堂記　　葉適

江州先生祠堂記　　陳孔碩

南雄州學四先生祠堂記　　真德秀

昌黎濂溪二先生祠堂記　　前人

道州建濂溪書院記　　魏了翁

長沙縣四先生祠堂記　　前人

長寧軍六先生祠堂記　　前人

---

① 據他本，"南軒"應爲"南安"之刻誤。

附録四 以後并寶邵遷學建祠本末

邵州新遷學記　　孔延之

復舊學記　　前人①

重復舊學記　　楊萬里

希濂堂記　　前人

先生祠堂記　　朱熹

二先生祠堂記　　江立叔

先生祠堂記　　魏了翁

新建濂溪先生祠堂記　　高斯得②

七、宋度宗咸淳末年編《元公周先生濂溪集》十二卷

　　此本藏中國國家圖書館，二十册。版本學專家李致忠先生曾高度稱贊道："此本行疏字朗，宋刻風貌猶存"，"此本傳世孤罕，堪稱周集現存最早最爲完整的本子"。此書鈐有"三晉提刑""臣筠""健菴""乾學之印""崑山徐氏家藏""宋犖"等印記，表明此書曾由清代學者宋犖、宋筠（號晉齋）、徐乾學（號健菴，江蘇崑山人）等遞藏。③

　　此本没有序跋，故不能確知其編纂人和刊刻者，但刊刻地點和大體時間則可推知。有學者根據"附録內容以江州資料最多，時間跨度最長，下限最晚，而又放在附録各篇之首"，斷定此本"開刻地點應該在當時的江州，即今日的九江"。④筆者信從。又此本收録的最晚一篇文章是馮夢得寫於度宗咸淳六年（1270）閏十月的《江州濂溪書院後記》（載卷十），可知此本刻印於此後，但必在恭帝德祐元年（1275）之前。因爲這篇《後記》對當時的權相賈似道極盡吹捧之能事，而賈似道在德祐元年二月的丁家洲之戰失敗後即罷相失勢，在此之前的正月江州也淪於

---

　　① 據他本，"前人"應爲"張栻"之刻誤。
　　② 此條另一宋本《元公周先生濂溪集》失收，又見高氏《恥堂存稿》卷四《寶慶府濂溪書堂記》，四部叢刊本。
　　③ 李致忠：《〈元公周先生濂溪集〉提要》，見《中華再造善本總目提要》，國家圖書館出版社，2013年，第614頁。
　　④ 唐之享：《重刊宋版〈元公周先生濂溪集〉序》，載湖南省濂溪學研究會整理《元公周先生濂溪集》卷首，嶽麓書社，2006年。按：該序以爲所刊《元公周先生濂溪集》是"最早的宋刻本"，則明顯有誤。

元軍之手。① 有學者根據此本卷首《濂溪先生周元公年表》的度正跋語，認爲"此本當爲度正所裒輯"②"此本周氏文集全由度正一手所編成"。③ 南宋後期的合州（今重慶市合川區）人度正雖曾編輯周敦頤文集和年譜，但他卒於宋理宗端平二年（1235），④ 單從上舉馮夢得一文，即可證此本絕非度正所編。度正至多只是此本的基礎。

除中國國家圖書館藏本外，此本還有多種影印本，收入叢書的就有《北京圖書館古籍珍本叢刊》《宋集珍本叢刊》《四庫提要著錄叢書》和《中華再造善本叢書》等，2017 年湖南省濂溪學研究會又加以專門影印以紀念周子誕辰一千周年，愛如生電子資料庫中的"中國基本古籍庫"亦收此本；其書卷首的《濂溪先生周元公年表》還被收入《四庫全書存目叢書》史部第 82 册。另外嶽麓書社在 2006、2007 年還先後出版有兩部標點整理本，北京大學《儒藏》編纂與研究中心編《儒藏·精華編》第 209 册的集部類亦收此書的點校本（2016），臺灣地區學者董金裕先生注譯的《周濂溪集今注今譯》（2011）也是利用此書爲底本，中國科學院中國古代社會生活史料編委會編《中國古代社會生活史料》二編第 28 册（2013）亦收入此書的衆多"祭文"內容。

【目録】

濂溪先生周元公世家　　度正
濂溪先生周元公年表　　度正
卷之一　遺書⑤
　太極圖
　　晦庵解義
　太極圖説
　　晦庵南軒解義并後論後序
　諸儒太極類説
　　延平師生問答

---

① （元）脱脱等：《宋史》卷四七四《賈似道傳》，中華書局點校本，1977 年，第 39 册，第 13785—13786 頁；劉敏中：《平宋録》卷上，叢書集成初編本。
② 李文澤：《〈元公周先生濂溪集〉提要》，《宋集珍本叢刊》第八册，線裝書局，2004 年。
③ 見上引李致忠文。
④ 據陽枋《字溪集》卷十二附録《紀年録》，文淵閣《四庫全書》影印本。
⑤ 下面依書前目録著録，有些與正文標題的文字、字形存在差别，但意思相同者，爲免累贅，不再加注説明。

晦庵答南軒書
晦庵答東萊書
晦庵與梭山象山辯答

卷之二　遺書
諸儒太極類説
晦庵文集并語録問答

卷之三　遺書
諸儒太極類説
南軒文集并語録問答 及解義初本
陳北溪太極字義
黃勉齋語録問答
勉齋無極太極辯
勉齋五行説
勉齋中庸總論
真西山問答
蔡節齋太極原説
游誠之書圖解後
度性善書圖解後
葉平嚴近思録集解序 并太極圖集解

卷之四　遺書
通書
晦庵解義并後録後序
諸儒通書類説
胡五峯序略
祁居之後跋
晦庵後序三篇 建安本南康本延平本
南軒後跋

卷之五　遺書
諸儒通書類説
延平師生問答

晦庵文集并語錄問答
　　南軒文集并語錄問答
　　陳北溪字義
　　黃勉齋語錄問答
　　蔡節齋議論
卷之六　遺文
　　愛蓮説
　　　附晦庵書説後
　　養心亭説
　　　附晦庵語
　　　度性善記説後
　　拙賦
　　　附晦庵書賦後
　　邵州遷學釋菜先聖先師祝文
　　　附孔延之學記
　　彭推官詩序
　　　附彭推官詩
　　　　度周卿跋
　　與傅耆伯成書
　　　　附傅伯成五書
　　慰李大臨才元疏
　　與二十六叔等手帖
　　與仲章姪手帖
　　　　附鄒教授弅跋
　　　　　南軒跋
　　回謁黃司錄君慶牒
　　賀傅伯成手謁
　　　　附度周卿跋
　　書仙臺觀壁詩
　　　　附費琦和詩

遊山上一道觀三佛寺詩
　　附費琦和詩
喜同費長官遊詩
　　附費琦和詩
　　　　呈謝簽判殿丞寵示遊山之什
和前韻
　　附李悅齋跋
劍門詩
萬安香城寺別虔守趙公詩
　　附清獻和詩
遊羅巖詩
同石守遊山詩
江上別石郎中詩
憶江西提刑何仲容詩
遊大林寺詩
題寇順之道院壁詩
題浩然閣詩
題酆都觀三首
題大顛堂詩
按部至春州詩
題惠州羅浮山詩
贈譚虞部致仕詩
濂溪書堂詩
思歸舊隱詩
夜雨書窗詩
書舂陵門扉詩
　　附南軒語
東林寺題名
澹山留題
大雲巖留題

三洲巖留題

　　星巖留題

　　　附蔣概巴東龍昌洞行記

　　遺事增附晦庵南軒語錄

卷之七　附錄

　　雜詩

　　　送周茂叔赴合州簽判詩　　任大中

　　　和茂叔席上酬孟太博詩　　傅耆

　　　和茂叔閭裴二公招隱詩　　前人

　　　賀周茂叔弄璋詩　　呂陶

　　　送周茂叔殿丞序并詩　　前人

　　　贈茂叔太博詩　　潘興嗣

　　　贈茂叔濂溪詩　　前人

　　　和茂叔憶濂溪詩　　前人

　　　同周國博遊馬祖山詩　　趙抃

　　　次韻周茂叔國博見贈詩　　前人

　　　次韻重陽節近見菊詩　　前人

　　　次韻不赴重九飲會詩　　前人

　　　題茂叔濂溪書堂詩　　前人

　　　送茂叔通判虞部赴零陵　　程師孟

　　　寄永州通判茂叔虞部詩　　趙抃

　　　和益帥趙閱道寄茂叔詩　　潘興嗣

　　　寄茂叔虞曹十詩　　蒲宗孟

　　　贈周茂叔詩　　何平仲

　　　賀茂叔中年有嗣詩　　前人

　　　題茂叔拙賦詩　　前人

　　　濂溪謁周虞部詩　　李大臨

　　　濂溪隱齋詩　　任大中

　　　再題虞部周茂叔濂溪詩　　前人

　　　江上懷永倅周虞部詩　　前人

送永倅周茂叔還濂溪詩　　前人
寄廣東運判周茂叔詩　　前人
題濂溪書堂詩　　孔平仲
茂叔先生濂溪詩呈次元仁弟　　蘇軾
濂溪詞并序　　黃庭堅
濂溪詩　　張舜民
濂溪詩　　王庶
營道齋詩并序　　何棄仲
遊濂溪辭并序　　鄒勇
零陵倅廳後康功堂詩　　胡寅
山北紀行二詩　　朱熹
齋居感興二詩　　前人
謁濂溪祠紀事二詩　　王溉
濂溪留題詩　　度正
又一絕　　前人
濂溪識行詩　　魏嗣孫
同前　　薛師董
題濂溪祠堂詩　　王子修
同前　　周剛
同前并序　　鮑昭
同前　　薛袚
同前　　幸元龍
同前　　林煥
敬題濂溪先生書堂詩　　柴中行
拜濂溪先生祠下詩　　文仲璉
領客溪堂分韻詩　　魏了翁
濂溪六詠　　周以雅

卷之八　附錄
　雜文
　　濂溪先生祭文　　孔文仲

濂溪先生祝文　　朱熹
建祠奉安祝文　　前人
到任謁祠祝文　　趙崇憲
書院開講祝文　　前人
辭廟祝文　　前人
謁祠祝文　　楊楫
到任謁祠祝文　　徐邦憲
謁祠祝文　　王溉
春祀祝文　　陳卓
仙居縣太君墓誌銘　　潘興嗣
先生墓誌銘　　前人
先生墓碣銘　　蒲宗孟
先生事狀　　朱熹
先生墓室記　　何子舉
先生像贊　　朱熹
又贊　　張栻
濂溪說　　朱熹
記國史濂溪傳後　　前人
題太極西銘解後　　前人
滄洲精舍告先聖文　　前人
聚樂堂說　　何士先
舂陵續編序　　葉重開
書文集目錄後　　度正
萍鄉本大全集序　　前人
萍鄉本大全集序　　胡安之
婺本三書序節　　王夢龍
金陵記聞註辯　　饒魯
濂溪書院上梁文　　郡齋士
御書門屋上梁文　　陳緯
書光風霽月亭　　朱熹

留題書堂　　李埴

同前　　安公直

同前　　魏了翁

同前　　家大酉

同前　　吴昌裔

卷之九　附錄

詰命

先生謚告

謝賜謚表　　魏了翁

謚告序　　魏了翁

書謚告石刻下　　趙善璙

加封汝南伯　　御筆

改大理寺丞　　制詞

請濂溪書院御書奏狀　　劉元龍

謝賜御書表　　劉元龍

江州謝表　　章琰

書御書石刻下　　章琰

講義

通書志學章　　蔡念成

論語孔顏所樂二章　　蔡念成

太極圖説　　余宋傑

卷之十　附錄

祠記

江州州學先生祠記　　林栗

江州州學重修祠記　　謝諤

江州濂溪書堂記　　朱熹

　附黃維之銘

江州濂溪書院記　　陳孔碩

江州濂溪書院後記　　馮夢得

江州州學四先生祠記　　王佖

德安縣三先生祠記　　林時英
江州貢士增員記　　馮去疾
江州咸淳增貢額記　　方逢辰
道州先生祠記　　胡銓
道州重建祠記　　張栻
道州故居先生祠記　　章穎
道州故居重建祠記　　龔維蕃
道州濂溪書院記　　魏了翁
寧遠縣先生祠記　　魏了翁
道州州學希賢閣記　　葉重開
　附謝諤希賢閣銘
道州進士題名記　　郭份
道州濂溪田記　　章穎

卷之十一　附錄

祠記
袁州州學三先生祠記　　朱熹
萍鄉縣濂溪書堂記　　李燔
袁州韓周二先生祠記　　真德秀
南安三先生祠記　　郭見義
同前　　葉適
同前 增祠太中程公　　鄭霖
南安周程書院記　　盧方春
吉州鷺洲書院周程祠記　　江萬里
　附古心委郡邑建濂溪書堂牒
隆興府學先生祠記　　朱熹
南昌縣先生祠記　　李燔
合州州學先生祠記　　何預
同前　　魏了翁
鄂州州學四賢祠記　　黃榦
永州州學先生祠記　　張栻

永州通判廳拙堂記　　曾幾
　　附永倅曾迪拙堂留題
邵州增闢舊學記　　張栻
邵州重復舊學記　　楊萬里
邵州希濂堂記　　楊萬里
　　附傅伯崧希濂說
邵州二先生祠記　　江立叔[①]
邵州特祀先生祠記　　朱熹
寶慶府學先生祠記　　魏了翁

卷之十二　附錄

祠記
韶州州學先生祠記　　謝諤
同前　　朱熹
廣東憲司先生祠記　　張栻
同前　　鄒補之
同前　　蔡抗
南康軍先生祠記　　張栻
　　附晦庵委教官立濂溪祠堂牒
南康軍二先生祠記　　謝方叔
婺源縣三先生祠記　　朱熹
靜江府學三先生祠記　　張栻
尤溪縣傳心閣銘　　張栻
南雄州學四先生祠記　　真德秀
長沙縣學四先生祠記　　魏了翁
長寧軍學六先生祠記　　魏了翁
成都府學三先生祠記　　魏了翁
簡州州學四先生祠記　　魏了翁
無欲齋記　　黃榦

[①] 原目錄在此條後署名"朱熹"，漏刻"江立叔"和下面一條的標題，茲據正文補。

第二部分 明刻本(十九部)

一、明孝宗弘治四年周冕編《濂溪遺芳集》

此本爲周敦頤十二世孫、明朝翰林博士周冕編。久佚，僅存兩序傳世，其中卷首是方瓊《濂溪遺芳集序》，作於"弘治辛亥"，即弘治四年(1491)。此本既包括了周敦頤《太極圖説》《通書》以外的一些詩文，也包括了後來的一些制詞、記序，與之後家集性質的《世系遺芳集》不同，是目前所見明代第一個周敦頤文集版本。

【序跋】

濂溪遺芳集序 弘治辛亥　　　方瓊

天無意於堯、舜、禹、湯、文、武之道，則孔聖不生；天無意於孔、曾、思、孟之道，則周子不生。聖賢之生，誠不偶也。嗚呼！孔聖生而"六經"作，"六經"者，堯、舜、禹、湯、文、武之道之實事也。周子生而《圖》《書》作，《圖》《書》者，孔、曾、思、孟之道之淵源也。周子生於舂陵，得孔孟不傳之緒，啓伊洛百世之傳，其芳與孔子"六經"之芳殆無間然。而其十二世孫翰林博士曰冕者，手録一册，名曰《濂溪遺芳集》，出以示予，且屬以序。予初疑而歎曰："大哉！周子之芳，寓於《圖》《書》者，無以加矣！故先正嘗稱之曰：先生之言，其高極乎無極太極之妙，而其實不離乎日用之間。其幽探乎陰陽五行造化之賾，而其實不離乎仁義禮智、剛柔善惡之際，其體用之一原，顯微之無間，秦漢以下誠未有臻斯理者，而其實則不外乎'六經''四書'之所傳也。其芳播天下、傳後世者，有如此其大，今復欲編《遺芳》一集，不幾於屋上架屋乎？竊意其不必然也。"於時博士悵然者久之，既而語予曰："《圖》《書》雖天下所共究，濂溪雖天下所共聞，然我舂陵之所謂濂溪，所謂月巖與營道者，人未之見。愛蓮有池，池上有亭，亭池上下有光風、霽月，人未之玩賞。我祖吟詠性情，愛蓮有説，示拙有賦，思親之類有詩。及其既往，上而追封有制，下而奉祀有祠，或序或記，不一其文，是皆散在群書，或傳錄於家者，人未之悉究。他如世之文人才子，經舂陵睹遺迹，而慕濂溪者，稱贊有佳句。士大夫親見我朝崇儒重道，爲我祖而賜冕以博士之官；其垂愛及冕者，亦贈有佳什。是皆我祖之芳，默寓於山川，發越於吾儒，崇重於聖朝，垂裕於吾身，而圖書所載之未盡者也。兹欲鋟諸梓，傳於家，以及於人，人以便於觀覽。敢請一言序之，請勿疑。"

予因其言，覽其集，始悟其意而序之。誠以營道一山，天啓周子以悟道之機；月巖一像，天啓周子以太極之理；濂溪一派，天啓周子以斯道之源。而《太極》《通書》之芳，所以耿耿不磨者，誠有所自。若夫愛蓮之説，吟詠之作，及古今人之贊詠而贈及其後裔者，乃其芳中之餘芳，是猶孔經之外復有所謂《家語》，實又"六經"大芳中之餘芳也，集以"遺芳"名，宜矣。雖然，博士是集，源流始末，井井有條，初非自多其一家之芳也。原其意，蓋欲發明周子之所以生於舂陵，而明其道以著其芳者，實本諸天；舂陵山水之芳馨，所以顯揚於天下者，實本諸元公。元公之芳，廣遠益著，而世承博士之寵芳，又本諸山水之勝。至於我朝聖天子作興斯文，使天下後世之景仰先哲者，悉於是有所考正。博士之心，其亦深慰矣哉。弘治辛亥十月甲子弋陽方瓊謹書。

(據明嘉靖十九年魯承恩編《濂溪志》卷之十)

濂溪遺芳集後序 弘治癸亥　　鄭滿

濂溪一生，學力在太極一圖，其説窮天地萬物之奥，括"六經"、《語》《孟》之旨，其圖至與羲畫、禹疇同流行於天下，學者欲求觀"六經"、《語》《孟》、堯、舜、禹、湯、文、武、周公、孔子之道，而不觀諸圖，則無以憑源泝流而直其要。蓋其首曰"無極而太極"，則合天地人之理而揔命之名矣。其曰"太極動而生陽"至"各異其性"，則天地之理備。其曰"太極之真"至"修之吉悖之凶"，則萬物之理備。其言"貫精粗，徹上下"，文公先生以爲"根極領要"，至哉言也。何則？五星聚奎，實誕英豪。其生禀既異，而又博觀遠探，實踐心得，有以深悟於"易有太極"之旨，正孟子所謂"聞而知之者"。二程又親炙其門而得其傳，則當時"見而知之者"也。至於朱子，又首尊信其書，凡其祠記在舂陵、九江、邵陽者，皆極推闡而揚大之。蓋非周子，無以真得孔孟之傳；非朱子，亦不能深信其傳自孔孟也。

聖朝重朱子之學，而推其原自濂溪，故今從祀文廟，專祀舂陵，又錄及其子孫,俾世襲博士。至是而濂溪之芳傳益遠矣。其十二世孫冕者,又萃爲《遺芳集》,前守方公爲序其首,以播其遺芳於天下,此豈欲□炫其詞藻,以誇大於時哉!蓋亦上題聖朝崇重之意,遠追朱子尊信之心,欲使觀者撫卷景仰,修己治人,必襲先生之芳而後可。

予幼讀先生之書,信朱子之説,今又幸承乏先生之邦,獲觀先生遺芳之集,則又安能徒嘆羨而已耶。愚不敏,願竊其芳以自勉。弘治癸亥十月甲子慈溪鄭滿序。

(據明嘉靖十九年魯承恩編《濂溪志》卷之十)

二、明孝宗弘治年間周木重輯《濂溪周元公全集》十三卷

題署"琴川周木重輯""琴川周木重修"的明刻本《濂溪周元公全集》,長期流傳不廣,近些年出版的《現存宋人別集版本目録》《中國古籍善本書目》《中國古籍總目》等書有著録,僅記天津圖書館藏。據最新調查,日本名古屋市蓬左文庫、京都大學文學部和北京私人藏書家章力先生也有藏本。四地所藏不盡相同,具體情況是:

一是天津圖書館藏。包括四部分,分别是:《歷代褒崇禮制》一卷,《事實》一卷,《年表》一卷,《濂溪周元公全集》十三卷,四册一函。其中《濂溪周元公全集》卷十三終後還附有《易通復舊編序》(陳九疇寫)、《太極圖說摘疑》《通書摘疑》《陳九疇先生來書》(有目無文)、《(周木)答書》《周朱二先生年譜引》(張元禎寫)和程敏政書信一通等内容。這些内容的刊刻版式與前面不同,前面都是每頁九行十七字,這裏則是十行二十字,似爲補刻。

二是北京私人藏書家章力先生藏。據其拍賣得書瑣談,知其收藏的是明弘治年間周木重輯的《濂溪周元公全集》十三卷,十二册二函,鈐印有湘雅堂藏書記、黃鏐之印、咸夷、康生、大公無私等。又據章先生向筆者提供的描述,知其書排列順序與天津圖書館藏本不同,《歷代褒崇禮制》一卷(後有周濂溪遺像、世譜)、《事實》一卷和《年表》一卷等内容,是附在《濂溪周元公全集》卷十三之後。

三是日本名古屋市蓬左文庫藏。此書本爲十三册,缺首册,現存十二册,内容依次是《歷代褒崇禮制》一卷、《濂溪周元公全集》十三卷和《後録》一卷。其《後録》

一卷附在《濂溪周元公全集》卷十三的後面，與天津圖書館藏本相同；只是此本《後錄》的後面還附有《濂溪先生大成集目錄》(末有《濂溪先生大成集拾遺》)、《元公周先生濂溪集總目》兩個目錄，則爲天津圖書館藏本所無，版式與《全集》各卷內容一致。

四是日本京都大學文學部藏。此書本爲十三冊，現存十二冊，內容與日本名古屋市蓬左文庫藏同，只是缺最後一冊，即缺《濂溪周元公全集》後面兩卷及《後錄》一卷。

後面三個藏本，在各卷卷端的右下角，都刻印有"總目 X"的標記，但天津圖書館藏本則僅在卷首的《濂溪周元公世譜》首頁有"總目二"，其餘各處均無"總目 X"標記，似乎天津圖書館藏本刷印在前。

以上四個藏本均無序跋，因此不詳其刊刻的具體時間。不過它們在卷一都題署"琴川周木重輯"，詳查《中國古籍版刻辭典》"周木"條，則明確著錄是書爲明弘治刻本。① 再查天津圖書館和日本名古屋市蓬左文庫藏本《濂溪周元公全集》卷十三後面所附內容，有周木答書一通，末署"成化二十一年月日木再拜復"，成化二十一年即公元 1485 年；又有張元楨《周朱二先生年譜引》，末署"時弘治壬子秋九月九日"，這是所有附錄內容時間最晚的一篇。綜合這些情況，可知此本刻於弘治五年（壬子，1492）後不久，屬於明朝中期。有學者將此書說成是"明萬曆"刻本，②顯誤。

據筆者比對，此本是在宋末刻本《元公周先生濂溪集》十二卷的基礎上編纂而成，內容和順序固有大量沿襲和調整，但也新增了一些重要資料，如與朱熹齊名的理學家張栻的《太極解義》，就賴此完整地保存下來；南宋蕭一致初刻、周梅叟翻刻的《濂溪先生大成集》七卷的目錄也保存其中。餘不一一。

此本歷代公私書目罕有著錄，在民國及其以前，筆者僅見民國甘鵬雲《崇雅堂書錄》卷十一著錄："《濂溪集》十三卷，《事實》一卷，《年表》一卷，《褒崇禮制》一卷""明宏治中周木校刻本"。③ 似爲完本，惜今不知去向。

下面主要依據日本名古屋市蓬左文庫藏本，並結合日本京都大學文學部圖書室藏本，列其目錄。

---

① 瞿冕良編著：《中國古籍版刻辭典》，齊魯書社，1999 年，第 380 頁。
② 沈津：《美國哈佛大學燕京圖書館藏中文善本書志》第 1134 條"明萬曆周與爵刻本宋濂溪周元公先生集"，上海辭書出版社，1999 年，第 632 頁。沈書後有增訂本出版，此條變成"1918"條，內容和觀點一仍其舊，見該書第 1421 頁，廣西師範大學出版社，2011 年，第 4 冊。
③ 甘鵬雲編：《崇雅堂書錄》卷十一，潛江甘氏息園民國二十四年（1935）鉛印本。此本影印後收載李萬建、鄧雲秋編《民國時期私家藏書目錄叢刊》，系《民國文獻資料叢刊》之一，國家圖書館出版社，2012 年。此據影印本，第 4 冊第 31 頁。

【目録】

遺像①【總目一②】

濂溪周元公世譜【總目二】

濂溪周元公事實【總目三】

  改大理寺丞制詞

  宋史道學本傳

    記國史濂溪傳後　　朱熹

  仙居縣太君墓誌銘　　潘興嗣

  先生墓誌銘　　前人

  先生墓碣銘　　蒲宗孟

  先生墓室記　　何子舉

  先生事狀　　朱熹

  濂溪先生行錄　　前人

  先生像贊　　前人

    又贊　　張栻

濂溪周元公年表【總目四】

歷代褒崇禮制【總目五】

濂溪周元公全集③

卷一　太極圖【總目六上】

  晦庵解義附

  太極圖説

  晦庵南軒解義論序附

  諸儒太極類説附

  延平師生問答

  晦庵答南軒書

  晦庵答東萊書

---

① "遺像"之後的文字是以"初仕"到"九仕""末仕"的方式略述周子的仕宦情況。

② 此三字原缺，筆者據後面的總目編排順序臆補。韋力先生藏本（遺像附在卷十三之後）則是"總目八"三字，頗爲不解。

③ 下面依書前目錄著錄，有些與正文標題的文字、字形存在差別，但意思相同者，爲免累贅，不再加注説明。

晦庵辯答梭山象山書

程端蒙與象山書

卷二　諸儒太極類說附【總目六中】

晦庵文集并語録問答

卷三　諸儒太極類說附【總目六下】

南軒文集并語録答問及解義初本

陳北溪太極字義

黄勉齋語録問答

勉齋無極而太極辯

勉齋五行説

真西山問答

蔡節齋太極原説

勉齋中庸總論

游誠之書圖解後

度性善書圖解後

葉平嚴近思録集解序并太極圖集解

卷四　通書凡四十章【總目七上】

晦庵解義并後録後序附

　　諸儒通書序跋附

胡五峯序略

祁居之後跋

晦庵建安南康延平三本後序

南軒後跋

卷五　諸儒通書類說【總目七下】

延平師生問答

晦庵文集并語録問答

南軒文集并語録問答

黄勉齋語録問答

蔡節齋議論

陳北溪性理字義

蔡念成通書志學章講義
　　又論語孔顔所樂二章講義
余宋傑太極圖説衍義並跋

卷六　遺文【總目八】

愛蓮説
　　晦庵書説附
養心亭説
　　晦庵語録附
　　度周卿記説附
拙賦
　　晦庵書賦附
邵州新遷學釋菜祝文
又告先師文
　　孔延之學記附
彭推官詩序
　　彭推官詩附
　　度周卿跋附
與傅耆伯成書
　　傅伯成六書附
慰李大臨才元疏
與二十六叔等手帖
與仲章姪手帖
　　鄒教授甹跋附
　　南軒跋附
回謁黄司録君慶牒
賀傅耆伯成手謁
　　度周卿跋附
書仙臺觀壁詩
　　費琦和詩附
游山上一道觀三佛寺詩

第二部分　明刻本(十九部)

　　費琦和詩附
喜同費長官遊山詩
　　費琦和詩附
　　　又呈謝簽判殿丞寵示遊山之什附
和費長官遊山詩
　　李悦齋跋附
劒門詩
萬安香城寺別虔守趙公詩
　　清獻和詩附
行縣至雩都遊羅巖詩
同石守遊山詩
江上別石郎中詩
憶江西提刑何仲容詩
同宋復古遊大林寺詩
題寇順之道院壁詩
題浩然閣詩
題鄠都觀三首
題大顛堂詩
按部至春州詩
題惠州羅浮山詩
贈虞部譚公昉致仕詩
題濂溪書堂詩
思歸舊隱詩
書窗夜雨詩
石塘橋晚釣詩
書春陵門扉詩
　　南軒語附
東林寺題名
澹山留題
大雲巖留題

三洲巖留題

　　星巖留題

　　　　蔣概巴東龍昌洞行記附

　　任所寄鄉關故舊詩

　　宿大林寺詩

　　春晚詩

　　牧童詩

卷七　遺事【總目九】

　　晦庵南軒語錄附

卷八　附錄　諸賢贈送唱酬等作【總目十】

　　送茂叔赴合州僉判詩　　任大中

　　和茂叔席上酬孟翱太博詩　　傅耆

　　和茂叔渠閤裴三公招隱詩　　前人

　　賀茂叔弄璋詩　　呂陶

　　送茂叔殿丞序并詩　　前人

　　贈茂叔太博詩　　潘興嗣

　　贈茂叔濂溪詩　　前人

　　和茂叔憶濂溪詩　　前人

　　同周國博遊馬祖山詩　　趙抃

　　次韻茂叔國博見贈詩　　前人

　　次韻重陽節近見菊詩　　前人

　　次韻不赴重九飲會詩　　前人

　　題茂叔濂溪書堂詩　　前人

　　送茂叔通判赴零陵詩　　程師孟

　　寄永州通判茂叔虞部詩　　趙抃

　　和益帥趙閱道寄茂叔詩　　潘興嗣

　　寄茂叔虞曹十詩　　蒲宗孟

　　贈周茂叔詩　　何平仲①

---

①　原目錄誤刻爲何棄仲，茲據正文和他本改。

賀茂叔中年有嗣詩　　　前人
題茂叔拙賦詩　　　前人
濂溪謁周虞部詩　　　李大臨
濂溪隱齋詩　　　任大中
再題虞部周茂叔濂溪詩　　　前人
江上懷永陵倅周茂叔虞部詩　　　前人
送永陵倅周茂叔還濂溪詩　　　前人
寄廣東運判周茂叔詩　　　前人
題濂溪書堂詩　　　孔平仲

卷九　附錄　諸賢懷仰紀述等作【總目十一】

茂叔先生濂溪詩呈次元仁弟　　　蘇軾
濂溪詞序　　　黃庭堅
濂溪詩　　　張舜民
濂溪詩　　　王庶
營道齋詩并序　　　何棄仲
遊濂溪詞并序　　　鄒勇
零陵倅廳事後康功堂詩　　　胡寅
山北紀行二詩并序　　　朱熹
齋居感興二詩　　　前人
謁濂溪祠堂紀事二詩并序　　　王溉
濂溪留題詩　　　度正
　又一絕并跋　　　前人
濂溪識行詩　　　魏嗣孫
同前　　　薛師董
題濂溪祠堂詩　　　王子修
同前　　　周剛
同前并序　　　鮑昭
同前　　　薛祓
同前　　　幸元龍
同前　　　林焕

敬題濂溪先生書堂二詩　　柴中行
拜濂溪先生祠下詩　　文仲璉
領客溪堂分韻詩并序　　魏了翁
濂溪六詠　　潘之定
書光風霽月亭　　朱熹
留題書堂　　李埴
留題書堂　　安公直
同留題書堂　　魏了翁
留題書堂　　家大酉
留題書堂　　吳昌裔
愛蓮詩　　朱熹
濂溪説　　前人
題太極西銘解後　　前人
聚樂堂説　　何士先
舂陵續編序　　葉重開
書文集目錄後　　度正
書萍鄉大全集後　　前人
同前　　胡安之
婺本三書序節　　王夢龍
金陵紀聞註辯　　饒魯
江州貢士增員記　　馮去疾
道州州學希賢閣記　　葉重開
　謝諤希賢閣銘附
道州進士題名記　　郭份
道州濂溪田記　　章穎
永州通判廳拙堂記　　曾幾
　永倅曾迪拙堂留題附
邵州復舊學記　　張栻
邵州重復舊學記　　楊萬里
邵州希濂堂記　　前人

傅伯崧希濂堂説附
　　尤溪縣傳心閣銘并序　　張栻
　　無欲齋記　　黃榦
　　邵州新遷州學記原本有目無文今從之　　孔延之

卷十　附錄　諸賢祭告元公文【總目十二】
　　祭濂溪先生文　　孔文仲
　　三先生祠祀祝文　　朱熹
　　建祠奉安濂溪先生祝文　　前人
　　到任謁祠祝文　　趙崇憲
　　書院開講祝文　　前人
　　辭廟祝文　　前人
　　謁祠祝文　　楊楫
　　到任謁祠祝文　　徐邦憲
　　謁祠祝文　　王溉
　　春祀祝文　　陳卓
　　滄洲精舍告先聖文　　朱熹
　　道州書院春秋二仲丁祝文
　　道州故居祠堂春秋二季丁祭諫議大夫元公并二子文
　　道州書院次丁祝文
　　　已上道州三祝文俱出劍江周驛丞家譜後錄

卷十一　附錄　諸賢建修元公書院祠堂記【總目十三上】
　　江州州學先生祠記　　林栗
　　江州州學重建先生祠記　　謝諤
　　江州濂溪書堂記　　朱熹
　　　黃維之銘附
　　江州濂溪書院記　　陳孔碩
　　江州州學四先生祠記　　王佖
　　德安縣三先生祠記　　林時英
　　道州州學先生祠記　　胡銓
　　道州重建先生祠記　　張栻

道州故居先生祠記　　章穎

道州故居重建先生祠記　　龔維蕃

道州濂溪書院記　　魏了翁

　史復祖跋附

　吳夢弼跋附

道州寧遠縣先生祠記　　前人

卷十二　附錄　諸賢建修元公書院祠堂記【總目十三中】

袁州州學三先生祠記　　朱熹

袁州萍鄉縣濂溪書堂記　　李燔

　曹叔遠跋附

袁州韓周二先生祠記　　真德秀

南安三先生祠記　　郭見義

同前　　葉適

同前增祀太中程公　　鄭霖

南安周程書院記　　盧方春

吉州鷺洲書院周程祠記　　江萬里

　古心委郡邑建濂溪書堂牒附

隆興府學先生祠記　　朱熹

南昌縣先生祠記　　李燔

合州州學先生祠記　　何預

同前　　魏了翁

鄂州州學四賢堂記　　黃榦

永州州學先生祠記　　張栻

邵州二先生祠記　　江立叔

邵州特祠先生祠記　　朱熹

寶慶府學先生祠記　　魏了翁

卷十三　附錄　諸賢建修元公書院祠堂記【總目十三下】

韶州州學先生祠記　　謝諤

同前　　朱熹

廣東憲司先生祠記　　張栻

同前　　鄒補之
同前　　蔡抗
南康軍新立先生祠記　　張栻
　晦庵委教官立濂溪祠堂牒附
南康軍二先生祠記　　謝方叔
婺源縣三先生祠記　　朱熹
靜江府學三先生祠記　　張栻
南劍州學四先生祠記　　真德秀
長沙縣學四先生祠記　　魏了翁
長寧軍學六先生祠記　　前人
成都府學三先生祠記　　前人
簡州州學四先生祠記　　前人
南安軍司理廳改創先生祠記　　陳宗禮
道州路重修濂溪書院記　　元歐陽玄
南安路道源書院鼎建大成殿記　　元高若鳳
重修道源書院記　　元劉偉節
道源書院記　　明葉盛
餘錄
濂溪書院上梁文　　郡齋士
御書門屋上梁文　　陳緯
後錄
　易通復舊編序　　明陳九疇
　太極圖說摘疑
　通書摘疑
　陳九疇來書大義與序說同兹不覆載
　答書
　周朱二先生年譜引　　張元禎
　程敏政來書
　濂溪先生大成集目錄
　濂溪先生大成集目錄拾遺
　元公周先生濂溪集總目

三、明世宗嘉靖五年吕柟編《周子抄釋》二卷

　　此本爲明代關中大儒吕柟嘉靖五年（1526）所編《宋四子抄釋》之一，兩卷，有嘉靖十一年（1532）程爵刻、十六年（1537）汪克儉重刻本，中國國家圖書館、清華大學圖書館、中央黨校圖書館均有藏。清代以來被收入多種叢書，如乾隆年間的《四庫全書》、道光二十六年（1846）宏道書院刊《惜陰軒叢書》（咸豐八年［1858］、光緒二十二年［1896］長沙重刻），它們均把原來的附録作爲一卷，形成三卷的規模。其中《惜陰軒叢書》本卷首並冠以《欽定四庫全書總目提要》，1936年上海商務印書館據此排印後收入《叢書集成初編》（1985年中華書局重印），1965年臺灣商務印書館據此影印後收入《叢書集成簡編》，1985年臺灣新文豐出版公司又影印收入《叢書集成新編》。

　　吕柟自序和《四庫全書》本卷前《提要》均言此本源於周子"全書"，但未道出其具體書名和版本。依筆者考察，此"全書"就是周木編的弘治本《濂溪周元公全集》。經比勘，我們發現吕柟本内容没有超出《全集》，特別是它同時收録了朱熹的《事狀》和《行録》兩篇高度相近的内容，這恰是弘治本《濂溪周元公全集》的特點。

　　下面據清華大學藏明嘉靖十六年汪克儉重刻本著録。

【序跋】
周子抄釋序　　吕柟

　　柟自幼誦濂溪周子一二言，即中心愛之，如覿其人。若當清風明月下誦之，更無他文字可好，第恨未見其書耳。既舉後，得全書刻本於寧州吕道甫氏，又恨編次失序，雅俗不倫。暇嘗第其先後，因釋其義於各章之下，分爲内外二篇。既讁解，巡按潛江初公亦甚好焉，遂命刻之解梁書院。於戲！周子精義具在此書，蓋入孔、顔之門户也，雖微釋亦可通。但始學之士，因其釋，味其言，即其言，思其人，則必不以文字爲視斯書矣！

　　嘉靖五年春正月後學高陵吕柟序。

通書序　　胡宏

《通書》四十章,周子之所述也。周子名惇頤,字茂叔,舂陵人。推其道學所自,或曰傳《太極》於穆修也,修傳《先天圖》於种放,放傳於陳摶。此殆其學之一師也,非其至者也。希夷先生有天下之願,而卒與鳳歌荷蓧長往不來者伍,於聖人無可無不可之道,亦似有未至者。程明道先生嘗謂門弟子曰:"昔受學於周子,令尋仲尼、顏子所樂者何事。"而明道先生自再見周子,吟風弄月以歸。道學之士皆謂程顥氏續孟子不傳之緒,則周子豈特爲种、穆之學而止者哉!粵若稽古,孔子述三王之道,立百王經世之法,孟軻氏闢楊墨,推明孔子之澤,以爲萬世不斬,人謂孟氏功不在禹下。今周子啓程氏兄弟以不傳之妙,一回萬古之光明,將爲百世之利澤,如日中天,如水行地,其功蓋在孔門之間矣。人見其書之約也,而不知其道之大也;見其文之質也,而不知其義之精也;見其言之淡也,而不知其味之長也。顧愚何足以知之,然服膺有年矣,試舉其一二語,爲同志者啓予之益乎。患人以發策決科、榮身肥家、希世取寵爲事也,則曰志伊尹之所志;患人以廣聞見、工文詞、矜智能、慕空寂爲事也,則曰學顏子之所學。人有真能立伊尹之志、修顏子之學者,然後知《通書》之言,包括至大,而聖門之事業無窮矣。故此二卷書,皆發端以示人者,宜度越諸子,直以《易》《詩》《書》《春秋》《語》《孟》同流行乎天下。是以敍而藏之,遇天下之善士,又尚前修,而欲讀其書者,則傳焉。

　　五峯胡宏序。①

跋　　程爵②

爵既刻《二程子抄釋》,同門友曰:"周子之書,孔孟之翼也,我師涇野先生釋之,皆有益於聖學者,盍亦刻諸?"答曰:"此爵之志也,惟願諸友分讀時,毋忘師所謂不以文字爲視之者,則爵不爲虛刻矣。"諸友曰:"然。"遂續刻諸由溪,原有内外二篇。

　　嘉靖壬辰秋八月朔門人休寧程爵謹誌。

---

①　此序文字與宋刻本《元公周先生濂溪集》卷四,及中華書局1987年點校本《胡宏集·雜文》所載均略有差異,讀者自可參考比較。

②　此跋文在清華大學藏本中無,茲據四川大學藏咸豐八年刊《惜陰軒叢書》本補。

【目録】
卷首
  周子抄釋序　　呂柟

  通書序　胡宏

  跋　　程爵①

  周子像贊　　朱子

卷一
  太極圖

  太極圖解義　　朱子

  通書

  太極圖通書後序_{建安本}　　朱子

  又_{南康本}　　朱子

  又_{延平本}　　朱子②

  通書後跋　　張栻

卷二
  拙賦第一

  愛蓮說第二

  養心亭記第三

  邵州遷學釋菜文第四

  吉州彭推官詩序第五

  簡書第六

   上二十六叔書

   與仲章姪書

   與傅茂才書

   慰李才元書

  詩絕句第七

   題門扇

   題大顛壁

---

① 此跋文在清華大學藏本中無，茲據四川大學藏咸豐八年刊本《惜陰軒叢書》本補。
② 此文從汪克儉刻本開始，所有的版本均誤排在張栻跋文之後，今加乙正。

題春晚
　　題牧童
　　經古寺
　　題劍門
　　同友人遊羅巖
　　題惠州羅浮山
　　鄠州仙都觀
　　宿山房
　　遊赤水縣龍多山書仙臺觀壁
　　喜同費長官遊
　　和費君樂遊山之什
詩五七言律第八
　　題浩然閣
　　題寇順之道院壁
　　思親歸舊隱
　　遊大林寺
　　贈譚虞部致仕
　　宿大林寺
　　書窗夜雨
　　石塘橋晚釣
　　任所寄鄉關故舊
　　萬安香城寺別虔守趙公
　雜記第九
附錄
　宋史道學本傳
　先生墓碣銘_{大字晦菴删本小字蒲碣全文}　　蒲宗孟
　先生墓室記　　何子舉
　先生事狀　　朱熹
　濂溪先生行錄　　朱熹

附：清高宗乾隆四十五年四庫全書本 《周子抄釋》卷前提要

按：四庫全書本《周子抄釋》的底本究竟是之前哪一刻本，尚不清楚。但較之已知各本，此本刪去其他序跋，僅留南宋大儒胡宏的《通書序》來作爲《周子抄釋》的"原序"，未免誑人。而且其書本只"内外二篇"，分爲二卷，但收入《四庫全書》時則改爲三卷（將原書"附錄"部分作爲第三卷）。後來《惜陰軒叢書》也以三卷刻印其書，延至《叢書集成初編》《簡編》《新編》排印本亦如之。考慮到此本的正文和附錄内容並無增減，故不單獨列目，僅以附錄形式載其書"提要"二則。

（一）文淵閣《四庫全書》"子部一·儒家類"收錄兩江總督采進本《周子抄釋》的卷前《提要》：

臣等謹案：《周子抄釋》二卷，明吕柟撰。柟有《涇野經説》，别著録。宋五子惟周子著書最少，而諸儒辨論則惟周子之書最多。無極太極之説，朱陸兩家斷斷相規【軋、軋】，①至今五六百年，不能歸一。《太極圖説》與《通書》表裏之説，元何虚中至特著一書辨此一語，論者亦或【遞、遞】相攻擊，究無定評。主静之説，至明代訐争尤甚。是編蓋因【缺】周子《全書》而撮【撫、撫】其精要，一卷爲《太極圖説》《通書》，二卷爲遺文、遺詩，而附以雜記一卷，則本傳、墓碣、事狀也。較《全書》特爲簡潔。每條之下各釋以一二語，或標其大旨，或推所未言之意，較諸家連篇累牘之辨，亦特爲淳實。其釋"荀子元不識誠"一條，謂"貶荀子太過"，而以《大學》《中庸》之言誠擬荀子之言，誠未免駁雜。釋《養心亭記》一條，謂"寡欲亦允執厥中之義，若至於【于、於】無"，恐難通行於【于、於】衆，亦未免詞不達意。然大旨亦【要、要】爲不悖，觀周子之書者，其精華畧具於【于、於】此矣。

---

① 本段括弧内文字依次是文溯閣本、文津閣本四庫全書的卷前提要文字（後者加底綫）。見金毓黻等編《文溯閣四庫全書提要》卷五十一《子部三·儒家類三》，中華書局影印1935年遼海書社排印本，2014年，第三册，第1654—1655頁；李國慶輯：《四庫全書卷前提要四種》之《文津閣本四庫全書卷前提要》，大象出版社，2015年，第十三册，第1234頁。

乾隆四十五年九月恭校上，總纂官臣紀昀、臣陸錫熊、臣孫士毅、總校官臣陸費墀。①

（二）《欽定四庫全書總目》卷九十三《子部三·儒家類三》的《〈周子抄釋〉提要》：

《周子抄釋》三卷（兩江總督采進本）。明呂柟撰。宋五子中，惟周子著書最少，而諸儒辨論則惟周子之書最多。無極太極之說，朱陸兩家斷斷相軋，至今五六百年，門户之分，甚於冰炭。《太極圖說》與《通書》表裏之說，元何虛中至特著一書辨此一語，論者亦遞相攻擊，究無定評。至於主靜之說，明代誅爭尤甚。是編蓋因周子《全書》而撮其精要，一卷爲《太極圖說》《通書》，二卷爲遺文遺詩而附以雜記，三卷則本傳墓碣事狀也。較《全書》特爲簡潔。每條之下，各釋以一二語，或標其大旨，或推所未言之意，較諸家連篇累牘之辨，亦特淳實。其釋"荀子元不識誠"一條，謂"貶荀子太過"，以《大學》《中庸》之言比擬[誠擬]荀子之言誠，未免駁雜。釋《養心亭記》一條，謂"寡欲亦允執厥中之義，若至於無"，恐難通行於衆，亦不免詞不達意。然大旨要爲不悖，觀周子之書者，其精華畧具於此矣。②

（據《欽定四庫全書總目（整理本）》卷九十三，第1228頁）

四、明世宗嘉靖十一年宋圭刻《周子書》

此本久佚，筆者僅見明代藏書家徐㶿的家藏書目著録，明確其書名刻者爲"周子書，宋圭刻"，未著其卷次。③ 現有宋圭《重刻濂溪集跋》、仇熙《太極書院重刊周子書跋》存世，知其"嘉靖壬辰"即嘉靖十一年（1532）"重刻校是編於潞安"，

---

① 此段落款，《文溯閣四庫全書提要》僅作"乾隆四十七年十一月恭校上"，文津閣四庫全書本僅作"乾隆四十九年三月恭校上"。
② 天津圖書館珍藏内府寫本《四庫全書》的卷前提要與此極爲接近，除了本段方括弧内的文字不同外，主要的差異有二：一是開頭處無"兩江總督采進本"數字，二是最後有落款"乾隆四十八年三月恭校上，總纂官臣紀昀、臣陸錫熊、臣孫士毅、總校官臣陸費墀"。見李國慶輯：《四庫全書卷前提要四種》，第十九册，第813頁。
③ （明）徐㶿：《徐氏紅雨樓書目》卷三，上海古籍出版社據1957年古典文學出版社排印本重印，2005年，第299頁；又見徐書另一抄本《徐氏家藏書目》卷三，馬泰來整理，上海古籍出版社，2014年，第266頁。

具體是在太極書院,潞安府治今山西長治,則此本是依據某個舊本(疑爲呂柟的《周子抄釋》)在潞安府太極書院重新刊刻校對而成的。

【序跋】

重刻濂溪集跋_{嘉靖壬辰}　　宋圭

濂溪先生《太極》《通書》書,與《小像》《事狀》,子朱子序之詳,贊之切,記之核,乎其實矣。至於道統淵源之所自,二程夫子親受業於先生,所謂見而知之者也。先生雖曰不由師傳,而實有契於孟軻,非有契乎孟軻,契乎道也。所謂聞而知之者也。韓子《原道》曰:"堯以是傳之舜,舜以是傳之禹,禹以是傳之湯,湯以是傳之文武周公,文武周公傳之孔子,孔子傳之孟軻。軻之死,不得其傳。"賴先生以傳。先生之所傳者,何也?道也,心也,一也。故曰道爲太極,心爲太極。此固有諸儒之論,昭如也,一定而不可易焉者也。圭迂愚後學,敢贅一言於其間哉。重刻校是編於潞安者,將以自信於無窮也。嘉靖壬辰秋七月戊申,保定後學宋圭謹跋。

(據明嘉靖十九年魯承恩編《濂溪志》卷之十)

太極書院重刊周子書跋　　仇熙

熙幼讀書後山石室,時或夜坐,抵見澄空萬里,風月交輝,喟然歎曰:此其周濂溪之胸次乎!遂少厭俗尚而有志其所樂者。既而往來場屋間餘二十年,形役厥心,無復是興。去年秋,龍門先生來治潞安,簡政敦教,未期民革,一旦進熙曰:"予嘗聞汝考令名於涇埜翁,汝考不復起,汝不思克紹,可乎?"袖出《周子書》一冊曰:"讀此,可以立厥身、榮厥親。"且歷論《太極》《通書》大旨以至移時。熙恍若復寓後山之巖也。先生又謂:"汝二十年此心至者纔二不幾,虛費時日乎?弗若汝禮周子象、服周子服,重鋟《周子書》,而日與之遊,則後山之心不存焉者寡矣。"熙頓首曰唯唯。明日,先生過廬,扁曰"太極書院",且手書"扶持風化"四大字,懸於中庭,復撰"扶持風化,原以規之"。熙始知吾身自有太極也。遂辭廩於中川宗師,宗師曰:"都因屏疇昔所學,而悉如龍門所命者。"惜乎不敏之質,不克方得隨失之患,然夙夜梯杭之力,幸有賴乎此書之存也於繹斯。

嘉靖壬辰冬十二月癸丑,後學潞安仇熙謹書。

(據明嘉靖十九年魯承恩編《濂溪志》卷之十)

五、明世宗嘉靖十四年周倫編、黃敏才刻《濂溪集》六卷

　　此本是明代從道州遷往江州守墓的周子後裔周倫編，嘉靖十四年（1535）黄敏才刻於江州，或稱"江州本"。此本現存多部，中國國家圖書館藏三册本和日本静嘉堂文庫藏六册本系初版，山東省圖書館藏本、臺北"國家圖書館"藏本和静嘉堂文庫陸心源舊藏本（均爲二册裝）則是重印（卷末林山跋則是重新製版影刻的）。[1] 卷前依次有王汝賓的《刻濂溪集跋》和宋人胡安之的《書濂溪集序》，卷末爲林山《刻濂溪集後跋》。雖王序林跋都没有言及此書的底本，但據筆者比勘，其底本應是宋末江州刻本《元公周先生濂溪集》。

　　此本還有一種標爲"遞修本"者，中國國家圖書館藏兩部，分别爲二册、四册本，正文内容同上，但卷前只有宋人胡安之序，没有王汝賓跋，卷末也没有林山跋，似有冒充宋本之嫌。另外重慶圖書館藏本（二册）和臺北故宫博物院圖書館藏本（一册）的序跋情况也如此，或同爲"遞修本"。

　　需要説明的是，臺北故宫博物院圖書館藏本版刻同臺北"國家圖書館"藏，但著録爲"明正德間刊本"，《中國古籍總目·集部》著録此本時亦如此。這是一個失誤，似源于清人瞿鏞《鐵琴銅劍樓藏書目録》所記："《濂溪集》六卷，明刊本，宋周子撰。前有紹定元年萍鄉胡安之序。……正德間刻本，後有新寧林山跋，謂編之者周世係綸，刻之者黄子敏才也。"[2] 清末繆荃孫《藝風藏書記》卷六也曾著録此書，云爲"明正德間刊本"。[3] 所謂"正德間"本，不詳其何據。但曾見臺北故宫博物院藏本的民國學者傅增湘並不認爲其是"明正德間刊本"，而是或云"明嘉靖刊本，九行十六字。故宫藏"，[4] 或云"明刊本，九行十六字。（故宫藏書。）"。[5] 傅氏判斷應不誤。

　　下面依據中國國家圖書館藏本著録。

---

　　[1] 静嘉堂文庫的陸心源舊藏本有明顯缺頁和錯置，王跋放在卷末，胡序林跋已佚。
　　[2] （清）瞿鏞編纂、瞿果行標點、瞿鳳起覆校：《鐵琴銅劍樓藏書目録》，上海古籍出版社，2000年，第547頁。
　　[3] 此書最初是"庚子九月刻辛丑九月訖工"，即1900年至1901年，現影印收載《宋元明清書目題跋叢刊》第十四册，中華書局，2006年。繆先生藏本現藏重慶圖書館，書中尚有"荃孫"朱文方印。
　　[4] （清）莫友芝撰、（民國）傅增湘訂補、傅熹年整理：《藏園訂補邵亭知見傳本書目》卷十三上《集部三·别集類二·北宋》，中華書局，1993年，第三册，第51頁。
　　[5] （民國）傅增湘：《藏園群書經眼録》卷十三《集部二》，中華書局，1983年，第四册，第1146頁。

【序跋】

刻濂溪集跋　　王汝賓

先生生於營道而卒於江州,故郡世有先生之墓祀焉。或者謂先生貧不能歸,遂終於此,非知先生者也。先生雅志林壑,不爲世故所窘束,凡遊歷所在,遇佳山水輒盤桓數日而忘去留,當時請移南康軍也亦以此。嘗過江州,止廬山之麓,酌溪水而甘之,即不忍去,遂構書堂,而揭故里之名名之。觀其語友之詞,移太君夫人之穸宅幽江土,則先生書留於此室,皆預定之意也,豈爲貧之故哉?貧固先生所素安也。嗚呼!先生平生所歷山水多矣,而卒永歎在兹,與蓮華峰對焉。則知廬山之高、溪水之清,動靜循環,相爲流通而不窮者,皆先生之神之所寓也。然則天作斯山,得非有所待而就邪?是集之刻,所以載先生履歷之詳,而并繫之以文。文也者,所以稽其道也;履歷也者,所以論其世也。先生之始終本末一以貫之者,庶可考而會其全矣!予江人也,仰止高山,光霽在目,能無興起之思邪?因僭言之,以幸私淑。

嘉靖十四年乙未孟秋,賜進士出身、蓮峰山人王汝賓識。①

書濂溪集序(略)　　胡安之

刻濂溪集後跋　　林山

刻《濂溪集》者何?重道教也。蓋道在天地間,因而修之以立教者,聖賢也,是後天地而生者,不可無孔孟,後孔孟而生者,不可無周子。周子,道之寄也,《圖》《書》,道之會也。其歷代之追尊,崇道也,儒先之論贊,羽翼乎道也,故曰:人能弘道。然則編是集者,周子世係倫也,正之者郡博左子序也,刻之者郡貳黃子敏才也,跋之者新寧林山。是歲乙未秋七月戊辰也。

【目録】②

卷首

　　刻濂溪集跋　　王汝賓

---

①　此文系據作者草書手迹上板刻印,不易準確辨識,後來刻印者如明嘉靖十九年魯承恩編《濂溪志》卷十、嘉靖三十七年丁永成重刻《濂溪集》本、萬曆二十一年胥從化等編《濂溪志》卷七之下、萬曆四十二年周與爵輯《宋濂溪周元公先生集》卷首等,轉爲楷書時均有少量文字臆改,或與此識讀不同。

②　此本原無目録項,兹據正文列出。

書濂溪集序　　胡安之
濂溪先生遺像
像贊　　朱熹
像記　　宋濂
卷一
年表　　度正
卷二
太極圖說
通書①
愛蓮說
門扉
劍門
靜思篇
贈譚虞部致仕
天池
遊大林
宿崇聖
香林別趙清獻
同石守遊
濂溪書堂
拙賦
養心亭說
卷三　附錄
無極而太極辨　　程頤
五行說　　程頤
太極圖解序　　張栻
太極圖解後序　　張栻
書太極圖解後　　度正

---

① 以上二書均無朱熹注解。

書太極圖解後　　游九言

太極圖通書總序　　朱熹

通書序畧　　胡宏

通書前跋　　朱熹

通書後跋　　張栻

卷四　附錄

濂溪先生行實　　朱熹

濂溪先生墓誌銘　　潘興嗣

宋嘉定諡濂溪先生議

宋追封汝南伯從祀廟庭詔

元加封爲道國公詔

皇明錄用濂溪子孫旨

濂溪先生祠堂記　　朱熹

江州學濂溪祠堂記　　林栗

改修濂溪祠記　　陳騏

重修祠堂增置祭田記　　傅楫

重修濂溪先生墓記　　廖紀

表崇道學大儒墓祀疏　　邵寶

崇先賢以勵風教文移　　王啓

卷五　附錄

道州建先生祠記　　張栻

道州故居先生祠記　　章穎

道州濂溪田記　　章穎

道州寧遠縣先生祠記　　魏了翁

永州州學先生祠記　　張栻

韶州先生祠記　　朱熹

廣東憲司先生祠記　　蔡抗

南康軍新立先生祠記　　張栻

南安軍司理廳先生祠堂記　　陳宗禮

卷六　附錄

祭文①

又　　孔文仲

又　　朱熹

又　　李夢陽

奉安祠文　　朱熹

書院開講祝文　　趙崇憲

告文　　周冕

詩

和茂叔席上酬孟翺太博　　傅耆

題濂溪　　潘興嗣

題周茂叔濂溪書堂　　趙抃

茂叔先生濂溪詩呈次元仁弟　　蘇軾

零陵通判廳事後作堂予以康功名之仍賦鄙句　　胡寅

題濂溪　　林煥

乙巳歲除日收茂叔武昌惠書知已赴官零陵因偶成奉寄　　蒲宗孟

江上懷永倅茂叔虞部　　任大中

山北紀行二首　　朱熹

敬題濂溪先生書堂　　柴中行

濂溪隱齋　　任大中

送永倅茂叔還居濂溪　　任大中

送周茂叔赴合州僉判　　任大中

濂溪謁周虞部　　李大臨

留題濂溪書堂　　度正

濂溪識行　　魏嗣孫

濂溪雜詠（二首）　　潘之定②

愛蓮詩　　朱熹

同周敦頤國博游馬祖山　　趙抃

---

① 此條無署名。據嘉靖《九江府志》卷八，此祭文是由朝廷在弘治年間頒佈的。
② 此文漏刻作者，茲據他本補。

贈周茂叔	何平仲
謁濂溪祠	王縝
謁濂溪祠	王汝賓
謁濂溪墓	陸深
題濂溪交翠廳	柳邦傑

卷末

| 刻濂溪集跋 | 林山 |

六、明世宗嘉靖十九年魯承恩編《濂溪志》十卷

此本是目前所見周子文集中《濂溪志》系列的第一本，編者魯承恩時爲永州府同知。國內久已不傳，未見任何公私書目著錄，目前僅知韓國首爾大學奎章閣藏有一部。在郭沂教授及其弟子楊雨溪的幫助下，筆者獲其複製本。原爲五冊，現存四冊（卷三至卷十），卷端題署"梅崖書屋編次　芝誠書院校正　濂溪書院刊行"三行字，卷三至卷五的末端題署"永州府零陵縣儒學教諭陳謨校正　永州府儒學訓導張世器同校"兩行字。梅崖書屋疑爲魯承恩書房雅稱。此本有不少錯置的卷葉，梳理後可知此本最早由魯承恩編於嘉靖十九年（1540）、其弟子錢尚青略作增補後刻於嘉靖二十五年（1546），後有少量補刻內容，集中在卷十，最晚一文是李發《謁元公奠文》，時在"萬曆拾柒年"即1589年。

【序跋】

濂溪志序嘉靖十九年　　**魯承恩**

濂溪在道州西南三十里，昔爲營道縣，今爲濂溪保，宋道國周元公先生實生其地，故世皆稱曰濂溪先生。先生之學，不由師傳，默契道體。著書立圖，貫通乎天命人心之極，要不出乎人倫日用之常，上有以繼堯、舜、禹、湯、文、武、周公、孔子、孟子之絕，下有以啓伊、洛、關、閩之傳。凡今天下之人，讀先生之書，未嘗不喜慕先生之道。及究其實，得先生《圖》《書》之奧者，知窮神知化，而不知本乎孝弟；得先生踐履之素者，知事親從兄，而不知通於神明。

嘉靖乙未，承恩出守和陽，幸受教於師門，竊淑先生緒餘，以飾和陽之治，幸獲益甚多。今轉官永泉，實先生故里。舟過匡廬，拜先生之墓於潯陽。入湖藩，

謁先生書院於武昌。泛洞庭，登衡嶽，涉浯溪，陟九疑，溯流而上，考先生始生之迹於故里。沿道山之麓，坐濂溪有本之亭，舉先生之道而詢諸永、道多士及先生之裔，皆得其言而不得其所以言。承恩憮然歎曰："先生之道，昭如日星，流如江海，容光必照，群飲俱適，宜人人能知之，亦宜人人能言之。今備載簡冊，尚有疑而未解如是者，得非紀載之未備，傳播之未廣耶？"

嗚呼！先生之道，《書》不盡言，《圖》不盡意，又何待於紀載？何待於傳播耶？學者真知先生之道，無待於紀載，無待於傳播，自吾心一念之微，推而極於天下之大，萬世之遠，無一而非先生之道之所在也。苟未至於是，又能無待於紀載，無待於傳播耶。承恩不敏，知是志不可已也。於是搜羅裒集，近述遠討，凡一言一字關於先生之道，而足爲斯道之發明者。首之圖像，以正其始；次之序例、目錄，以明其義；次之御製，以致其尊；次之遺書，以昭其則；次之著述、踐履，以紀其迹；次之事狀、事證，以詳其實；次之譜系、譜傳、譜稽，以衍其裔；次之奏疏、公移，以取其徵；次之表、説、辨、賦、詩、記、序、跋，以備其考；次之祭文、附錄，以稽其終。知先生之始，不自始也，始於堯、舜、禹、湯、文、武、周公、孔子、孟子，以啓其統；先生之終，不自終也，終於明道、伊川、紫陽，以繼其傳。則先生之道，爲天地立心，爲生民立極，爲往聖繼絶學，爲萬世開太平，先生有功於斯世爲甚大。

是志也，雖非先生之精蘊，然紀載之書，亦緒餘糟粕所在，庶亦有補於後學之播傳。烏可以爲紙上陳言而盡棄之哉！志成，同寅渭北趙公儒、鄉彦石北朱子裹，見而誦之，慨然欲校正，以廣其傳於天下；先生裔孫五經博士繡麟，聞而力請授諸梓。承恩知是志也，亦天下之公也。慕先生之道者，無不欲求見乎是也，匪一家之書，亦當出爲天下共。謹述其裒集之概於首。

是志也，創始於嘉靖己亥孟冬，續成於嘉靖庚子季秋。同官於是郡者寮屬計若干人，生長於是邦者，縉紳韋布之士，共若干人，法得備書，今載其姓名貫址於後，以見其一時共事，幸得多賢之助。餘記錄有未備，考訂有未精，又俟於後之君子詳加校正，以成是書之全。庶百世之下，於先生之道有所發明，則於斯世斯文未必無小補云。

（據明萬曆二十一年胥從化、謝貺編《濂溪志》卷之七之下）

刻濂溪志序　　錢尚青

聖賢之道未易窺測，而君子之表章之也，非尊信之篤、躬行之有得者未能也。

蓋弗仰其盛,則其爲之也不力;未踐其實,則其知之也弗真,而于聖賢之學終始亦泛泛焉耳已,又安能窮搜遠討,表章於千百世之下哉!慨自孔孟絕學之後,異端滋熾,分門標榜,事詭僻以爲高,騖奇袤以爲能,而聖賢之學幾於蠹蝕矣。濂溪先生起而倡明之,天下曉然知所宗,依群而居,聚首而語,孰不曰"先生之道孔孟也",又孰不曰"師先生師孔孟也"。故有探精蘊於圖書,泝餘響於吟詠,玩風月、繹生意於庭階,意氣流通,萬代如見,而禋祀以昭敬,議諡以致尊,播之詩歌,著之贊頌,辯記以彰微,而或優其嗣裔,葺其遺址,君子曰:"兹固有志於道,而嚮慕之殷者也。"然特揄揚於一時一方爾已。矧夫簡帙雜陳,標題散布,典禮各出,雖欲以其嚮慕者而貽之人人,吾懼夫覽之者之難於會通也。

　　吾師近塘先生魯公崛起儒紳,慨然以先生之道自任,求端於孝弟,究極於性命,析幾於剛柔善惡,而夙夜以思,不詣其歸弗已焉。是故其行己教人,涖官飭政,無弗祥且順焉者,則有得於先生之道居多。青無似每北面時聞緒論,見其談先生之道如指諸掌,嘗曰:"學先生之道,固存乎心,而其傳誦於人,人以啓其尊信者,則紀載之功不誣也。"迺出其所集《濂溪志》以示,欲授諸梓,以廣厥傳,不徒秘之爲家乘焉已也。噫嘻,有是哉!公己公人之心也,自是志行,而夫人之得諸省觀者,於圖像可以正始焉,於著述踐履可以稽實焉,於公移奏疏可以觀政焉,於御製褒諡見有道之榮焉,於辯記敍跋詩歌贊頌見尚德之微焉,則始而奮,終而立,以求適於先生之正學者,謂非兹志之助也耶!又奚必歷營道,涉潯陽,而後得其實也耶!故由尊信以厲躬行,而溥表章之惠者,吾師魯公之力也,由表章以篤尊信,而底躬行之實者,吾人誠與有責焉。讀是志者,其亦可以興矣。

　　嘉靖丙午歲仲秋月既望零陵後學錢尚青謹書。

(據明嘉靖十九年魯承恩編《濂溪志》卷之十)

【目錄】

按:此本缺卷首、卷一和卷二,故下面的目錄從卷三始。

卷之三

　　著述類[①]

　　　詩

[①] 此三字原本未見,兹據該卷所在的第二册封面説明文字補。

五言絕句一首
題門扉
五言六句二首
書窗夜雨
石塘橋晚釣
五言律詩五首
靜思篇
贈譚虞部致仕
天池
遊大林
宿崇聖
題浩然閣
題寇順之道院壁
憶江西提刑何仲容
七言絕句六首
劍門
門扉
題太顛壁
牧童
經古寺
同友人遊羅巖
題惠州羅浮山
題鄞州仙都觀
宿山房
遊赤水縣龍多山書仙臺觀壁
喜同費長官遊
和費君樂遊山之什
江上別石郎中
七言律詩三首
香林別趙清獻

同石守遊

任所寄鄉關故舊

說二首

愛蓮說

養心亭說

文一首

邵州遷學釋菜文

賦一首

拙賦

序

吉州彭推官詩序

書

付二十六叔書

又書與三十一叔

與仲章手帖

與仲章六月四日書

與傅秀才書

慰李才元書

歷履類①

濂溪周元公年表②

卷之四

事狀類

濂溪先生墓誌銘　　潘興嗣

濂溪先生行實淳熙六年　　朱熹

濂溪先生傳　　脱脱

元公家本行實　　黃魯直

事證類

諸儒粹言

---

① 此三字原本未見，茲據該卷所在的第二册封面說明文字補。
② 年表最末的熙寧六年條缺二十五、二十六兩頁。

卷之五

　　譜系類

　　周氏支系　　周冕

　　濂溪宗派後圖。

　　譜傳類①

　　二十二世傳②

　　二十三世傳

　　二十四世傳

　　二十五世傳

　　二十六世傳

　　二十七世傳

　　二十八世傳

　　二十九世傳

　　三十世傳

　　三十一世傳

　　三十二世傳

　　三十三世傳

　　譜稽類③

　　祖宗規約

　　拙逸先生像④　　胡訓

　　翰林五經博士拙逸先生行狀　　何天衢

　　跋濂溪譜　　魯承恩

卷之六⑤

　　奏疏類

　　　　請諡奏疏一　　魏了翁

---

① "譜"字原未見,茲據該卷所在的第三册封面說明文字補。
② 此部分含周惇頤傳記。
③ 此三字原本未見,茲據該卷所在的第三册封面說明文字臆補於此。
④ 標題如此,實際沒有圖像,屬像贊內容,疑漏刻"贊"字。
⑤ 此卷原缺卷端頁,下面的"奏疏類"三字據該卷所在的第三册封面說明文字補,魏了翁的《請諡奏疏一》的標題頁亦缺,據文意和後文標題補。

請謚奏疏二　　魏了翁

請貼黃奏疏三　　魏了翁

議賜謚奏疏　　臧格

請勅額疏_{寶祐三年}　　吳革

再請勅額狀_{寶祐五年韶州}　　郭廷堅

表崇道學大儒墓祀疏_{正德丙寅}　　邵寶

公移類①

褒崇道學公移_{正統三年}②

崇先賢以勵風教文移_{弘治壬戌}　　王啓

崇奉先賢下帖_{弘治癸亥}

修蓋先賢書院碑_{正德己巳}

收買濂溪書院祭田牌_{正統己巳}

崇儒重道事_{正德丙子}

照例推恩配祀先儒父考呈_{嘉靖丁酉}

書院再復公移_{嘉靖十八年}

褒崇道學公移_{嘉靖癸卯}③

卷之七

表類

御製道州濂溪書院額謝表　　楊允恭

賜御書四大字謝表　　饒應龍

又表_{景定四年}　　饒應龍

賜額謝表_{寶祐五年韶州}　　郭廷堅

説類

五行説　　程頤

濂溪書院説　　王會

濂溪故里説　　王會

月巖説　　王會

---

① 原本此處又重列卷次和編刊者。
② 此文缺第二十頁。
③ 此文缺第四十一頁。

復説 ₍嘉靖丁酉₎　　侯廷訓
道源書院集説 ₍嘉靖己亥₎　　侯廷訓

辭

濂溪辭　　黄魯直

辯

無極而太極辯　　程頤

賦類

吟風弄月臺賦 ₍成化十七年₎　　蕭子鵬

詩類

和周茂叔席上酬孟翱太博　　傅耆
題濂溪　　潘興嗣
贈周茂叔　　何平仲
同周敦頤國博遊馬祖山　　趙抃
題周茂叔濂溪書堂　　趙抃
茂叔先生濂溪詩呈次元仁弟　　蘇軾
零陵通判廳事後作堂予以康功名之仍賦鄙句　　胡寅
題濂溪　　林焕
乙巳歲除日收茂叔武昌惠書知已赴官零陵因偶成奉寄 ₍三首₎　　蒲宗孟
江水懷永倅茂叔虞部　　任大中
山北紀行二首　　朱熹①
濂溪隱齋　　任大中
送永倅周茂叔還居濂溪　　前人
送周茂叔赴合州僉判　　前人
濂溪謁周虞部　　李大臨
留題濂溪書堂　　度正
濂溪識行　　魏嗣孫
濂溪雜詠 ₍二首₎　　潘之定
題濂溪先生書堂 ₍二首₎　　柴中行

---

① 此二詩原無署名，據他本補。正文刻印時有錯排，序的最後 9 字和詩排在後面朱熹《愛蓮詩》之後。

濂溪詩　　黄庭堅

遊濂溪辭　　鄒塼

愛蓮詩　　朱熹

敬題濂溪先生書堂　　柴中行

謁元公　　曾鼎

謁元公　　薛綱

謁元公　　韓陽

謁元公　　沈鍾

愛蓮亭　　沈慶

望濂溪　　沈慶

望濂溪　　李士實

和　　戚昂

愛蓮亭　　黄仲芳

愛蓮亭　　熊昱

謁元公祠　　熊昱

謁元公　　姚昺

愛蓮亭　　姚昺

濂溪　　姚昺

月巖二首　　姚昺

月巖　　徐瑚

濂溪　　徐瑚

謁元公　　顧福

濂溪　　汪浩

月巖　　汪浩

愛蓮亭　　盛祥

贈周翰博榮歸[①]　　高穀

贈周翰博榮歸二首　　黄俊

贈周翰博榮歸　　凌誌

---

① 原缺篇題,此據萬曆二十一年《濂溪志》補。

贈周翰博榮歸　　方勉

贈周翰博榮歸　　方傑

謁周元公弘治辛酉　　趙宏①

濂溪　　莫英

愛蓮亭　　莫英

愛蓮亭　　張子昂

愛蓮亭　　陳晶

謁元公弘治庚戌　　李敷

謁元公祠弘治庚戌　　吴廷舉

和弘治辛酉　　方瓊

仰元公　　方瓊

愛蓮亭　　方瓊

濂溪　　方瓊

仰元公辭　　方瓊

愛蓮亭②弘治　　曾仁

和提學沈公韻　　曾仁

愛蓮亭　　錢源

濂溪　　錢源

元公祠　　錢源

和提學沈公韻　　錢源

和提學沈公韻　　喻端

濂溪祠二首　　孟春

愛蓮亭　　孟春

謁周夫子　　孟春

憶元公弘治　　周縉

憶元公　　周冕

憶元公　　蔣忠

月巖　　蔣忠

---

① "宏"字原漏刻，兹據他本補。
② 原無標題，只有表示時間的"弘治"二字，此據他本補。

憶元公　　周紳

愛蓮亭　　方良弼

憶元公　　方琰

憶茂叔愛蓮　　方傑

謁元公<small>正德</small>　　邵寶

和邵公韵　　周繡麟

謁元公<small>二首</small>　　周繡麟

題月巖<small>三首</small>　　周繡麟

謁元公　　何應潮

仰元公　　周鵬

和提學沈公韻　　蔣灝

詠濂溪　　蔣天相

謁元公　　李仁

謁元公　　丁致祥

月巖　　丁致祥

謁濂溪祠　　王縝

謁濂溪祠　　王汝賓

謁濂溪墓　　陸深

題濂溪交翠亭　　柳邦傑

謁元公　　陳士恩

謁周元公　　陳塏

遊月巖　　戴嘉猷

月巖<small>嘉靖辛丑</small>　　唐珤

寄周酸齋翰博　　魯承恩

書層巖　　蕭文佐

詩贈孫翰林博士周聖兆　　曹來旬

謁濂溪祠　　曹來旬

遊月巖　　林鳳鳴

謁濂溪書院　　尹襄

題月巖<small>二首</small>　　周冕

遊月巖次宗主陳公韵三首　　周繡麟

月巖　　康正宗

濂溪　　康正宗

遊月巖一首　　李發①

再遊月巖　　李發

味道亭　　李發

謁濂溪先生書院祠　　李發

太極亭　　李發

謁濂溪故里祠　　李發

有本亭　　李發

濯纓亭　　李發

謁濂溪祠　　顏鯨②

遊故里　　顏鯨

遊月巖　　顏鯨

頌

元公頌　　張時秦

卷之八

記類

濂溪先生祠堂記　　胡銓

初建三先生祠記乾道元年　　郭見義

江州學濂溪祠記乾道二年　　林栗

邵州州學濂溪先生祠記紹熙庚申　　朱文公

濂溪先生愛蓮說後淳熙己亥　　朱熹

道州故居先生祠記淳熙七年　　章穎

濂溪先生祠堂記淳熙丙申　　朱熹

徽州婺源縣學三先生祠記　　朱熹

永州府學先生祠記　　張栻

道州建先生祠記淳熙五年　　張栻

---

① 從版心頁碼來看，李發這8首詩系後來補刻。

② 顏鯨這3詩也是後來補刻的，原附在最後一册的附錄類中，今以其文體性質移置於此。

南康軍新立先生祠記淳熙五年　　張栻

愛蓮亭記　　劉虬

韶州州學濂溪先生祠記淳熙十年　　朱熹

袁州州學三先生祠記淳熙五年　　朱熹

道州濂溪田記淳熙六年　　章穎

隆興府學濂溪先生祠記淳熙六年　　朱熹

廣東憲司先生祠記　　蔡抗

南安軍司理廳先生祠堂記咸淳三年　　陳宗禮

道州寧遠縣先生祠記嘉定九年　　魏了翁

創置書院記淳熙二年韶州　　盧方春

贍學租田記淳祐六年

教授題名碑記宋淳祐七年

卷之九

記類

重修書院記元泰定元年　　劉偉節

書院紀錢糧碑記元至順元年

追復學租記後至元五年己卯韶州　　蕭奎

道州路里重修濂溪書院記至正七年　　歐陽玄①

濂溪故居祠堂記至正八年　　歐陽玄

濂溪大富橋記咸淳七年　　趙櫛夫②

濂溪小學記景定甲子　　趙櫛夫

重建先生祠記嘉定癸酉　　龔維蕃

濂溪小學高峯楊公壽祠記景定癸亥　　滕巽真

重新三先生祠記景泰四年　　金潤

重作書院記成化三年韶州　　葉盛

蒙川館記成化七年　　張弼

改修濂溪祠記成化癸巳　　陳騏

府治後廳東吟風弄月臺記成化十七年　　張弼

---

① 此文缺第五頁。
② 原漏刻一"夫"字。

復興書院記_{弘治十五年}　　謝鐸

重修祠堂增置祭田記_{正德庚午}　　傅楫

重修濂溪先生墓記_{正德壬申}　　廖紀

重修吟風弄月臺記_{正德十六年}　　黃芳

道源書院建置紀_{嘉靖辛卯}

濂溪三亭記　　魯承恩

濂溪周氏世業田記　　周子恭

濂溪三亭記　　周繡麟

遊濂溪故里記　　周子恭

卷之十

序類

太極圖通書總序　　朱熹

太極圖解序　　張栻

太極圖解後序　　張栻

通書序略　　胡宏

書濂溪集序　　胡安之

贈博士周冕榮還序_{景泰七年}　　陳鑑

濂溪遺芳集序_{弘治辛亥}　　方瓊

濂溪遺芳後序_{弘治癸亥}　　鄭滿

刻周元公年表序　　黃焯

道源書院集序_{大明嘉靖己亥南安}　　黃佐

濂溪集敍_{嘉靖甲辰}　　王會

周氏族譜序　　張韶舜

褒崇道學制序_{弘治甲子}　　程崧

跋類

書太極圖解後　　度正[①]

書太極圖解後　　游九言

通書前跋_{淳熙丁未}　　朱熹

---

① 此文缺十七、十八兩頁，其中十七頁爲標題頁，上面的"跋類"二字據此卷所在的第五冊封面說明文字補，度正一文的標題和署名據後面文字推知。

通書後跋　　張栻
租額跋_{正德十六年韶州}　　何文邦
太極書院重刊周子書跋　　仇熙
刻濂溪集後跋_{嘉靖乙未}　　林山
刻濂溪集跋_{嘉靖乙未}　　王汝賓
重刻濂溪集跋_{嘉靖壬辰}　　宋圭

祭文類

九江致祭　　無名氏
墓祭文　　孔文仲
南康祠祭　　朱文公
潭州遺祭　　朱熹
濂溪祠祭　　王啓
南康祠祭　　趙崇憲
白鹿洞祭文　　邵寶
九江致祭　　周冕
白鹿洞祭文　　李夢陽
濂溪故里祭文　　雷復
謁元公祭文　　歐陽旦
祭濂溪先生文　　王爵
祭濂溪先生　　方進
祭道國公文　　符鍾
謁元公祭文　　魯承恩
謁元公祭文　　金椿
謁元公祭文[①]　　周子恭
謁元公祭文　　唐珌
春秋二次丁祝文　　濂溪書院
春秋二仲次丁祝文　　濂溪故里
祭文　　王宗尹

---

① 本文及下文原標題分別作"十七""十八"，屬其在本卷全部祭文中的排序，今恢復其規範的標題。

祭元公文	陳鳳梧①
祭元公文	蕭文佐
祭元公文	尹襄②
祭元公文	馬元吉
謁元公奠文	顔鯨③
謁元公奠文	趙賢
謁元公奠文	朱應辰
謁元公奠文	張守約
謁元公奠文	管大勳
謁元公奠文	李發

附録類④

定性書

明道先生傳

伊川先生傳

卷末

刻濂溪志序　　錢尚青

七、明世宗嘉靖二十二年王會編《濂溪集》三卷

此本藏臺北"國家圖書館",題署"嘉靖二十二年道州濂溪書院刊本",編者王會(時知道州)的序則署爲"嘉靖甲辰"即嘉靖二十三年(1544)。二册,有部分缺葉。民國藏書家傅增湘曾見該本,云:"明嘉靖刊本,十行二十字,黑口,左右雙闌。有嘉靖二十三年甲辰漳浦王會序",⑤又説是"徐梧生遺書",在"丁卯"年即1927年寓目。⑥ 另臺北"國立故宫博物院"亦藏有一部,據同事洪麗珠博士查對,

---

① 此文的大部分內容和下文,原錯置於卷三的"元公年表"末,今加乙正。
② 從版心頁碼來看,以下二文似爲後來補刻。
③ 以下幾篇謁文,應是後來補刻,原附在全書最後,今以其文體性質移置於此。而且,這幾篇謁文並無版心頁碼,且排序不整,兹以時間先後重編如下。
④ 原本此處又重列卷次(卷十)和編刊者。
⑤ (清)莫友芝撰、(民國)傅增湘訂補、傅熹年整理:《藏園訂補郘亭知見傳本書目》卷十三上《集部三·別集類二·北宋》,第三册,第51頁。
⑥ (民國)傅增湘:《藏園群書經眼録》卷十三《集部二》著録此書,集部上,第四册,第1146頁。

題署、序言、卷次、版式、行格均同臺北"國家圖書館"藏本，唯言"全一册"，且附錄的最後多出萬曆三年（1575）、四年胡直的記文頌文兩則，顯非原本所有，應屬後來的補刻本。

【序跋】
濂溪集敍　　王會

會官太學時，嘗得《濂溪先生年譜》一書，爲友人借去，竟失之。猶記題引者爲張元楨氏，云曾得《周子大成書》於某處，缺其中《年表》一帙，欲檢中秘書抄補之，以史事嚴不及。其所謂《大成書》者，會迄未之見也。

癸卯歲，拜道州之命，意故里家塾當必有之，幸當獲覩其全。既抵任，拜先生祠下，退而訪其嗣孫翰博繡麟，求家傳遺書，出《濂溪遺芳集》一册相示，荒雜不倫，并《年譜》及先生述作亦復闕遺。因嘆文獻凋落，當圖改刻。乃復出《年譜》抄本及搜錄詩文凡若干。會受歸而讀之，其間又多訛脱，乃謬以己意，略加考定而編次焉。曰遺書，曰事狀，曰年譜，曰歷代褒崇，而賢士大夫先後表彰著在紀述者亦附錄之，使後之人有考，并圖其山川書院於卷首。雖未能萃先生之大成，然學者遡是而求焉，亦可以得先生之大致矣。因題曰《濂溪集》，刻置書院，以備是邦文獻之闕。若乃先生之學，則《圖説》《通書》固與《論》《孟》並行於世，無待於斯而後傳矣。

嘉靖甲辰五月既望，後學漳浦王會識。①

【目錄】
卷首

濂溪集敍　　王會

故里圖 _{王會圖説附}

月巖圖 _{王會圖説附}

書院圖 _{王會圖説附}

濂溪先生遺像

像贊　　朱熹

像記　　宋濂

---

① 原本無落款，此據明萬曆二十一年胥從化編《濂溪志》卷七下所收王會序補。

卷一　遺書
　　太極圖
　　太極圖説
　　通書
　　拙賦
　　愛蓮説
　　養心亭説
　　邵州遷學釋菜文
　　吉州彭推官詩序
　　書簡
　　上二十六叔書
　　與仲章侄書
　　與傅茂才書
　　慰李才元書
　　詩
　　題瀼溪書堂
　　題門扇
　　題大顛壁
　　題春晚
　　題牧童
　　經古寺
　　題劍門
　　同友人遊羅巖
　　題惠州羅浮山
　　題鄞州仙都觀
　　宿山房
　　遊赤水縣龍多山書仙臺觀壁
　　喜同費長官遊
　　和費君樂遊山之什
　　江上別石郎中

題浩然閣

　　題寇順之道院壁

　　思親歸舊隱

　　遊大林寺

　　贈虞部譚昉致仕

　　宿大林寺

　　書窗夜雨

　　石塘橋晚釣

　　憶江西提刑何仲容

　　任所寄鄉關故舊

　　題萬安香城寺別虔守趙公①

　　同石守遊

　　　事狀

　　濂溪先生墓誌銘　　潘興嗣

　　濂溪先生行實　　朱元晦

　　宋史道學本傳　　元脫脫

　　　雜記

卷二　年譜

卷三　歷代褒崇

附錄

　　濂溪先生祠堂記　　胡銓

　　道州路重修濂溪書院記　　歐陽玄

　　濂溪故居祠堂記　　歐陽玄

　　濂溪小學記　　趙櫛夫

　　重建先生祠記　　龔維蕃

　　濂溪小學高峯楊公壽祠記　　滕巽真②

　　濂溪大富橋記　　趙櫛夫

---

①　此題原漏刻一"萬"字，茲據他本補。
②　此本龔維蕃、滕巽真兩條記文交接處缺頁，故不見龔文的落款頁、滕文的標題頁，此據臺北故宮博物院藏"嘉靖二十二年道州濂溪書院刊本"補。

濂溪三亭記　　魯承恩
濂溪周氏世業田記　　周子恭
重建濂溪故里祠堂記　　胡直①
重修濂溪書院三君頌　　胡直

八、明世宗嘉靖三十七年丁永成重刻《濂溪集》六卷

此本是嘉靖三十七年(1558)九江榷使丁永成據嘉靖十四年周冕編、黃敏才刻《濂溪集》六卷本重刻而成，目前僅見杭州圖書館有藏，二冊。雖是重刻本，但卷首卷末都略有變化，最主要的是在卷首新增了重刻者丁永成的敘，將原來卷首王汝賓跋文改置卷末，另外在卷六還增刻10餘篇詩文。

【序跋】
重刻濂溪集敘　　丁永成

　　嘉靖戊午秋七月，成奉命來督潯陽榷務，時登濂溪之祠而謁焉。仰止如在，念兹於昭，想見形容，真有若趨堂奥擊輝光者。夫成自亞遊東藩廣川之序，近接兗阜之闕，而莫能一至其域。向非以微官服役，又豈獲履潯陽之陬而炙覩先生之遺範哉！禮奠既竣，尋訪世裔，得儒生曰仕爵者，因叩其家藏，如魯之宗器衣冠琴書之類。生語以族聚營道，而爵特以支裔附承墓祀，獨將先生之集文於簡編之末，而且散佚靡備。余遂徧質鄉大夫之尊經者，而得參互考訂，以壽諸梓焉。

　　然竊思之，先生之道，貞明不息，如日在天中，不待言而顯；先生之神，大觀在上，如風行地上，不必像而傳。然弗言無述，匪像何瞻！合神道而設教者，不可得而名，形而上者也；若言與像，則形而下者，而後學之所憑依焉。張子曰："形而下者，得象斯得意。"程子曰："求言者，必自近始；易於近者，非知言者也。"觀象以求意，則先生之神而明者，固因寄宇以有見矣。若夫始於近而不可易者，舍是書，其何求哉？是成之所以梓文之愚也。若夫造詣深純，充養完粹，繼往開來之盛，則諸儒之說詳矣，何俟於潰耶？

---

① 以下二文，據臺北故宮博物院藏本，時間分別在萬曆三年、四年，當爲後來補刻。

刻迄，成遂次第其語，用表所以製繡之意，後之君子幸爲檢藏，以傳永久，而附於廟器之末，惟勿訾其陋劣而忽忘之也。是或周宗本支百世之心歟，亦或吾儕重道崇儒之理歟！

賜進士第、承德郎、户部主事，安德柳渠丁永成書。

刻濂溪集跋　　王汝賓

按：跋文在此本中已由原來的草書轉換爲楷書，但文字已與嘉靖十四年本差别很大，兹録於下，裨便比勘。

先生生於營道而卒於江州。或者謂先生貧不能歸，遂終於此，非知先生者也。先生雅志林壑，嘗過江州，覽廬山溪水之秀潔，樂之不忍去，遂構書堂，而揭故里之名名之。觀其語友之詞，改太君之堂，則其盡正於此，未必非先生預存之意也。嗚呼！先生始焉篤愛廬山之胜，而終棲神於蓮花之峰，天作斯山，以待斯文，豈偶然哉！是集之刻，所以載先生履歷之詳，而并附之以文。文也者，所謂誦其詩讀其書者也；履歷也者，所以知其人論其世者也。先生之始終本末一以貫之者，在兹矣！予江人也，仰止高山，先哲在目，能無興起之思耶？因僭言之，以幸私淑。

嘉靖乙未孟秋朔後學王汝賓謹識。

【目録】

卷首①

　　書濂溪集序　　胡安之

　　濂溪先生遺像

　　朱熹贊

　　宋濂記

　　重刻濂溪集敍　　丁永成

　　……

卷六

　　祭文

---

①　按：此本卷首卷末與嘉靖十四年刻本略異，卷一至卷五則全同，唯卷六增刻 10 餘篇詩文。下面著録卷首卷末情況和卷六的新增詩文。

又　　孔仲文①

贈周茂叔　　何平仲

祭文　　邵寶

又　　邵寶

又　　何遷

謁濂溪祠　　顧璘

冬日謁濂溪先生祠　　何遷

謁濂溪先生祠墓四首　　羅洪先

謁濂溪祠　　王守仁

次韻　　王守仁

吊濂溪　　毛起

又　　王惠

又　　徐冠②

謁濂溪祠　　王縝

謁濂溪祠次壁間韻　　陳守義③

謁濂溪祠　　王汝賓

卷末

濂溪集後跋　　林山

刻濂溪集跋　　王汝賓

九、明神宗萬曆三年王倧、崔惟植等編《宋濂溪周元公先生集》十卷

此本是先後擔任永州府知府的王倧、署道州事推官崔惟植主持編刻的,湖南圖書館藏,四冊一函。前有丁懋儒、蔣春生、黃廷聘、呂藿四序,末有崔惟植跋。此本上海圖書館亦藏,但前面的序(僅有王會一序)、目錄、正文卷一卷二爲鈔配,依據的是清朝雍正年間的周有士刻本;溫州市圖書館亦藏,僅存最後三卷,一冊。

---

① "孔仲文"爲"孔文仲"之倒誤。
② 以上從邵寶起的11條系在嘉靖十四年刻本基礎上新增。
③ 此詩系在嘉靖十四年刻本基礎上新增。

需要説明的是，一些單位和學者把萬曆四十二年周敦頤裔孫周與爵重輯的《宋濂溪周元公先生集》十卷（附《世系遺芳集》五卷）也標爲萬曆三年本，如日本東京大學東洋文化研究所（僅有前十卷）、宫内廳書陵部、内閣文庫均藏有此本，但均被誤標爲"明萬曆三年（1575）刊本"。[①] 首都圖書館藏有一部清朝雍正年間的周有士刻本《宋濂溪周元公先生集》十卷，也被館藏目録誤標爲"明萬曆三年刊本"。

下面依照湖南圖書館藏本録載序跋和目録。

【序跋】

卷前四序，卷末一跋：

刻濂溪周元公集叙　　丁懋儒

撫臺趙公，經文緯武，節制全楚，重禮教、卹災患，賦平刑清，庶政以和，於是涉洞庭、陟衡嶽，傳節九疑、蒼梧之境。若曰：邊徼經略有未盡乎？乃修廢官、飭武備，疆圉孔固。按舂陵，念濂溪故里也，遺迹無不遊覽，拜祠下，肅然起敬，躬爲文以弔之，謂祠宇簡陋，非妥神崇賢之意。時郡理弘庵崔君署州事，祗奉惟謹，則爲之革故鼎新，堂室門廡，不日告成。疏沼植蓮，復五星墩，置祭田，亦罔弗備。夫此元公之郷，前守史君表厥宅，王君憫其廢，皆未及充拓。兹興起有時，丕闡在人，因撫臺之加意，而崔君能共厥事，固天理之在人心，不容泯其數，殆亦非偶然者。崔君復謀於鄉先生東川、日洲諸公，刻元公集以傳。余甫任，編次將告成，謂宜叙諸簡。夫是集所載《圖説》《易通》，皆幼嘗習熟，獨月巖、星墩向聞之，未知若此奇也。况山川拱抱，風氣攸萃，所以篤生異人，上接孔孟之傳，下衍程朱之緒，固天造地設，而非人之所能爲也。及考元公弱冠聞道，遂登仕籍，位不大顯，獨不忍違清時，志行高潔，而循循由由，與人爲善，無所不至，吟詠應酬之作，率和易沖粹，無一毫勉强意必之私，庶幾哉無可無不可，非顔、閔不足以擬之，使得遊孔門，奚直速肖已哉？惜乎有醇儒而不能用，此宋之所以止於宋也。我朝道學大明，先生之言固家傳人誦，然不泥詞章訓詁，能窺公之堂奧，寧幾人哉？此集傳而人之景行若發蒙矣，以是知撫臺爲世教計，而崔君之政、之學可謂能先其大者云，附其説編左。

萬曆三年歲次乙亥春王正月上元，湖廣永州府知府、前進士、侍經筵官、兵科

[①] 嚴紹璗：《日藏漢籍善本書録》，中華書局，2007年，下册，第1509頁。嚴説依據的大約是1956年内閣文庫編印的《内閣文庫漢籍分類目録》，該書集部説此本有兩部，爲"萬曆三年序刊"本。

右給事中，東郡丁懋儒譔。

宋濂溪周元公先生集序　　蔣春生

　　君子論楚人物，率稱二甫氏，且謂洙泗而下，得道鮮楚産彥。夫濂溪周子者，固楚産也，則略之即如斯言。蘇長公所謂"此論未公，吾不憑"，殆爲今日云云。及考舜文生卒皆於其地，故稱東西夷人。周子生於永之營道，卒於潯陽。今割兩藩，衝僻且異矣。夫潯陽衝人知周子，孰問營道僻哉？君子豈略元公也。予則以爲，國有史，治亂該；家有乘，名縱著。真儒生是邦，匪籍曷稽？是故濂溪不可無集也。往者予白史公禮齋，亦既表厥宅里矣。集嘗扣之州守者再，則以殘缺告。嗚呼，斯集亡，雖永亦弗知矣，況他乎！

　　會泉王公來守吾郡，循力務效，作人尤急。以永爲元公故里，理學淵源，風韻不泯，欲梓其集迪多士，予亦以爲言。命庫役求鋟板，弗得，遂與同寅邵公守齋、紀公峴南、崔公弘庵議刻焉。少選以入覲行。崔公適視州篆，乃鋭意搜得舊刻者二以畀予。誌則博而泛，其失也雜；集則簡而樸，其失也疏，皆弗稱。乃參取江州集，薈萃詮次類分焉。既成，屬予序。

　　予惟周子之道，繼絶學於聖遠言湮，先儒論之備矣，豈末學所敢知。然嘗論道統，自堯舜禹湯文武以至孔子心法相傳，獨孟軻氏見知聞知之說，確有統緒，蓋得道學真傳惟軻氏，故敍道統真切亦惟軻氏。今即其論，求之千載之後，儒者皆知推尊孔孟。然率事訓詁文義，已落第二義，孰有如周子圖書之妙，闡發聖蘊幽秘，直承孟氏之傳者乎！或者因疑朱熹氏推重明道，蓋不知特取其表彰大戴、有功聖經耳，非論道統也，矧且出其門耶！夫繼道統者，立言不必盡同如軻氏，親受業於子思，而知言養氣之學，乃孔門絶口未及道者，謂非得統於孔子，可乎？周子《太極》《易通》之作，實擴前聖未發，所以繼孟軻氏而開來後裔者，端在是爾矣。今圖書具濂溪集中，予因之以論周子者如此。然是集出，則列聖之道益明，匪直可淑多士，具使人皆知周子之生，乃在此而不在彼，吾楚赫然爲道學鄉矣。夫以周子論楚，然後君子之論定云。

　　萬曆二年歲在甲戌孟春之吉，後學郡人蔣春生書於宗濂書院。

刻宋濂溪周元公先生集序　　黄廷聘

　　濂溪先生崛起春陵，默契道體，繼孔孟真傳，開程朱來學，吾道正統也，歷代襃嘉，其來尚矣！雖宦寓江州，而我營樂鄉安定山實誕生之地，去州治十五里許，即先生故居，子姓繁衍，家廟在焉。紹興己卯，建祠於學宮西，徙其胤子翰博君居祠下，而家廟在營樂鄉者遂爲故里。歲久頹圮，先文宗廬山胡公嘗歷其地，甚以卑隘爲歉，復遷原所，迺命羅州守營建廳堂一層，猶不足以聳觀也。萬曆癸酉冬，四府崔弘菴公以賢能委攝州事，至則政教修明，崇重儒道，慨然有表章修復之志。適中丞汝陽趙公按州，瞻拜祠下，環視弗稱，而以改建鼎立屬公，公益銳意經營。里有五星墩，誌載應公之生者，久没於豪右，即捐金恢之。舊有祠湫隘，復市近宅田，大拓其址，建正廳五楹以妥公像，移昔廳於後爲客堂。左右各建書舍六楹，俾子弟肄業其中。最後建室五楹爲歲時宅眷屬，以別內外也。前儀門、大門各三楹，廚庫廊舍咸備，繚以垣墻。先繪圖呈中丞公，咸協其意。公即市材鳩工，刻日興作，期奏盛美。仍捐己費若干，市近宅常稔田二十畝有奇，俾子孫世守，以供祀事。祠前開沼植蓮，以存公之遺愛。嗟夫！崇德報功，尚義樂施，人罔不知之，顧有是志而或限於勢，勢可爲矣而復靳於財，均之不能有爲也。兹能贊中丞公志，規劃措置悉出己有而不傷乎民，非公疇能之？載閱濂溪集舊刻，蕪漏不稱文獻，即以公餘校讐，删繁補略，凡係先生之言行者悉錄之，諸後人詩賦不與焉，類編梓成，足爲全書，其大造於先賢何如也？嘗考公爲江東望族，世有顯者，能任事令，先君筆山翁以名進士爲熙朝柱史，按部八閩時，曾捐貲爲考亭後易田二百畝，俾世供祀事。閩人頌之，仁聲義聞，先後一轍。公誠有所受之也，故德業聞望推重一時，楚人士能悉之，此舉特德政中一事耳，豈足以概公平生哉？余因博士君聯官之請，業已立石祠中，復僭書於簡首，以垂不朽云。

萬曆二年歲次甲戌夏四月吉旦，後學郡人黃廷聘謹識。

宋濂溪周元公先生集序　　呂藿

天開宋文治，故奎聚五星，於時周元公生舂陵，其地亦有五星墩焉。蓋天地協祥以篤生真儒，宜乎其上接孔孟千載如線之緒，以開群迷於無窮也。今觀《太極》《易通》之作，闡洩元化，默視道體，有功於先後甚大。視夫訓詁詞章，非不能羽翼吾道，而已非聖賢相傳之心印矣。故歷代褒崇特厚，而我朝復有加焉，非過也，宜也。顧規制弗飭，典烏乎稱？而文獻罔徵，後何由考？我太府王會泉公嘗有志而未逮也。癸酉冬，四府崔弘菴君以賢受知當道，檄署州事，甫至，謁先師畢，即拜元公祠。祠故建學宮西，近遷故里，亦稍隘，而子姓廬舍又相去數十武許。及考五星墩，已没於豪右者强半，崔君即捐己貲復之，仍增市近田供祀事，尋謀所以修拓其祠宇者，而後爲之集。會中丞趙汝泉公按部至，亦往拜之，慨其祠宇弗稱，崔君對悉如前，汝泉公大稱賞，令繪圖估費，次第營之。而集之作，備載元公事，其未備者，參之江州本補焉，奠公文若諸記得並載，如詩賦惟錄同時者，此外雖工弗收，明此爲元公集，而非以侈翫詠也。兹集出，天下曉然知元公之濂溪在舂陵，而其寓廬山不能歸，亦以濂溪名堂者，正丘首之意也。噫！聖賢雖以天下爲土，而稟山川靈秀以生，忍遽忘其本哉？元公復起，當不易吾言矣。

萬曆甲戌夏四月吉，後學郡人吕藿譔。

刻宋濂溪周元公先生集跋　　崔惟植

道之大原出於天，天不愛道，每垂象示人，而惟聖賢爲能契其妙，蓋因時以爲之顯晦者也。故河圖出而伏羲生，易斯成焉；洛書出而神禹生，疇斯敘焉。世之論道統者，僉謂自堯舜以來幾絕復續，孟子而後千五百餘年，能筆圖著書、繼往聖開來學者，元公一人而已。然不知公崛起舂陵，月巖垂竅，宛然無文之圖，先天秘奧，天實視之，於時五星既麗於天，復化生五墩，繞宅里以應五星之象，是天有至粹、地有至精，元公實應期而生，是爲至人，三才相待以有成，其理信不誣也。植自髫齡知學，已切景仰，及倅永理刑事，值寅長會泉王公、守齋邵公、峴南紀公咸邃於理學，仰公道德，定出同然。癸酉冬，植權視州篆，得造公故里，遡濂溪，躋月巖，想像其光霽，實不以謭劣自安，銳意崇重。前所有五星墩者，久已淹没居民，因捐金恢之。里有祠一層，於禮制尚有未備也，復市近宅田，大拓其址，鼎爲營繕，新以重門，繚以周垣。祠後增以重室，旁則翼以宿齋所，丹雘彰施，視昔倍異。又以公之道雖昭揭日月，然匪集胡傳？四方之士有慕公而不獲游公之里者，又何所觀法也？廼命拾公家乘若干篇，並鄉達東川蔣公得之九江者亦若干，復與瀾亭黄公、日洲吕公、虹洲陳公暨諸鄉先生考訂成帙，壽梓用廣其傳。時撫臺趙汝泉翁以巡行過其里，亟陳詞致薦以抒素仰，而守道郭草塘翁、巡道邊少微翁偕與焉，皆義植所爲，且以公之絕學屬望於鄉之後人。於乎！自公歿五百有餘歲矣，植偶欲興起其道傳，而當世名碩若諸公者，廼不謀而自合如此，得非景運重開，道之在公者，將大明於世，啟佑我國家無疆之祚矣乎！書成喜熾，强贅數言於末簡，若夫見道忘象，則又自有善學公者在也。

萬曆二年歲在甲戌孟春三月之吉，永州府署道州事推官崔惟植謹書。

附：刻濂溪先生集序　　胡直

按：此序是爲萬曆三年本的重刻本所作的序言，附錄於此。

甚哉！學術之難言也，非學之難言，言之者異也。嘗試譬之，祖父之造家，莫不肇自南畮，樹穀務本，然後能操贏以殖其貨。此非獨人事，亦其勢然也。而後之子孫，徒見貨殖之利，唯旦夜持籌，課算子母，記籍充棟，而居積自矜，遂捐舍南畮，任其污萊。有務之者，則詆之曰："是西鄙野人之事，吾祖父無有也。"力本之論不勝其逐末之説，故談者恒難於言。雖然，亦取衷於祖父而已矣。堯舜者，中古之祖父也；文王、孔子，近古之祖父也；濂溪、明道二先生，又近世祖父也。堯舜語學曰："人心道心，精一執中。"何其詳也！豈不以心一也？惟動於欲而失其本然者，爲人心。惟不動於欲而不失其本然者，爲道心。然則道誠不出於心，而欲固賊道者歟？至哉，道心！精，精是而不以欲雜；一，一是而不以欲貳。蓋自堯舜千百載之前，而無欲之旨已彰彰較著矣。其在文王，無然畔援，無然歆羨，乃造於穆穆；孔子，江漢以濯，秋陽以暴，乃底於皜皜，皆是旨也。四代聖人，先天開人，鮮不自道心精一，而盛德大業繇斯以出始，未聞外心而專求物理也。

濂溪先生去孔孟千有餘載，其著書不多，唯獨揭示聖道曰："聖，誠而已矣。"而指其學聖之要，則曰："一爲要。一者，無欲也。無欲，則靜虛動直，靜虛則明，明則通，動直則公，公則溥。"夫誠，非道心乎？無欲，非精一乎？靜虛動直，明通公溥，非執中乎？是近世開先肇家，遂與四代聖人異言同符，固孰與濂溪先生？今先生遺書具在，其旨尤彰彰較著，亦未聞外心而專求物理也。異時學者怔惑影響之間，眇忽道心之旨，謂理不生心而出于物，乃至鰓鰓睍睍博求諸物，以有涯隨無涯。至於當年莫究，累世莫殫，迄不自知。其遠人以爲道，而猶尊近聞，珍末見，以相雄長。其間有能原本道心亟先無欲者，則反詆之曰："是不爲老，必爲禪。"嗟乎！是不知老與禪相去且千里也。迺俾學者盡棄南畮，專趨貨殖，而重惑於西鄙之詞，將益爲逐末者增赤幟而堅壁壘，天下後世莫不畏形避影，聞聲怖響，孰敢爲力本者一置其喙。吾故曰："非學之難言，言之者異也。"嗟乎！是當如祖父，何哉？且夫天地之運不息，自窮天地觀之，後千百年不知有幾聖人者作，而爲之開先肇基，以祖父乎天下斯學，豈不復大明中天哉！彼區區兢逐末者，又何虞其不終醒且瘳耶？直獨虞今之未遽乎醒且瘳者，將倀倀焉適燕而越轅，避渴而海飲，而卒莫之捄也。可不爲悲乎？雖然，亦取衷於祖父而已矣。

某曩督楚學，竊不自揆，雅欲釐正先生遺集，刻視學者，以見取衷之意，庶幾少回逐末者之瀾，迄未皇也。萬曆甲戌，太平崔君惟植爲永州理官，念先生昔嘗判永，乃求先生集，刪其附益者，刻永郡中。明年，先生家孫博士君周道命其子生員周聯芳、周聯官走予山中，以新刻寄，且曰："道州故刻，亦漫漶久矣。今州大夫羅君斗且圖復刻，請爲之序。"予聞之躍然，因推本學術，重有感於本末古今之異，而妄欲爲天下瘳，且以諗崔君并刻之。

（據萬曆二十一年胥從化、謝眖編《濂溪志》卷之七之下①）

【目錄】
卷首

　　刻濂溪周元公集敍　　丁懋儒

　　宋濂溪周元公先生集序　　蔣春生

　　刻宋濂溪周元公先生集序　　黃廷聘

　　宋濂溪周元公先生集序　　吕藿

卷之一

　　濂溪故里祠宇書院圖②

　　濂溪在州祠宇書院圖③

　　月巖圖④

　　元公像並贊⑤

卷之二

　　元公世系圖

　　元公年譜⑥

---

① 胡直《衡廬精舍藏稿》（影印文淵閣四庫本）卷十與此基本相同，僅有個別字詞微異，尤其是最後一段的名字或寫作某某，尚餘底稿痕迹。
② 正文二圖：故里圖、元公祠宇圖。前圖右上標有"宋濂溪周元公先生集卷之一"數字，後圖右上有"萬曆二年仲春鼎建"數字，左下則是當時州學生員二王識語："元公祠宇，歲久傾圮，且稍湫隘，其近祠地並五星墩侵没於豪右久矣。萬曆二年甲戌撫台趙公按部舂陵，謁奠祠下，慨其祠宇弗稱，迺檄本府署道州事推官崔公綜理其事焉。公捐貲，復拓其地址，培築五星墩，置供祭田，鑿蓮花池，以至飭財鳩工，鼎建祠宇，重修諸亭，規制焕然一新，視昔爲迥異云。生員王之臣、王有恆識。"圖後有一整頁半的内容是時人蔣春生的圖説。
③ 正文名"濂溪書院圖"，後有圖説，不詳作者。
④ 圖後也有圖説，不詳作者。
⑤ "贊"包括朱熹贊、宋濂記。
⑥ 以上二目在正文中省"元公"二字，"年譜"下題署"山陽度正著"。

卷之三　元公遺書

　　太極圖説①

　　通書②

　　附録

　　太極圖通書總序③　　朱熹

　　太極圖解序④　　張栻

　　太極圖解後序　　張栻

　　通書後跋　　張栻

卷之四　元公雜著文四　賦一　詩二十八　書簡六

　　文類⑤

　　養心亭説

　　愛蓮説

　　吉州彭推官詩序

　　邵州遷學釋菜文⑥

　　拙賦

　　詩類

　　題門扉

　　瀼溪書堂⑦

　　書窗夜雨

　　石塘橋晚釣

　　静思篇

　　贈譚虞部致仕

　　天池

　　遊大林

　　宿崇聖

---

① 正文中附有朱子注解。
② 正文中附有朱子注解。
③ 正文中標有時間"乾道己丑"。
④ 目録原漏刻一"序"字,據正文補。
⑤ "文類"及以下的"詩類""書類"等字,原目録無,此據正文。
⑥ 正文後附有祝文,一些版本或單獨成篇。
⑦ 正文"瀼"字前有一"題"字。

題浩然閣

題寇順之道院壁

憶江西提刑何仲容

劍門

題春晚

題太顛壁

牧童

經古寺

同友人遊羅巖

題惠州羅浮山

題酆州仙都觀

宿山房

遊赤水縣龍多山書仙臺觀壁

喜同費長官遊

和費君樂遊山之作①

江上別石郎中

香林別趙清獻

同石守遊

任所寄鄉關故舊

書類

付二十六叔

又書與三十一叔

與仲章手帖

與仲章六月四日書

與傅秀才書

慰李才元書

卷之五　諸儒議論共十三條

山谷黄氏

---

① "作"字在正文中爲"什"。

　　　　明道程子
　　　　北山陳氏
　　　　鶴山魏氏
　　　　晦菴朱氏
　　　　李初平①
　　　　邢恕
　　　　王荆公
　　　　西山真氏
　　　　明道程子二條
　　　　勉齋黄氏
　　　　晦菴朱氏
卷之六　事狀
　　　　濂溪先生行實②　　朱熹
　　　　濂溪先生墓誌銘　　潘興嗣
　　　　宋史道學傳③　　脱脱
卷之七　歷代褒崇
　　　　濂溪先生諡議④宋嘉定十三年
　　　　追封汝南伯從祀廟庭⑤宋淳祐元年
　　　　加封道國公詔⑥元延祐六年
　　　　國朝褒崇優恤⑦正統元年
　　　　録周元公子孫⑧景泰七年
　　　　附宋御賜道州濂溪書院額⑨
卷之八　祠堂墓田諸記
　　　　濂溪先生祠堂記　　胡銓

---

① 正文則爲"延平李氏"。
② 正文標有時間"淳熙六年"。
③ 正文爲"濂溪先生傳"。
④ 正文爲"宋嘉定諡濂溪先生諡議"。
⑤ 正文爲"宋追封汝南伯從祀廟庭詔"。
⑥ 正文爲"元加封爲道國公詔"。
⑦ 正文爲"國朝褒崇聖賢優恤子孫"。
⑧ 正文在標題前加"國朝"二字。
⑨ 正文省"附宋"二字。

濂溪先生祠堂記　　朱熹
永州府學先生祠堂記　　張栻
道州建先生祠堂記　　張栻
道州故居先生祠堂記　　章穎
道州寧遠縣先生祠記　　魏了翁
重建先生祠記　　龔維蕃
道州故居先生祠堂記①　　歐陽玄
道州濂溪田記　　章穎
濂溪小學記　　趙櫛夫
濂溪大富橋記　　趙櫛夫
濂溪周氏世業田記　　周子恭
附錄
江州學濂溪祠記　　林栗
南康軍新立先生祠堂記　　張栻
韶州學濂溪先生祠記　　朱熹
邵州學濂溪先生祠記　　朱熹
南安軍司理廳先生祠記　　陳宗禮
廣東憲司先生祠堂記　　蔡抗
重修濂溪先生墓記　　廖紀

卷之九　古人詩
和周茂叔席上酬孟翱太博②　　傅耆
題濂溪　　潘興嗣
贈周茂叔　　何平仲
同周惇頤國博遊馬祖山　　趙抃
題周茂叔濂溪書堂　　前人
茂叔先生濂溪詩呈次元仁弟　　蘇軾
零陵通判廳事後康功堂③　　胡寅

---

① 正文爲"濂溪故居祠堂記"。
② "博"字，原目錄作"傅"，此據正文改。
③ 正文標題爲"零陵通判廳事後作堂予以康功名之仍賦鄙句"。

題濂溪　　林焕

奉寄周茂叔①　　蒲宗孟

山北紀行二首　　朱熹

題濂溪書堂二首　　柴中行

江上懷永倅周茂叔虞部　　任大中

濂溪隱齋　　前人

送周茂叔還居濂溪②　　前人

送周茂叔赴合州僉判　　前人

謁濂溪周虞部　　李大臨

留題濂溪書堂　　度正

濂溪詩　　黄庭堅

濂溪識行　　魏嗣孫

濂溪雜詠二首　　潘之定

愛蓮詩　　朱熹

遊濂溪辭　　鄒勇

卷之十　祭文

墓祭文　　孔文仲

南康祠祭　　朱熹

潭州遣祭　　朱熹

濂溪祠祭　　王啓

濂溪故里祭文　　雷復

祭道國公文　　符鍾

謁元公祭文　　陳鳳梧

謁元公祭文　　魯承恩

謁元公祭文　　周子恭

謁元公祭文　　唐珤

謁元公祭文　　王宗尹

謁元公祭文　　蕭文佐

---

① 正文標題爲"乙巳歲除日收茂叔武昌惠書知已赴官零陵因偶成奉寄三首"。
② 正文中"送"字後有"永倅"二字。

謁元公祭文	顏鯨
謁元公祭文	趙賢
謁元公祭文	丁懋儒
謁元公祭文	何遷

卷末

刻宋濂溪周元公先生集跋　　崔惟植

十、明神宗萬曆二十一年胥從化、謝聣編《濂溪志》十卷

此本在中日兩國三家圖書館有藏。最完整的是日本尊經閣文庫藏本，1934年編印的《尊經閣文庫漢籍分類目録》和 2007 年出版的《日本漢籍善本書録》均有著録。[①] 流傳最廣的則是中國國家圖書館藏本，此本已殘，存卷首、卷一、二、七、八、九、十。俞冰、馬春梅編《中國歷史名人別傳録·周濂溪先生實録》第一册影印此本，[②]王晚霞博士據此校注後收入其《濂溪志（八種彙編）》。[③] 國圖藏本卷首李楨序名下端有朱文長印"京師圖書館藏書印"，説明本是清末學部奏請籌建、民國初開放的京師圖書館所藏，此本一般單題"胥從化輯"，《中國古籍總目·史部》則題爲"胥從化、謝聣輯"。另外上海圖書館亦藏有一部，此本原鈐有"黄裳容氏珍藏圖籍"印，可知其本爲近代著名學人黄裳（1919—2012，原名容鼎昌）藏書，卷前有黄氏紅筆題字一頁，述其得書緣由和版本概況：

> 此亦天一閣書，題《濂溪志》十卷，而失其卷一及卷二。前十五番序跋亦失去，其餘得之甬上估人許前，仍存目數番，蓋已成零葉矣。猶是明時舊裝，爰重付裝池藏之。查阮元天一閣目，有《濂溪集》六卷，未云鈔刻，序跋皆宋時人，殆非一書，此或早日流出閣外者乎！書刊于萬曆中，而結體精勁，猶有

---

① 參見《尊經閣文庫漢籍分類目録》，日本昭和九年（1934），第 183 頁；嚴紹璗：《日本漢籍善本書録》，中華書局，2007 年，第 537 頁。二書均著録該志爲"七册"，後者並言該志是"原江户時代加賀藩主前田綱紀等舊藏"。據筆者同事洪麗珠博士托其在日友人胡華喻（東京大學小島毅教授的博士生）實查，該志確爲全本七册。
② 學苑出版社，2007 年。
③ 湖南大學出版社，2013 年。

嘉隆遺風。第四本前舊簽猶存，古樸可愛。雖是不完之書，亦大可悉玩也。昨日天極燠暖，已爲盛暑，猶奉母觀劇淀草，所演韓國夫人金山之役，衣厚甲爲曼妙之歌舞，歎爲觀止。夜深歸寓，而新裝諸書，自吳下寄至，不便思睡，展閱至夜深，研朱漫記。甲午芒種前二日黃裳記。

所謂"甲午芒種前二日"，即1954年6月4日，由此可知黃裳是在20世紀50年代得到此書的。最初還是明朝舊裝，系從著名的藏書樓天一閣流出，後重新裝訂。今翻檢原書，共四冊，確如黃氏所云，卷前序文、卷一內容盡失，目錄僅存卷八部分(始於《題月巖》)和卷九的內容，正文存卷二《宿崇聖》一文以後至卷十的內容；第四冊封面簽仍存，題"濂溪志智"。上圖館藏目錄、《中國古籍善本書目·史部》《中國古籍總目·史部》著錄時均將其誤標爲"李楨輯"，可能是受《四庫全書總目》"《濂溪志》九卷提要"所謂"李楨撰"的誤導所致，應予糾正。

結合卷首的《濂溪志敘例》和正文內容，知本志是在之前嘉靖十九年(1540)魯承恩編《濂溪志》基礎上重新編纂的，並參考吸收了嘉靖二十二年(1543)王會編《濂溪集》。

國圖藏本和上圖藏本均殘，但兩本合觀，可得全貌。下面就以合觀後的情況進行著錄。

【序跋】
刻濂溪周先生志序　　李楨

余不敏，瘖瘝見先生久矣！余年十三四時，頗知志學，獲《性理》書讀之，開卷即讀先生書，於是志學之念益切，益惡世利世色，苟終身盤谷焉已矣。既讀先生書益久，恍然如遇其人，再徧訪事實，得《全書》讀之，更見先生爲政嚴毅清勵，慈祥仁恕，心更切切慕焉。時潛弗見已矣，見必先生政是師。蓋政以行學，政弗正，則學斯弗善。豈曰讀書之士，故不必仕，亦不必不仕。有其政斯見其學。然而誠，本也；主靜，極也；無欲，要也。握其本，而極是立。惟無欲之要宰之，則洗心于密者，即彌綸參贊之謨。凡亘天亘地事業，即浮雲一點過太虛，無着礙，無方所也。如是方可以話太極，見先生。先生道州人，毓堪輿今古之秀，而曰溪、曰嚴、曰故里，特寄產之一，然詢方履迹，亦所不廢。余既填撫三楚，喜遊先生鄉，問先生里，新其祠，廣其田，育其後裔，建其書院，胥令太守發董之成，仍成其志，用告誠周氏子孫，而宗子翰博君聯官率族姓而久引承之。

萬曆二十有一年冬十月十有二日壬辰，賜進士第、嘉議大夫、户部右侍郎、前都察院協理院事、左副都御史、北地李楨謹序。

濂溪先生志序　　郭惟賢

蓋嘗讀《孔氏世家》，史遷贊孔子："以布衣傳十餘世，爲學者宗。而自天子王侯，中國言六藝者，折衷於孔子，以爲至聖。"夫孔氏之統，實祖堯舜而纘文周，寧第以六藝爲功？而所稱"傳十餘世"者，則遡獲麟之年以迄龍門之元狩，固自其世計之，而不知其與天地參，而四時同也。孟軻氏歿，斯道幾熄，即遷猶能以"世家"尊孔子。而其後俗儒雲興，門户決裂，權謀、功利、訓詁、枝葉之習，入於統之内，而爲道孟；棄倫絶聖、悠玄空寂之譚，出於統之外，而與道敵。歷千餘禩，而卒未有曠然一明孔子之道者，何忞忞也！濂溪先生起宋天禧間，其學絶無所縣傳，獨湛思微妙，著《太極》一圖以授河南兩程子。迄今《圖説》《易通》二書，學士家尊之，與"六經"等。大指以誠爲基，以一爲要，以主静立人極爲至。其説奥渺精深，而其造端，雖經生學子循日用而可守。於是尼山日月結爲大年，而叔季漫漫之長夜昭然如昨。斯豈非再闢渾淪、千鈞一髮者與？迹生平陸沉郡邑，所至澤物省冤，不難投手板以明志。迨宦遊既倦，遂丐身於匡嶽衡麓之間，而吟弄以老。其仕止久速，殆壹稟孔氏家法者。故尊孔子則必尊先生，而志先生者，乃所以志孔子也。今讀志，自圖書、文辭、年表、世系，與夫儒喆表章、帝王襃崇之典，不啻臚列，而先生之精神命脉於是焉在斯。以闡繹而折衷之，非無具矣。嗟乎！八之之爲畫也，五之之爲圖也，圖書、文辭、年表、世系之爲志也。旦暮遇者，存聖人之神；而揣鑰望燭者，且不免爲畫、爲圖、爲志。則是集直家乘門譜，與司馬氏《世家》奚異焉？非克庵李公意也，後有繹道統者，當得於是志之外矣。

賜進士、中憲大夫、巡撫湖廣提督軍務兼制黎平等處地方、都察院右僉都御史、晉江郭惟賢謹譔。

濂溪志敍例　　謝眖

濂溪先生圖書，爲宇内《語》《孟》久矣。别著文若詩，暨厥狀譜，與夫代襃而世述，則窺觀之士，或有所不盡見。斯志之所由纂也。歲壬辰冬，眖署教道州，瞻拜先生像，旋得舊志，漫漶不易讀，讀之而無統也，謬誤也，重復也，款次之舛紊也。蓋參萃焉，曾是稱志，其愈能幾？而何怪乎後人之病之，而復刪爲集也。今年春，州大夫涇原李公，以都臺北地李公、按臺渤海李公之命，重授剞劂，而屬不佞既以釐校之役。竊不揣，稍刪定，而校飾之，而羅其所可附者。析之爲元公遺範，爲芳迹，爲遺書，爲雜著，爲年表，爲事狀，爲諸儒議論，爲歷代褒崇，爲紀述，爲題詠，爲祭謁，爲濂溪世系，款凡十有二。倘亦井井乎，繹繹乎，其得當于大觀與否，既安能知焉？嗟呼！天自高爾，地自厚爾，日月自明爾，先生之道豈待一辭贊哉？乃或私其門户，抗使殊尊，謬執内外，以擯再傳，實陰主他家，混之先生宇下，而令先生卵而翼之，清泉可作，必不謂然，而焉用譊譊撓亂天下，爲蒙有猜焉？輒以質諸其人，然而未敢深論也。姑以志之例，條之具于左。

一，志主圖書，苞舉雜著，他不得而先焉。唯是扶輿勃發乎千年，存著永承於萬禩。芳迹攸寓，肖圖在前，而光霽遺儀，必冠卷首，固志體然哉。爰論其世、其年表、事狀乎，乃諸儒之論核矣。自餘褒崇、紀述、題詠、祭謁，以次臚列，而所爲譜系，則翰博之以故，志於是終焉。

一，圖書，備載注解，舊志蓋因《性理》云。州大夫李公曰：“《性理》，人有其書，且試相與離故游新，吾烏知乎。非旦暮遇邪，而奚數數焉。”不佞唯唯。

一，舊志謬誤頗多。如五行、太極二説，本黄榦所作，而以爲程頤。此類猶其小者耳。乃元公《上二十六叔》與《仲章》二書，載之漳浦王氏集，而志析爲四，不大謬乎？後書實六月十四日，志脱十字，又於夏熱上增首字。觀度氏譜，以“可具酒果香茶告聞先公諫議”爲六月十四日手帖，此足證志、集之得失矣。二説不必入志，餘謬誤悉正之。

一，舊志，御製、奏疏、公移、表，款凡四，故有強析，如謚議此列御製，復列奏疏是也。有重出，如優恤、疏旨，既列御製，復列公移是也。且徐郁亦題議也，何以不入奏疏而附見於御製？賜額、崇祀皆恩褒也，何以不入御製而附見於疏表？要之款目既多，則割解夵棼，亦勢所必至耳。又如詔書稱御製是矣，賜謚僅一賜字，亦概稱御製，可乎？今易“御製”爲“宸綸”，與“公移”並號。褒崇如賜謚、賜額、崇祀皆宸綸也，而疏表各聯綴焉。蓋事統於綱，文類於事，前數者之病，庶乎免矣。

一，舊編於元公所著，先詩，次説、文，次賦，次序；後人所作，先説，次賦、詩，次記、序。夫説不從記序爲類，而詩賦居説、記之間，何也？諸記郡邑參錯，又非盡論年代，雜言、記序重復爲甚，其蕪者、贅者各卷多有之，茲並刪正。

一，年表，宋山陽度氏所撰，小有遺誤，今蒐補而考正之，諸野人誕語不使冒而入焉。

一，《濂溪志》，爲元公設也，其以斯道乎！體與家乘殊矣。第纘蔭承休，勿俾涽越，則舊志譜其後，系義亦攸當。顧蔓及小傳、家規，與家乘何別焉？且鄙倍之辭，有元公之所不願聞者，今盡削之。所宜譜，乃刊其訛，以似以續，引于今日，粲然睹矣。

一，舊志，止嘉靖庚子，庚子以前，亦頗有遺與。自辛丑而後，今蒐附焉。然而款啓寡聞，遺乃甚矣，請以俟諸來哲。

萬曆歲癸巳孟秋之望，後學東莞謝毠識。

永明縣知縣胥從化編訂

道州儒學署學正事舉人謝毠編校

訓導劉報國同校

【目錄】

卷首

　　刻濂溪周先生志序　　李楨

　　濂溪先生志序　　郭惟賢

　　濂溪志敘例　　謝毠

卷之一　元公遺範

　　元公像

　　贊　　朱熹

　　像記　　宋濂

　　　元公芳迹[①]

　　濂溪故里圖[②]

　　月巖圖

　　濂溪祠堂圖

　　濂溪後裔書院圖[③]

---

　　① 筆者所見《周濂溪先生實錄》的影印本將這些圖全部置於正文卷一之前，也就是緊接"目錄"之後，似誤。因爲依據此本仿刻的清朝乾隆二十八年(1728)《濂溪志》十卷本(詳本條的附錄)，這些圖仍在正文卷一之中，與目錄相合。

　　② 正文中題名"元公故里圖"。

　　③ 正文題名中前有"新建"二字。

卷之二　元公遺書

　　太極圖説

　　通書①

　　　　元公雜著

　　文

　　養心亭説

　　愛蓮説

　　吉州彭推官詩序

　　邵州遷學釋菜文

　　賦

　　拙賦

　　詩

　　題門扉

　　題濂溪書堂

　　書窗夜雨

　　石塘橋晚釣

　　静思篇

　　贈譚虞部致仕

　　天池

　　遊大林

　　宿崇聖

　　題浩然閣

　　題寇順之道院壁

　　憶江西提刑何仲容

　　劍門

　　春晚

　　題大顛壁

　　牧童

---

①　以上二書均無注解。

經古寺

同友人遊羅巖

題惠州羅浮山

題鄆州仙都觀

宿山房

遊赤水縣龍多山書仙臺觀壁

喜同費長官遊

和費君樂遊山之什

江上別石郎中

香林別趙清獻

同石守遊

任所寄鄉關故舊

書

上二十六叔書

與仲章侄書

與傅秀才書

慰李才元書

卷之三　元公年表

自天禧丁巳迄熙寧癸丑

卷之四　元公事狀

濂溪先生墓誌銘　　潘興嗣

濂溪先生行實　　朱熹

宋史道學傳　　脫脫

卷之五　諸儒議論

山谷黃氏

明道程子

伊川程子

邵伯溫

呂本中

延平李氏

邢恕

朱子

南軒張氏

五峯胡氏

默齋遊氏

勉齋黃氏

北溪陳氏

北山陳氏

山陽度氏

西山真氏

鶴山魏氏

萍鄉胡氏

葉水心

卷之六　歷代褒崇

宸綸

宋諡元公_{嘉定十三年}

追封汝南伯從祀廟庭_{淳祐元年}

勅賜道源書院額_{寶祐五年}

賜御書道源書院額_{景定四年}

賜九江書院額[①]

賜御書道州濂溪書院額_{景定四年}

元加封道國公_{延祐六年}

國朝褒修祠墓優恤後裔_{正統元年}

欽錄元公後裔_{景泰七年}

欽賜崇祀_{正德丙寅}

公移

查取後裔赴九江守祀_{弘治癸亥}

修蓋書院_{正德己巳}

---

① 正文中有目無文。

置買濂溪書院祭田正德己巳

編銀解送雇役正德十一年

廢寺田撥入月巖書院嘉靖癸卯

置買故里祭田嘉靖二十四年

置買祭田編復掃夫等役萬曆庚寅

修復門坊樓亭祭器萬曆壬辰

新建書院置買祭田萬曆壬辰

助修祠宇置羽翼道統扁萬曆壬辰

給贍學魚塘萬曆辛卯

呈乞題奏諫議公從祀　　楊成章

卷之七　古今紀述

記

濂溪先生祠堂記紹興己卯　　胡銓

道州建先生祠記淳熙五年　　張栻

道州濂溪田記淳熙六年　　章穎

道州故居先生祠記淳熙七年　　章穎

重建先生祠記嘉定七年　　龔維蕃

道州路重修濂溪書院記至正七年　　歐陽玄

濂溪故居祠堂記至正八年　　歐陽玄

濂溪小學記景定五年　　趙櫛夫

濂溪小學高峯楊公壽祠記景定癸亥　　滕巽真

濂溪大富橋記咸淳七年　　趙櫛夫

愛蓮亭記正統六年　　劉蚓

濂溪三亭記嘉靖　　周繡麟

濂溪三亭記嘉靖十九年　　魯承恩

濂溪周氏世業田記嘉靖　　周子恭

遊濂溪故里記嘉靖　　周子恭

重建濂溪故居祠堂記萬曆三年　　胡直

遊月巖記萬曆丁亥　　顧憲成

重建濂溪周先生祠堂記萬曆壬辰　　李楨

重修濂溪書院碑記　　吳中傳

　　新置濂溪先生祭田記_{萬曆壬辰}　　李楨

　　創置作養濂溪先生後裔書院記_{萬曆壬辰}　　李楨

　　月巖亭記_{萬曆己丑}　　李發

　　道州寧遠縣先生祠記_{嘉靖①九年}　　魏了翁

　　永明縣仰濂祠記_{萬曆二年}　　趙賢

　　永州府學先生祠記_{淳熙}　　張栻

　　宗濂書院記_{嘉靖甲子}　　蔣春生

卷之七之下

　　江州學濂溪祠記_{乾道二年}　　林栗

　　濂溪先生祠堂記_{淳熙三年}　　朱熹

　　改修濂溪祠記_{成化癸巳}　　陳騏

　　重修祠堂增置祭田記_{正德六年}　　傅楫

　　重修濂溪先生墓記_{正德七年}　　廖紀

　　南安初建三先生祠記_{乾道元年}　　郭見義

　　創置書院記_{淳祐二年}　　盧方春

　　南安軍司理廳先生祠記_{咸淳三年}　　陳宗禮

　　重新三先生祠記_{景泰四年}　　金潤

　　重作書院記_{成化三年}　　葉盛

　　府治後廳東吟風弄月臺記_{成化十七年}　　張弼

　　復興書院記_{弘治十五年}　　謝鐸

　　重修吟風弄月臺記_{正德十六年}　　黃芳

　　邵州學濂溪先生祠記_{紹熙癸丑}　　朱熹

　　隆興府學濂溪先生祠記_{淳熙六年}　　朱熹

　　南康軍新立先生祠記_{淳熙五年}　　張栻

　　書壁間愛蓮説後_{淳熙六年}　　朱熹

　　袁州學三先生祠記_{淳熙五年}　　朱熹

　　韶州學濂溪先生祠記_{淳熙十年}　　朱熹

---

①　"嘉靖"應爲"嘉定"之誤。

广东宪司先生祠记　　蔡抗

婺源县学三先生祠记淳熙八年　　朱熹

序

赠博士周冕荣还序景泰七年　　陈鉴

濂溪遗芳集序弘治辛亥　　方瓊

道源书院集序嘉靖己亥　　黄佐

濂溪集序嘉靖甲辰　　王会

濂溪志序嘉靖十九年　　鲁承恩

刻濂溪周元公集序万历乙亥　　丁懋儒

刻濂溪先生文集序万历三年　　胡直

跋

刻濂溪集后跋嘉靖十四年　　林山

刻濂溪集跋嘉靖十四年　　王汝贤①

重刻濂溪集跋嘉靖壬辰　　宋圭

说

道源书院集说嘉靖十六②年　　侯廷训

濂溪故里图说　　王会

月岩图说　　王会

濂溪书院图说　　王会

铭

濂溪祠堂铭　　臧辛伯

卷之八　古今题咏

颂

重修濂溪书院三君颂　　胡直

赋

吟风弄月台赋　　萧子鹏

辞

濂溪辞　　黄庭坚

---

① "贤"字，正文作"宾"，是。
② "六"字，正文作"八"。

遊濂溪辭　　鄒尃

詩

和周茂叔席上酬孟翱太博　　傅耆

題濂溪　　潘興嗣

贈周茂叔詩　　何平仲

同周敦頤國博遊馬祖山詩　　趙抃

題茂叔濂溪書堂詩　　趙抃

寄周茂叔　　趙抃

乙巳歲除日收茂叔武昌惠書知已赴官零陵因偶成奉寄三首　　蒲宗孟

送周茂叔赴合州僉判　　任大中

江水懷永倅茂叔虞部　　任大中

濂溪隱齋　　任大中

送永倅周茂叔還居濂溪　　任大中

零陵通判廳事後作堂予以康功名之仍賦鄙句　　胡寅

濂溪謁周虞部　　李大臨

茂叔先生濂溪詩呈次元仁弟　　蘇軾

北山紀行①二首　　朱熹

愛蓮　　朱熹

留題濂溪書堂　　度正

又　　度正

濂溪識行　　魏嗣孫

濂溪雜詠二首　　潘之定

題濂溪　　林煥

題濂溪先生書堂二首　　柴中行

謁元公祠　　熊昱

愛蓮亭　　熊昱

愛蓮亭　　黃仲芳

愛蓮亭　　盛祥

---

① "北山"，正文作"山北"，是。

贈周翰博榮歸　　高穀
贈周翰博榮歸　　黃俊
贈周翰博榮歸　　方傑
憶茂叔愛蓮　　方傑
謁元公　　曾鼎
謁元公　　薛綱
謁元公　　韓陽
讀濂溪考亭二先生年譜二首　　陳獻章
謁元公　　沈鍾
謁元公　　沈慶
詠濂溪圖學二首　　王守仁
過萍鄉謁濂溪祠二首　　王守仁
濂溪　　戚昂
濂溪祠　　孟春
謁周夫子　　孟春
憶元公　　周繢
憶元公　　周冕
題月巖　　周冕
月巖　　蔣忠
謁元公　　姚昺
愛蓮亭　　姚昺
濂溪　　姚昺
月巖二首　　姚昺
月巖　　徐瑚
濂溪　　徐瑚
謁周元公　　趙宏
濂溪　　莫英
濂溪光風　　何文俊
愛蓮亭　　陳晶
謁元公　　李敷

謁元公祠　　吴廷舉
和　　方瓊
仰元公　　方瓊
愛蓮亭　　方瓊
濂溪　　方瓊
愛蓮亭　　曾仁
和學憲沈公韻　　曾仁
愛蓮亭　　錢源
濂溪　　錢源
元公祠　　錢源
和學憲沈公韻　　錢源
和學憲沈公韻　　蔣灝
愛蓮亭　　方良弼
謁元公　　邵寶
謁元公二首　　陳鳳梧
題月巖三首　　陳鳳梧
遊月巖　　劉魁
遊月巖　　徐愛
遊月巖　　曹宏
遊月巖三首　　周繡麟
濂溪　　蔣天相
謁元公　　丁致祥
謁濂溪書院　　顧璘
題月巖　　顧璘
謁濂溪祠　　王縝
謁濂溪祠　　王汝賓
謁濂溪墓　　陸深
題濂溪交翠亭　　柳邦傑
謁元公　　陳壇
濂溪　　陳壇

遊月巖　　戴嘉猷

月巖　　唐珌

月巖　　周子恭

寄周酸齋翰博　　魯承恩

謁元公　　曹來旬

濂溪祠　　曹來旬

謁濂溪書院　　尹襄

月巖　　康正宗

謁濂溪祠　　顔鯨

遊故里　　顔鯨

遊月巖　　顔鯨

愛蓮亭　　廬陵

謁濂溪先生故里祠　　張勉學

題月巖　　張勉學

題濂溪　　吳繼喬

題月巖　　吳繼喬

遊月巖　　戴科

又題月巖　　戴科

太極巖　　章淮

遊月巖二首　　趙賢

故里二首　　趙賢

遊月巖　　盧仲佃

故里二首　　盧仲佃

懷元公四首　　盧仲佃

謁故里四首　　管大勳

詠聖脈泉　　管大勳

月巖　　管大勳

遊月巖　　閃應霱

出月巖途中口占　　朱應辰

出元公故里值風月　　朱應辰

宿光霽樓見新月　　朱應辰

春陵篇贈元公宗裔翰博默齋君歸道州　　曾朝節

遊月巖　　李發

再遊月巖　　李發

味道亭　　李發

謁濂溪先生祠①　　李發

太極亭　　李發

濯纓亭　　李發

有本亭　　李發

詠濂溪　　王時春

濂溪　　汪都

學齋讀元公集二首　　謝覩

有本亭觀水　　杜漸

太極亭　　杜漸

重到月巖　　黃文科

月巖　　邢應文

濯纓亭　　麴海②

卷九　古今祭謁

濂溪祠春秋二仲次丁祝文

九江墓祭③

墓祭文　　孔文仲

奉安濂溪先生祠文南康　　朱熹

潭州遣祭　　朱熹

濂溪祠祭　　王啓

九江書院開講祝文　　趙崇憲

白鹿洞祭文　　邵寶

九江致祭　　周冕

---

① 正文中"祠"字前有"書院"二字。
② 以上五篇目錄原缺，此據正文補列。
③ 以上二條無署名。

白鹿洞祭文　　李夢陽
謁九江墓　　雷復
謁元公祭文　　歐陽旦
謁元公祭文　　王爵
謁元公祭文　　方進
謁元公祭文　　符鍾
謁元公祭文　　魯承恩
謁元公祭文　　金椿
謁元公祭文　　周子恭
謁元公祭文　　唐珬
謁元公祭文　　王宗尹
謁元公祭文　　陳鳳梧
謁元公祭文　　尹襄
謁元公祭文　　顏鯨
謁元公祭文　　蔡光
謁元公祭文　　趙賢
謁元公祭文　　管大勳
謁元公祭文　　丁懋儒
祭濂溪周元公先生文　　李楨①
祭濂溪先生　　郭惟賢
祭濂溪先生　　孫成泰②
祭濂溪先生文　　李發
謁元公祭文　　何遷

卷之十　濂溪世系

圖一
圖二
圖三
圖四
圖五

---

① 此條原目録漏刻，茲據正文補。
② 以上兩篇在原目録中的順序恰好相反，此據正文乙正。

附：清高宗乾隆二十八年周南等
重修《濂溪志》十卷序言

按：此本卷首有周星聚序，落款時署"乾隆癸未秋嘗後一日裔孫南光揚、學際會謹修，星聚謹序"，似乎是周南等人在乾隆二十八年（1728）所修。但經筆者與胥從化等編十卷本《濂溪志》比勘，發現此本實際是胥本的仿刻本，卷首的李、郭二序字迹尤爲相近（可謂高仿），其他内容也基本相同，僅卷首在李、郭二序後新增周星聚序，最後一卷《世系圖》缺末頁（疑是散佚之故）。此本現藏河南省新鄉市圖書館，館藏目録說是"（明）李楨撰，（清）周誥重修"，明顯失察。下面僅著録周星聚序。

【序跋】
修濂溪志書序　　周星聚

名家巨姓，必有志書，舉前人嘉言善行、爵里名諡，筆之於册，志其端末，有歸美前人之意，有源流緒業昭示世守之義，此族之大都也。

我太祖先賢元公濂溪先生，其行純粹中正，其學廣大精微，其所著書精純簡約，皆以身心體驗流露而出，闡前聖不傳之旨，開諸儒紹述之宗，與古今聖賢合譜可也，與天下共譜而與天下共述之可也，敢私自家乘，爲某氏一門宗旨哉？然與天下譜而述之，道之公也。爲族人譜而述之，敦同氣也。爲同氣一脈之守，志書不可以不作；及爲天下公共之守，志書亦不可以不作。

雖然，先生道州人也，志書之作，故里宗人已數百年家藏世守之，今乃復刻於粵，何也？初，先生通判廣州，粵人賴之，後歸廬山，其一子遂家於粵，吾粵所以有先生真派者由此。康熙間，率同族四十四房建祠仙湖街，以祀先生，後又創書院一所於小馬站，爲子弟讀書處。族以寖昌，然恨向來未有志書。癸未年，始得春陵故里宗人志書一集。凡先生志行學術、身心性情、語言文字、出處遊憩、流寓卒葬之事，以及史氏之所記載，諸志先生之所品題，傳誌銘跋之所互見，與宗人傳守相承之次，朝廷崇祀爵次儀等之數，本末源流，靡不具備。乃謀鋟板，以垂永久，以廣其傳。

蓋食先賢之澤，不敢忘其所自；衣前人之德，不敢晦其所傳。且使支流派別，家有其書，覽其大全，而得其要領，於以通其悱息游泳聖涯。則是刻也，道脈一綫，緒業於斯焉在。嗚呼，顧不重與！或曰：學先生苦無涯涘，或曰：其要歸本於一誠；或曰：克己之盡，至於天理流行，無人欲爲之，苦楚乃無入。不得，則尋孔顏之樂處，未必不在光風霽月間，是在善學者自得之，非所敢云也。爰因其舊觀，付之梓人。此雖爲家譜世守之藏，而徵文考獻者，亦所不私也。

乾隆癸未秋甞後一日裔孫南光揚、學際會謹修，星聚謹序。

十一、明神宗萬曆二十四年張國璽刻《周子全書》六卷

此本是萬曆二十四年（1596）山東按察司副使、管直隸淮安府事張國璽依據巡按直隸監察御史蔣春芳舊藏重刻，①地點當在淮安府駐地山陽縣（治今江蘇淮安市淮安區）。經比對，蔣氏藏本實爲嘉靖十四年黃敏才刻《濂溪集》六卷本，張氏重刻時將書名改爲《周子全書》，序跋文字也全部換掉，而目錄、正文則一仍其舊。因此，下面只著錄該本新的序跋，目錄畧去。

此本在大連圖書館、吉林市圖書館有藏，其中吉林市圖書館依據卷前蔣春芳序，斷此爲蔣氏刻本，乃誤。日本內閣文庫亦藏一部，原爲昌平阪學問所舊藏，書前扉頁有兩行題字："周子全書正編三卷附錄三卷裒爲二本　安永癸巳收　關修齡識。"現已有高清電子掃描版，惜其序言和跋文有錯裝。另據筆者研究生劉蘭英（2008年畢業）查考，河南省新鄭市圖書館也有藏，保存完好。

下面據新鄭市圖書館藏本著錄其序跋文字。

【序跋】

卷前一序，卷後一跋：

周子全書敍　　蔣春芳

孔孟以降語理學者，則濂溪周先生其首稱矣。其義性與天道，其文《太極圖說》及《通書》諸篇；其功則標之程朱之前，而衍之孔孟之後；其書行於世者，燦然七佰餘歲，學者莫不敬仰而師尊之。

---

① 此本蔣、張序跋落款均無官名，茲據張國璽、劉一相編《匯古菁華》（明萬曆二十四年刻本，哈佛大學圖書館藏）中蔣、張二序落款。

蓋余嘗刻《二程全書》於河東，而以先生冠其端，遡其淵源之自也，然猶未覩其全也。今幸得全本，藏之巾笥，憲副張君求付諸剞劂氏。刻成，余獲覽卒業，因仰而歎先生之大有功於世道也。夫大道無形，杳杳冥冥，太極之理所從來矣。朕兆既啓，天人剖判，五性感動，萬象溢出，其要在於修之吉凶殊途，聖狂斯睹非有聖功之本，真修實證，孰離其童蒙之心，而覺視於天地之間。故茲書也，或近言焉，或遠言焉，或淺言焉，或深言焉，探之無奇，測之不盡，總之闡發性靈，開示堂奧，俾學者於主靜之中，自得其仁義中正之理，而毋汨之形生神發之後，不假色象，自得真詮。即起孔孟於九原，而與之擬議一堂，知其爲旦暮遇之也。閎儒莊士，有志聖人之道，使於是書而誠，濡首其中，洞然見天地之本來，悟太極之全體，時行物生，火然泉達，無之而非是矣。夫代行者，必面冥山，未有取道於越而代可至者。先生羽翼聖經，廣厲來學，轍迹具矣。是書也，安得布之大都通衢，傳之遐陬僻壤，俾之同好，循誦習傳，以求不忝所生，而先生垂訓之旨，昭然如日中天，茲其於世道不爲小補，而余今日所以敍茲編之意哉！

時萬曆丙申歲冬至之吉，後學北海蔣春芳頓首謹書。

周子全書後跋　　張國璽

混噩既開，道源攸屬，後天而嗣其統者，由堯舜周孔，淵源相禪，越千載而濂溪先生闡晰斯道之蘊奧，發明堯舜之心傳，而太極圖書作焉，探無極以剖玄竅，演河洛以昭俶真，精入無垠，蔑或加矣。他如《通書》《拙賦》《愛蓮》《思親》，諸作靡匪，昭揭懿旨，而光風霽月之裹，實萬代所瞻仰者。嗣先聖不傳之秘，啓伊洛百世之源，與"六經"之作，"七篇"之述，蓋頡頏而羽翼之矣。時侍御蔣公沉酣理學，研精玄微，以勳業文章，煜於世故，於此書劌心歷眼，探討已久，宦遊四寓，不什筐笥。按治淮陽，聽理之暇，出以示不佞，不佞竊謂舊本訛蝕，訂補維新，是用重梓，以壽其傳於世。先生之道，其炳如日星者，固藉此益光；而後之學者得睹先生之全書，亦念其始之者哉！是用言諸末簡。

萬曆丙申歲仲冬上澣，後學任丘張國璽頓首謹書。

十二、明神宗萬曆二十七年劉汝章輯《宋濂溪周元公先生集》十卷

此本是潤州大族劉汝章在萬曆三年(1575)王俸、崔惟植編《宋濂溪周元公先生集》十卷本的基礎上改編的,刊刻於潤州(治今江蘇鎮江)。其主要做法是:把萬曆三年本的序跋文字全部去掉,改以劉氏等人的序跋;原來卷一的圖像移至卷首,把卷二移作卷五,卷三分成卷一、二兩卷,《通書》後的"附錄"内容移至卷四"諸儒議論"後面,卷十"祭文"大刪。此本僅見中國國家圖書館有藏。

【序跋】

卷首三序,卷末一跋:

周濂溪先生集序　　劉汝章

吾潤故有濂溪先生祠廢,邑侯龐公新祠鴻鶴山下,予嘗一瞻先生像,想見先生爲人,爲之低回久之,不忍去,獨恨先生集不傳,傳或不廣,而使瞻先生像者,無以見先生於誦讀之中。今年予始從紀大夫家獲睹抄本,予爲之反覆莊誦不忍釋,思夫先生之像既新,則是集也當新之,以慰夫瞻先生者。

予唯夫道之混于玄冥也,宓犧畫形焉,尼聖《系》著焉,子思子《中庸》明焉,形晨光之熹乎? 著犧馭之升也,至于明則經天矣。然無奈其薄蝕,何也? 霾之以游辯,彗之以烈炬,雲之以黄老顓門,熒之以玄,霧之以詩賦,歧異雜出,滅光没景,則幾乎長夜哉!

後宓犧氏數千餘年而濂溪先生生,後易畫數千餘年而濂溪先生太極圖出。余諦觀是圖,生陰生陽,即兩儀之説乎,而動静則其所未發者也;形生神發,中正仁義,其天命率性之説乎,而陰陽變合,則其所未發者也。有孔子之《系》,而開其藏;有子思子之《中庸》,而該其義。宓犧以來,形而著,著而明者,發重揭焉,千萬世而下,行乎日月之中,而筬有霾之彗之雲之熒之霧之者,先生之功,豈可誣哉! 故以先生之功,爲之頌,爲之祠,而況乎先生之精神,具仕[①]斯集,則

---

① 此"仕"字疑爲"在"之誤刻。

安可不刻,以布之四方學者,使四方學者見先生,則不獨以其貌襮而已也。是爲刻濂溪先生集。

谷陽後學思成劉汝章撰。

宋濂溪周元公先生文集序① 　　佚名

周子濂溪後孟子千百年。孟子在孔子五世之内,所謂見知者,非與漢魏晉唐而下,何其晦也。説者謂道有所慭,是不免秦炬云。迄宋,始有濂洛諸君子,相與闡翊,而則祖濂溪先生。先生説《太極圖》,發理深大。想見先生之爲人,衰衣博帶,澤膚而壘骨。先生少遷京師,僑居余郡,善鶴林禪地,遂止,鑿蓮池焉。世以先生之功春秋祀,余視履肅然,神氣若提。再千百年後,山寺改色,鐘鼓茂建,諸生以時習禮其下。《詩》有之"匪且有且,匪今斯今",余亦以云兹。且次先生之生平,而帙于名山大川之不足,或曰:"而來而類,先生乎哉,不所其真,而類是即。"即今之于先生,誰不共掃除之役,而綴是則不然。余揣夫世之後生小子,説于離異無端崖之辨,而迂先正于石田。非見無尊,非惕無法。余長輯而流引,彙耳目之道,攫之深,醳之愉,彬彬穆穆,誰之勸與?且是又安所不忠于先生者?孔而下,逆知有孟;孟而下,逆知有周有程有朱有張,而不必在五百餘歲。正路茅棘,飲食芒昧,先生唱百代之絶學,功不下七篇仁義,身世坎廩,轍亦如之。此帙遂行,正以明先生于孔周之後之統,而爲憲章嚆矢云爾。

刊濂溪周子集序 　　劉覲文

予讀周子所著《太極圖》《通書》,想見其爲人;又觀元脱脱所撰公傳,悲其弗大用於世。然所言行事,庶幾君子素位而行之義,考諸其文無少繆者,是其爲周子哉!

不然,安在,其稱太極迂闊於世務者也。夫《六經》未著醇行,先生猶多疵説。先生起而諸儒淵源接踵,天下始競講於道學,章句之儒亦得掇拾微言以自廣,而本之則無。余惟在諸儒之前,惟不明之患;在諸儒之後,惟不行之患。惟其言之,則諸儒無以勝岐學;惟其舉之,則雖競于學,無以質先生。孔子嘗爲委吏,曰:"會計當而已。"夫計于删述何如?而孔子何汲汲焉?删述者以爲吏守計,舍計而曠

---

① 此文混在下文中,當是重裝時誤置。

吏,是躬自犯之也。孟子曰:"尚論古之人,誦其詩,讀其書,是以論其世也。"詩與書非其人矣,何以有其人于我哉？夫語人以忠孝之理,莫不頤解旨哉。其論之也至,即忠臣孝子之事,抵掌列之,則愀然毛豎而色變,語未卒而施諸手足矣。故諭人者用其智不若其志也,聽者以心不若其以氣也。聰明智解之所及,而躬不至焉。其微詞渺論,足以招譽于天下而至自喜也。

　　周子後世道學之首,而世獨尊言其《太極》《通書》之旨,本之則無,惡在其稱先生也。余往見紀氏有先生集抄本,二書之後,先生之出處,片詞短錄,與所以論先生者,無不具在,使人讀其書,且若見其人。其爲簿差、轉運、提刑,所處道行,未嘗以卑不濟事爲解,豈爲智及之而躬不至焉與！今世之道學,居則舍業,出者鰥官,微詞渺論以取世者,而徒有其書也。是以梓之爲誦法二書者要覽焉。

　　萬曆己亥仲春之吉,谷陽劉覲文叔熙父。

濂溪集跋　　劉汝爲

　　余唯夫名之始創,意之始至精,脈之所始構,必錯比芬間。蓋廣大悉備,亦天地別有奇宇,因而爲祖爲帝爲氏,爲氣魄榮衛,則罪有大焉者矣。夫夫子賢於堯舜,豈非以推其道教萬世無窮也哉！則余髫年而即服習濂溪先生,過余郡先生故址,又嚮不忍醳。先生闡揭千古,爲宋唱始。天下賢人衆矣,至無不飲啄微言,襟佩要道。天地有與立者,先生也。夫余兄思成爲先生集跋于余。夫道先生者,亦既數百年詳矣;道集先生者,風氣益薄,羽毛益稀,張文竊辨,尊駭異于正骨,遁流僻爲譚苑,假理於當今之羔雁,而腐臭者非宗正之著述。余兄因有感也,郡既祠先生,求天下無二於先生者,而即無二於吾傳,豈其不買信貨哉！

　　劉汝爲思宣父撰。

【目錄】[①]
卷首
　　周濂溪先生集序　　　劉汝章
　　宋濂溪周元公先生文集序　　佚名

---

① 本書最前面是三序,接著是目錄、圖像,之後轉入正文,最後是跋語。這裏把原書的三序、目錄頁和圖像頁全部作爲卷首內容著錄,之後"卷一"開始的內容則依據原來的目錄。

刊濂溪周子集序　　劉覲文

故里圖①

元公祠宇圖②

濂溪書院圖

濂溪在州祠宇書院圖

月巖圖

周元公遺像

像贊　　朱熹

像記　　宋濂

卷一　元公遺書

太極圖説③

卷二　元公遺書

通書④

卷三　元公雜著⑤

……

卷四　諸儒議論⑥

……

　　諸儒序跋⑦

太極圖通書總序乾道己丑⑧　　朱熹

太極圖解序　　張栻

太極圖解後序　　張栻

---

　① 右上標有"宋濂溪周元公先生集卷之一"數字，尚留萬曆三年本痕迹。按：此本各圖存在三個問題：一是順序有誤，疑爲原來册頁散脱，重裝時順序打亂；二是有副本，如故里圖、元公祠宇圖、月巖圖都有重複，只是前後有文字多寡、圖形全否的差異；三是除了故里圖、元公祠宇圖有圖名外，其他均無。這裏參照它的底本即萬曆三年本、繼承本即天啓三年本和同源的萬曆四十二年本（底本也是萬曆三年本）的各圖順序和名字，重新調整恢復，重複的圖像則不再著録。

　② 右上"元公祠宇圖"旁有"萬曆二年仲春鼎建"數字，左下則是萬曆初期州學生員二王的識語。此與萬曆三年本全同。

　③ 正文"太極圖説"下有"朱子註"三字。

　④ 正文中也有朱熹的注解。以上兩卷内容與萬曆三年本卷三的相應内容全同。

　⑤ 此卷内容全同萬曆三年本相應内容，故略而不録。

　⑥ 這部分内容全同萬曆三年本相應内容，故略而不録。

　⑦ 此四字據正文。

　⑧ 這裏的標注時間均據正文，下同。

通書後跋　　張栻①
卷五
　　元公世系圖
　　元公年譜②
卷六　事狀③
　　……
卷七　歷代褒崇
　　……
卷八　祠堂墓田諸記④
　　……
　　重修濂溪先生墓記正德壬申　　廖紀
　　潤州重建元公祠祭田碑　　王應麟⑤
卷九　古人詩⑥
　　……
卷十　祭文
　　墓祭文　　孔文仲
　　南康祠祭　　朱熹
　　潭州遣祭　　朱熹
　　濂溪祠祭　　王啓
卷末
　　濂溪集跋　　劉汝爲

---

① 正文中無此篇内容。
② 以上二條正文標題均無"元公"二字，内容與萬曆三年本全同。
③ 此卷及下卷内容全同萬曆三年本相應内容，故略而不録。
④ 此卷内容除了卷末新增一文外，其餘全同萬曆三年本卷八的相應内容。
⑤ 此條正文爲"重建宋濂溪周先生祠並祭田碑"，篇題下無作者名。在字體上，此文的字體較前後文要稍大一號。在版式上，前文止於卷八的四十四葉背面，後空四行，此文另起一葉，即從第四十五葉正面開始。當屬補刻。
⑥ 此卷内容全同萬曆三年本相應内容，故略而不録。

十三、明神宗萬曆三十四年徐必達校正 《周子全書》七卷

此本爲《合刻周張兩先生全書》之一（另一書爲記述張載的《張子全書》），明萬曆三十四年（1606）南京吏部考功郎中徐必達（1562—1645）刻於南京，卷一、二、三題署"明後學徐必達校正"，卷四、五、六、七題署"明後學嘉興徐必達校正"。中國國家圖書館、南京圖書館（佚名錄明呂柟批）等多地有藏。[1] 其中國圖藏本原係鄭振鐸先生（1898—1958，生於浙江溫州，原籍福建長樂，字西諦）藏書，卷一右側中間處鈐有正方形的"長樂鄭振鐸西諦藏書"印，卷末左側下方鈐有長方形的"長樂鄭氏藏書之印"，《四庫全書存目叢書》子部第二册即影印此藏。

另據1956年的《內閣文庫漢籍分類目錄》子部著錄，日本內閣文庫亦藏有明萬曆三十四年刻本《周子全書》一部，並有兩部日本延寶三年（1675）京都武村新兵衛重刊本。[2] 此重刻本爲昌平阪學問所舊藏，三册，現有高清電子掃描本；它是明萬曆三十四年刻本的影刻，兩者字體、格式均高度相近。影刻本亦藏日本東京大學東洋文化研究所、京都大學人文科學研究所、國立國會圖書館等地，又影印收入《和刻影印近世漢籍叢刊思想編》（臺灣廣文書局，1972年）、《日本近世漢籍叢刊·思想初編》（日本中文出版社，1985年）中。

下面據中國國家圖書館藏本著錄。

【序跋】

刻周張二子書序　　劉曰寧

宋儒中興吾道，于開創則推元公，而朱子稱之曰"不由師傳"。予謂元公之傳遠矣。不知《易》，固不能知元公也。《易》之初，有象而無辭，蓋五常九法之名未立，而《易》行焉。孔子曰："五十以學《易》。"大哉《易》乎！其象設，其意傳，其機微，其言絕，拂有以取，無非斟酌元化者，其孰能與于斯夫！而世之呶言理言數者，方落落乎遊于域之內也。以是爲見，則管、蠡而已矣。周子起道州，著《太極圖》及《易通》二書，而四聖人之奧，曠然揭二曜于中天，令世之戴天者，徒日仰其

---

[1] 《中國古籍總目·子部》，中華書局，上海古籍出版社，2010年，第29頁。
[2] 《内閣文庫漢籍分類目錄》，日本內閣文庫編印，1956年，第166頁。

大明而不見其有轍迹也。《圖》之説曰"無極而太極",動靜互根,兩儀立焉,萬物生焉。而《通》之言曰:"誠無爲,幾善惡。"於是天下後世之學者,始曉然知乾元統天之秘,不在宇宙,而近在當人。

今總其大要,若道州者,所謂入一悟之門者也。無以攝有,吾安得謂之無?有以顯無,吾安得謂之有?情識之竇忘,吾安得以知取?文辭之路絶,吾安得以言述?斯亦千古一大快哉!

當是時,見知之士,即毋如洛陽,而關西張子,實與相上下。其最著者,則《正蒙》《東西銘》二編。《蒙》之言曰:"太虛無形,氣之本體""至靜無感,性之淵源",而歸本于盡性之聖人,蓋朱子嘗亟稱焉,以爲有當太極無極之指。此無足疑。顧天地萬物之在太虛,亦若野馬、絪縕,其離于日中,直法象爾。乃至他日,則又曰:"由太虛,有天之名,合虛與氣,有性之名。"何哉?若夫海水,冰漚之喻,非通於晝夜之故,而知者不及此矣。

夫二子者,皆特起百世之下,獨以其精神命脈遡洙泗,上及羲軒。假令群游、賜侍坐,聖人聞無言之指,當不疑何述。而世且疑其傳,又或謂其有所遜焉,而疑其後。是無異執權衡者不知有捶鉤,而泥尋尺者不知有運斤也。吾聞古之擇善者,詢于芻蕘柱下之禮;郯子之官,莫不有文武之道。而學者顧欲自閉其四通六闢之塗,以是爲道,吾不知矣。吾願後之志道術者,將不信於其説,毋務以不信爲中距,姑存其説,而深惟之;將有信于其説,毋務以信爲先入,姑存其説,而深惟之。《易》固有言"同歸殊塗",而周子亦曰:"不思則不能通微。"神司其符,思啓其鍵,豈無有恍然見天地之大全者。荀卿謂孟子"略法先王而不知其統",其疑孟非也,而以被于曲士固當。吾友考功徐德夫有味于周子之言,併取張書合刻以傳,可謂知統者矣。

明南京國子監祭酒掌翰林院後學劉曰寧頓首撰。

合刻周張兩先生全書序　　徐必達

自子輿氏後,學絶道喪者千五百餘年,周張兩先生崛起有宋之世。蓋濂溪於洙泗稱承家肖子,於洛閩稱創基王父云,而橫渠則固其介弟行也。濂溪提綱啓鑰,首云"無極而太極",而橫渠云:"氣本之虛則湛本無形,感而生則聚而有象。"非所稱造車于室,不謀合轍者耶!夫吾身一天地也,繼之者善遍體萬物,而非有遺也,將來則進,成功則退,何有於我?此無極而太極之旨也。皇王得之,故不矜不伐,有天下而不與;五伯失之,故三歸反,坫桮棬焉足已自封,成周猶在得失之間乎！《召誥》《洛誥》諸篇，大則幾矣，化于何有？孔孟得之，故天地位，萬物育，而無聲無臭，自若也；親親長長，以平天下，而不加不損，自若也。佛老失之，故不謂有生於無，即以萬象爲太虛中所見之物，而世儒或竊其髓以附吾道之影，遂有遺棄事物，屏黜思慮，專務靜虛，以完養精神者矣。有味乎紫陽之言，此理自來，實無形象，故曰無極。若論工夫，則只中正仁義便是。理會此事處，非別有一段根原工夫在講學應事外也。而何世儒見之邊也！蓋嘗就二者而衡其弊，滯於有者，認生爲得，認死爲喪，認杯酒局棋皆天地間不可磨滅之事，是以胸中不勝膠膠獝獝。而酌之易盈，取之易竭，然其弊止於一身，于君臣父子之際，猶無傷也。淪于無者，注其心於茫昧不可知之地，而僥倖頓悟，謂畫夜陰陽皆不足以累其心，謂魂魄知覺即是己性，無其惡，併無其善，遂以過爲不礙事障，可弗改也；以善爲動用即乖，可弗遷也；以窮理集義爲支離，而主敬讀書皆可廢也。其歸卒以山河大地爲幻妄，以君臣父子爲假合，其弊不胥中國而夷之不止。呼！出奴入主，誕信相譏，其賊道可勝歎哉！君子欲激其波而回其瀾，胡不自吾夫子折衷之也！以夫子從心不踰，必自立始，而曰"不知禮，無以立也"。肰①則入門次第，斷可識矣。是以橫渠《學大原篇》專教學者，且須觀禮。又曰："禮即天地之德也。"如顏子者，方勉勉于非禮勿言勿動。勉勉者，勉勉以成性也。旨哉言乎！夫成性則聖，聖位天德，不可致知謂神，神則無極而太極之能事畢矣。故不窺橫渠之門，而欲遽闖濂溪之室，吾未見其得也。嘗考二程親受《太極圖》于周子，然未嘗言之；其論張子清虛一大之説，亦曰"使人向別處走"，而獨于禮教深有契也，曰："子厚以禮教學者最善，使學者先有所據守。"

嗚呼！二程先生憂世覺民之意，豈不甚甚切切乎哉！蓋必逹少讀《太極》《正蒙》，而不覺目眩心駭，徒望洋也。已求之《通書》《西銘》間，猶迷津也。又已得張子禮教之指，而于濟渡杠梁，少有悟焉。循而守之，差可鮮過。遂推原程子之意而合刻之。濂溪書《太極》《通書》外，僅詩文尺牘數首，其餘紫陽時已不傳。橫渠書甚多，今止得二銘、《正蒙》《理窟》《易説》，而語錄、文集則止得呂公枏所抄者，其散見《性理》《近思錄》、二程書者，稍采補之。遺言則曰拾遺，遺事則曰附錄。掛一漏萬，不無望于後之君子。

萬曆丙午四月望，檇李②後學徐必達書於銓曹書院。

---

① 此字古同"然"。
② 檇李本爲浙江嘉興、桐鄉一帶的著名水果，後爲地名，指浙江嘉興。

【目錄】

卷首

　　刻周張二子書序　　劉曰寧

　　合刻周張兩先生全書序　　徐必達

卷之一　太極圖解朱晦翁註

　　附錄

　　總論朱晦翁　張南軒　度正　謝方叔　黄瑞節

　　論太極圖與諸書同異　　朱晦翁

　　無極而太極辨　　黄榦

　　五行説　　黄榦

　　太極圖解序　　張栻

　　太極圖解後序　　張栻

　　書太極圖解後　　游九言

　　太極圖通書總序　　朱晦翁

卷之二　通書一朱晦翁註

　　誠上第一

　　……

　　聖學第二十

卷之三　通書二朱晦翁註

　　公明第二十一

　　……

　　蒙艮第四十

　　附錄

　　通書序略　　胡宏

　　通書後跋　　張栻

卷之四　雜著①

　　……

---

① 本卷内容與萬曆二十一年胥從化、謝朏編《濂溪志》卷二的相應内容全同,故略而不録。

卷之五　年譜度正撰有序　度蕃跋附

卷之六

　　像贊　　朱晦翁

　　濂溪先生墓誌銘　　潘興嗣

　　濂溪先生行實　　朱晦翁

　　濂溪先生傳　　元脫脫

卷之七　諸儒議論

　　黃山谷

　　程明道

　　程伊川

　　邵伯溫

　　呂本中

　　李延平

　　邢和叔

　　朱晦翁

　　黃勉齋

　　陳北溪

　　真西山

　　魏鶴山

　　胡萍鄉

　　葉水心①

十四、明神宗萬曆三十七年林學閔修《濂溪志》四卷

　　此本是萬曆三十七年(1609)道州守臣林學閔在萬曆二十一年(1593)胥從化編《濂溪志》十卷本(下簡稱胥本)的基礎上重新編刻的。大體上是刪去胥本的目錄、敘例和卷十的內容之後,將胥本其他內容重新整合,並做若干增刪,形成爲四

---

①　此條原目錄漏刻,兹據正文補。

卷本，分裝四冊。現僅見日本內閣文庫有藏。

此本每卷卷頭均題署"晉江林學曾鼎修"，但實際上其編刻主要是直接利用骨本的刻版而來，或將原來的卷頭挖改，甚至直接抹去，或將原來的卷葉調換，以至多處出現前後不連貫的情況，版心所顯示的卷目往往與卷頭不符。儘管如此，此本仍有其特殊價值。如爲後來眾多版本認同、包括中華書局點校本《周敦頤集》中的周敦頤像，最早就來自此本，其周子像的左邊特別刻有"萬曆己酉後學晉江林學曾描刻"數字；還有此本在骨本的基礎上已增補近50篇詩文，數量不菲。

【序跋】①

濂溪先生志後序　　林學曾

林學曾曰：先生之言，載在《性理》，學士誦法與經傳並。志何爲者？乃志之所載，並其生平、著作、年譜與諸儒之議論，章逢之題詠紀述，不啻詳焉，是亦識大識小之遺也。序斯志者，則有北地李先生、吾晉江郭先生，纚纚其詞，均足以鼓吹先生而發明其宗旨。余小子何能贊一詞焉？己酉之秋，鼎修斯志，刻成之日，持以謁鄉先生黃應元氏，相與訂正，以圖不朽。黃君卒業，謂學曾曰："惟此末簡，不可無序，子大夫其任之。"

學曾遜謝者再，然猶記燥髮時，從兄仲侍先君子，語及周先生遺事，無如善辭王介甫一節。當介甫之提點江東也，業號通儒矣。一聞先生言，至日夜以思，忘其寢食，竟之懷刺者三，先生三辭焉，介甫怫然，謂我獨不能自求之六經乎？遂不復求見云。藉令先生識之不蚤，一爲時名所動，稍稍接引，如意見各不相入，何異時新法之行，徐之則波成，激之則火烈，先生難乎免矣。吾晉江有蔡虛齋先生者，善學先生者也，當其督學江西，值寧藩藏逆，每虛席以延儒者，蔡亦三刺三辭焉，無何飄然乞歸，蕭牆起而不染於難。迹其仕止，一何與周先生券和哉？余兄仲序□【蔡】②先生《密箴》，而首及此。余序□【周】先生志，竊以家庭所聞更相發明之，抑以見吾閩學所自也。《易》曰："君子見幾而作。"先生有焉。《通書》曰："識不蚤，力不易。"則先生自道焉。《密箴》曰："周子之幾，超凡之梯。"則蔡先生前事之師焉。此非余小子之言也，先君子之言也。僭以舊聞，序之簡末。

晉江林學曾志孝甫謹撰。

---

① 本志卷首有李槙、郭惟賢二序，前已著錄，此處從略；卷末有林學曾後序，謹錄於此。
② 此字原本模糊，據上下文意補，並以方括號表示。下同。

【目録】
卷首

  刻濂溪先生志序　　李楨

  濂溪先生志序　　郭惟賢

  濂溪先生書院圖①

  宋大儒第圖

  諫議公祠圖

  光霽亭圖②

  故里圖

  月巖圖

  周濂溪先生真像③

  像贊　　朱熹

  古今紀述題詠姓氏

卷之一

  按：此卷是據胥本卷二、卷三的內容合併而成，原來卷二的標目"元公遺書"數字已被挖去。

  太極圖説

  通書

  元公雜著④

  ……

  元公年表

卷之二

  按：此卷據胥本卷四、五、六的內容合併而成，原來卷四的標目"元公事狀"數字已被挖去，《宋史·道學傳》一文也被刪除；"歷代襃崇"的"宸綸"部分新增一文，"公移"部分內容全刪。

  濂溪先生墓誌銘　　潘興嗣

---

① 左上題署"萬曆己酉林學閎修"。
② 左上題署"萬曆庚戌鼎建"。"萬曆庚戌"即萬曆三十八年(1610)，是林學閎編修此本的第二年，則此本或完刻於是年或稍後。
③ 左邊題署"萬曆己酉後學晉江林學閎描刻"。
④ 這部分與胥本相應內容全同，故略而不録。

濂溪先生行實　　朱熹
諸儒議論①
……
歷代褒崇
宸綸②
……
欽賜周諫議從祀啓聖祠

卷之三

古今紀述

按：此卷主要是選取胥本卷七和卷七之下兩卷的部分內容，並補充林學閔、張喬松、路雲龍、徐之孟四文而成。本卷錯置明顯，而後來所謂的"李楨輯"《濂溪志》（詳後）則大致保留了原貌，兹據後者將其目錄恢復如下。

濂溪先生祠堂記　　胡銓
道州建先生祠記淳熙五年　　張栻
永州府學先生祠記淳熙　　張栻
南康軍新立先生祠記淳熙五年　　張栻
道州寧遠縣先生祠記嘉定九年　　魏了翁
袁州州學三先生祠記　　朱熹
韶州學濂溪先生祠記淳熙十年　　朱熹
濂溪先生祠堂記淳熙丙申　　朱熹
婺源縣學三先生祠記　　朱熹
廣東憲司先生祠記　　蔡抗
重新三先生祠記景泰四年　　金潤
重作書院記成化三年　　葉盛
府治後廳東詠風弄月臺記成化十七年　　張弼
復興書院記弘治十五年　　謝鐸
重修詠風弄月臺記正德十六年　　黃芳
永明縣仰濂祠記　　趙賢

---

① 這部分與胥本相應內容全同，故略而不錄。
② 這部分除最後新增一條（已著錄）外，其餘與胥本相應內容全同，故有省略。

重建濂溪周先生祠記萬曆壬辰　　李楨
重修濂溪書院碑記萬曆壬辰　　吳中傳
月巖亭記萬曆己丑　　李發
游月巖記萬曆丁亥　　顧憲成
光霽亭記　　林學閔
濂溪祠堂銘　　臧辛伯
月巖辯　　張喬松
仰拙堂說　　路雲龍
仰拙堂跋　　徐之孟
濂溪集序嘉靖甲辰　　漳浦王會

卷之四

古今題詠

按：此卷主要是綜合胥本卷八、卷九兩部分內容而成，詩文有較多的增刪。

頌

重修濂溪書院三君頌萬曆四年　　胡直

賦

詠風弄月臺賦成化十年　　蕭子鵬

辭

濂溪辭　　黃庭堅
遊濂溪辭　　鄒尃①

詩

按：這部分已無胥本前面的 12 首詩，而且錯置明顯，茲結合萬曆末"李楨輯"《濂溪志》(詳後)復原如下。

濂溪謁周虞部　　李大臨
茂叔先生濂溪詩呈次元仁弟　　蘇軾
山北紀行二首　　朱熹
愛蓮　　朱熹
留題濂溪書堂　　度正

---

① 文字已模糊，且無標題、署名，茲據胥本補。

留題濂溪書堂　　度正
濂溪識行　　魏嗣孫
濂溪雜詠二首　　潘之定
題濂溪　　林煥
題濂溪先生書堂二首　　柴中行
謁元公祠　　熊昱
愛蓮亭　　熊昱
愛蓮亭　　黃仲芳
愛蓮亭　　盛祥
送周翰博榮歸　　高穀
贈周翰博榮歸　　黃俊
贈周翰博榮歸　　方傑
憶茂叔愛蓮　　方傑
謁元公　　曾鼎
謁元公　　薛綱①
月巖　　韓陽
讀濂溪考亭二先生年譜二首　　陳獻章
謁元公　　沈鍾
謁元公　　沈慶
詠濂溪圖學二首　　王守仁
過萍鄉謁濂溪祠　　王守仁
題濂溪　　戚昂
濂溪祠　　孟春
謁周夫子　　孟春
憶元公　　周縉
憶元公　　周冕
題月巖　　周冕
月巖　　蔣忠

---

① 以上四篇據胥本補。林本缺十三頁，在十二和十四頁之間是後面十七頁的內容，明顯錯置。

謁元公　　姚昺

愛蓮亭　　姚昺

濂溪　　姚昺

月巖①　　姚昺

謁周元公　　趙宏②

月巖　　黃廷聘

又　　黃應元

愛蓮亭　　陳晶

謁元公　　李敷

謁元公祠　　吳庭舉

和　　方瓊③

遊濂溪故里　　王會

又太極洞二首　　王會

題光霽亭　　李東芳

愛蓮亭　　錢源

濂溪　　錢源

元公祠　　錢源

和提學沈公韻　　錢源

和學憲沈公韻　　蔣灝

愛蓮亭　　方良弼

謁元公　　邵寶

謁元公二首　　陳鳳梧

題月巖　　陳鳳梧

又　　陳鳳梧

又　　陳鳳梧

游月巖　　劉魁

游月巖　　徐愛

---

① 此文後刪去胥本徐瑚二詩。
② 此文後刪去胥本莫英、何文俊二詩，補以下面黃廷聘、黃應元二詩。
③ 此詩後刪去胥本五詩，補以下面王會、李東芳數詩。

遊月巖　　曹宏

遊月巖次陳宗師韻　　周繡麟

遊月巖次韻　　周繡麟

詠濂溪　　蔣天相

謁元公　　丁致祥

謁濂溪書院　　顧璘

題月巖　　顧璘

謁濂溪祠　　王縝

謁濂溪祠　　王汝賓

謁濂溪墓　　陸深

題濂溪交翠亭　　柳邦傑

謁周元公　　陳塏①

謁濂溪祠　　顏鯨

遊故里　　顏鯨

遊月巖　　顏鯨

愛蓮亭　　廬陵

謁濂溪先生故里祠　　張勉學

題月巖　　張勉學

題濂溪　　吳繼喬

題月巖　　吳繼喬

遊月巖　　戴科

又題月巖　　戴科

太極巖　　章淮

遊月巖同黃侍御　　趙賢

故里二首　　趙賢

遊月巖　　盧仲佃

故里二首　　盧仲佃

懷元公四首　　盧仲佃

---

① 此詩後刪胥本九首詩，並抹去當頁兩行文字，接著另頁有王一之、許宗曾二詩，此頁及其二詩實際是更後面的內容，誤置於此，今不錄。

謁故里祠四首　　管大勳

詠聖脈泉二首　　管大勳

月巖　　管大勳

遊月巖　　閃應霱

出月巖途中口占　　朱應辰

出元公故里值風月　　朱應辰

宿光霽樓見新月　　朱應辰

舂陵篇贈元公宗裔翰博默齋君歸道州　　曾朝節

遊月巖　　李發

再遊月巖　　李發

味道亭　　李發

謁濂溪先生書院祠　　李發①

重到月巖　　黄文科

月巖　　邢應文

濯纓亭　　麴海

月巖②　　謝覢

謁元公祠　　廖朝高

遊月巖　　吳能進

觀濂　　吳能進

天開太極　　張喬松

光霽亭　　周官

愛蓮　　王謙

又　　王謙

味道亭　　王謙

遊月巖　　王謙

又　　王謙

次張憲副韻　　王謙

---

① 此文後缺"三十四""三十五"兩頁，内容是胥本相應的九首詩。不知此本是有意刪去還是散佚之故。

② 此篇以下内容是在胥本基礎上新增的。

讀月巖辨　　韓子祁

題太極巖　　韓子祁

謁周元公　　錢達道

癸卯春日偕翟守戎暨程王二僚友同遊月巖即景　　錢達道

初夏同劉寶慶再遊月巖仍用前韻　　錢達道

謁周元公祠次錢五卿韻　　呂繼梗

故里　　董汝弟

遊月巖五言　　王一之

又七言　　王一之

遊月巖五言古風一首　　許宗曾

又七言　　許宗曾①

游月巖　　陳文進

和王郡尊七言一首　　林學閎

詠光霽亭　　蘇茂相

讀濂溪志用陽明先生韻一首　　林學魯

次兄仲韻一首　　林學閎

謁濂溪祠　　許宗曾

謁濂溪故里　　陳文進

謁濂溪祠　　李烱

題光霽亭次貳守公韻　　林學閎

詠光霽亭　　蔡體仁

詠光霽亭　　曾可立

詠光霽亭　　楊如春

謁濂溪　　車登雲

謁濂溪　　周誌

謁濂溪祠詠愛蓮一律　　楊大行

元公祠次錢使君韻　　張羔

古今祭謁

---

① 以上王、許二人詩，原置本卷二十五頁處，茲據萬曆末所謂"李楨輯"《濂溪志》本（詳後）恢復至此。

濂溪祠春秋二仲次丁祝文
九江墓祭
墓祭文　　孔文仲
奉安濂溪先生祠文南康　朱熹
潭州遣祭　　朱熹
濂溪祠祭　　王啓
九江書院開講祝文　　趙崇憲
白鹿洞祭文　　邵寶
九江致祭　　周冕
白鹿洞祭文　　李夢陽
謁九江墓　　雷復
謁元公祭文　　歐陽旦
謁元公祭文　　王爵
謁元公祭文　　方進
謁元公祭文　　符鍾
謁元公祭文　　魯承恩
謁元公祭文　　金椿
謁元公祭文　　周子恭
謁元公祭文　　唐珤
謁元公祭文　　王宗尹
謁元公祭文　　陳鳳梧
謁元公祭文　　張勉學①
謁元公祭文　　尹襄
謁元公祭文　　顔鯨
謁元公祭文　　蔡光
謁元公祭文　　趙賢
謁元公祭文　　管大勳
謁元公祭文　　丁懋儒

---

①　此文是在胥本基礎上新增的。

祭濂溪周元公先生文　　李楨
祭濂溪周元公先生文　　郭惟賢
祭濂溪周元公先生文　　孫成泰
祭濂溪先生　　李發
謁元公祭文　　何遷
祭周諫議文　　張守剛
議春秋丁特祀諫議公祠　　林學閔①

卷末

濂溪先生志後序　　林學閔

十五、明神宗萬曆四十年顧造校刻《周子全書》七卷

此本是明朝萬曆四十年(1612)巡按江西監察御史顧造(字衷濬,號桐柏)校刻於南康府(治今江西星子縣)的,以萬曆三十四年徐必達刻本爲底本,結構順序略有變化,並有少量新增内容。中國國家圖書館有藏,一册,《中國古籍總目·子部》失載。此本卷首顧造序的序端右側從上到下有"十年磨一劍""北京圖書館藏"和"念慈小印"三印,似説明此書曾經費念慈(1855—1905)收藏;目録端首有"獨山莫氏藏書"印,卷一端首有"班侯過目"印,則此本曾經清末莫友芝(1811—1877)收藏、徐定超(1845—1917,字班侯)寓目。

【序跋】

周子全書序　　顧造

　　吾夫子之道,何昉乎?《易》曰:"知崇禮卑,崇效天,卑法地。"斯道之全克舉之矣。自顔子没,而微言絶,若師之過,則見地超;商之不及,則躬行篤。及門之徒,即已分道馳焉。嗣後西河之教,擬於夫子,而文學一途,獨傳於世。於是流爲漢唐之訓詁詞章,則其濫觴者矣。高明之士弗屑也,跳而之禪,若曹溪百丈諸宗,能一超見性,而又蔑棄人倫,有乖世教,是惟吾儒舍家珍不有,彼乃得擁之以自封

---

① 以上二文是在胥本基礎上新增的。

矣。其始之分，猶畸於儒中，後之分，直甪於儒外，而道術遂爲天下裂。

濂溪先生去夫子千有餘年，崛起宋代，倡明絶學，其言太極則不淪於虛無，言無極則不滯於名相，以一語括道之全焉。世謂先生師潤州釋壽涯，又謂得傳陳希夷。晦庵則謂其"不由師傳，默契道體"。嗚呼！夫子焉不學，而亦何常師之有，此先生之所以爲先生也。明道伊川受衣先生，再傳爲晦庵，而復有象山之鼎立。晦庵以篤行勝，而或病其纂術之類漢；象山以超悟勝，而或病其吐弃之類禪。其分若師商冬聚西家之訟，而孰知先生固已範圍之哉！先生宦轍多在此都廬山之麓，則所築室而以濂名溪，遺蜕寄焉者。予攬轡茲土，釋奠于祠，因彙先生集，刻之南康郡署中。夫誦詩讀書，不知其人，可乎？道自先生一合，而分途又久矣。迄今澗水長流，庭草交翠，徘徊光風霽月之墟，彼何人斯，寧不愴然而興感？

萬曆壬子季夏朔日，成都顧造書。

周子全書序　　唐大章

余束髮師邑李見羅先生，聞止修宗指，獲讀所刊四大儒書焉，此學之司南，不佞稍知嚮往意，將沿濂洛而遡羲文。及仕都，晤侍御成都顧公，語及問學，往往研極，與余夙聞若有契者。公膺命按江右，壹意激揚，風猷懋著，所至必訪儒先遺躅。涖南康，彙濂溪先生集，掃摭罔漏，且分疏無極太極之旨，弁諸首，簡付郡守傅公刻之，俾學者獲覩全書，最甚盛舉哉！公蓋志伊學顏，紹先生而過化者。刻成，傅公辱問序于不佞。竊惟周子之道大矣，侍御公之編括其全矣，而序言抉其髓矣，不佞將安置喙哉？《通書》故名《易通》，中言通，復言寂感、言損益，而終之以蒙艮，分明以解《易》。而《易》有太極，孔子言之。無極之説，則周子創之。《通書》發明太極，並無一言及于無極，豈極之即爲無耶？既云極之即爲無，何以太極之上復標無極耶？淄澠之水，知味者嘗之；道器之分，了悟者領之。不則淪虛無、滯名相，其于中正仁義遠矣，焉能知先生立極之學哉！昔先生判合州，趙閱道聽人之譖，臨先生甚威；及守虔，始知周茂叔也。噫，光霽如先生，而人猶有譖之者乎；焚香告帝如閱道，而猶聽人之譖者乎！鄉令不倅虔州，熟視所爲，而譖將不釋矣乎？此其事俱堪怪歎，而于今不無感也。閲道不能識光霽于初時，侍御公廼能采流風于百世，公之識超出清獻遠哉，匪直此也。見羅先生頃建祠于豫章，侍御公興起之力最大，不佞爲斯道慶，因以見先後刻書之意，即先後衛道之心，其于以表揚儒碩，寧有涯涘耶？慕嚮殷殷，風猷益可想見，不佞竚觀其全云爾。

萬曆壬子季夏望後七日，古豐唐大章書。

【目錄】
卷首

　　周子全書序　　顧造

　　周子全書序　　唐大章

一卷　**年譜**_{度正撰并序　度蕃跋附}

二卷　**太極圖解**_{朱晦翁注}

　　附錄

　　總論_{朱晦翁　張南軒　度正　謝方叔　黃瑞節}

　　論太極圖與諸書同異　　朱晦翁

　　無極而太極辯　　黃榦

　　五行説　　黃榦

　　太極圖解序　　張栻

　　太極圖解後序　　張栻

　　書太極圖解後　　游九言

　　太極圖通書總序　　朱晦翁

三卷　**通書一**_{朱晦翁注}

　　……

四卷　**通書二**_{朱晦翁注}

　　……

五卷　**雜著**①

　　……

六卷　**事狀**_{附像贊}

　　濂溪先生像贊　　朱晦翁

　　濂溪先生墓誌銘　　潘興嗣

　　濂溪先生行實　　朱晦翁

---

① 以上三卷內容全同萬曆三十四年徐必達本相應內容，故略而不錄。

濂溪先生傳　　元脫脫
宋嘉定諡濂溪先生議①
宋追封汝南伯從祀廟庭詔
元加封爲道國公詔

七卷　諸儒議論②
……

十六、明神宗萬曆四十二年周與爵輯《宋濂溪周元公先生集》十卷、《世系遺芳集》五卷

此本由兩部分組成，《宋濂溪周元公先生集》十卷基本上是萬曆三年王俸、崔惟植本的翻刻，僅有少量增加（目錄一致，所增内容在正文中），但卷二至卷十的卷端均新署"吳郡十七世孫與爵重輯"；《世系遺芳集》五卷則是周與爵新輯，卷號與前十卷相連，從卷十一到卷十五，卷端均署"吳郡守祠奉祀孫與爵編輯"。中國國家圖書館、上海圖書館、湖南圖書館、美國哈佛大學燕京圖書館、日本宮内廳書陵部、内閣文庫（三部，其中一部只有最後五卷）和東京大學東洋文化研究所（日本三地藏本均誤標爲"明萬曆三年刊本"）等地藏。其中國圖藏本已被選入《歷代人物傳記資料彙編》影印出版、③哈佛藏本被選入《中國古代思想史珍本叢刊》影印出版。④

另臺北"國家圖書館"有不分卷的抄本《周元公集》六册，乃抄自此本，但誤爲丁懋儒編；最近方勇主編、中華書局出版的《子部珍本叢刊》⑤第41册影印此抄本，名爲《周元公選集》，亦題"明丁懋儒編"，但缺卷八、卷九兩卷内容，且無《世系遺芳集》五卷的内容。

中國國家圖書館藏本系民國藏書名家傅增湘舊藏，鈐有"明善堂珍藏書畫印記""泰和蕭敷政蒲邨氏珍藏書籍之章""江安傅沅叔藏書記""江安傅增湘字沅叔號藏園""傅增湘讀書"等印記。傅氏曾在《藏園群書經眼録》中寫道：

---

① 以下三文是在徐必達本基礎上新增的。
② 此卷内容全同萬曆三十四年徐必達本相應内容，故略而不録。
③ 收載第150册，北京：國家圖書館出版社，2016年。
④ 海豚出版社，2018年。
⑤ 線裝書局，2012年。

明萬曆四十二年周與爵刊本，十行二十字。卷一祠宇書院圖及像贊，卷二世系年譜，卷三遺書、太極圖說、通書、附錄，卷四雜著、文、詩，卷五諸儒議論，卷六事狀，卷七歷代褒崇文字，卷八祠墓諸記，卷九諸人酬和、游覽詩，卷十祭文。有嘉靖甲辰王會等六序跋。

《世系遺芳集》載敦頤父及元明以來諸孫事迹文字。前有萬曆甲辰①序，後有與爵跋。

鈐有"明善堂珍藏書畫印記""泰和蕭敷政蒲提②氏珍藏書籍之章"。（余藏）③

傅氏又在訂補《邵亭知見傳本書目》時寫道：

明萬曆四十二年周與爵刊本，十行二十字，白口，四周單闌，卷三、四爲濂溪著作，餘爲圖像、年譜世系、諸儒議論、事狀、歷代褒崇、祠墓記、諸人酬和游覽詩、祭文等，有嘉靖甲辰王會等舊序，又萬曆甲辰④序及周與爵跋。⑤

《宋濂溪周元公先生集》和《世系遺芳集》的卷號雖然連署，但内容相對獨立，故這裏也分別著錄其序跋和目錄，依上海圖書館藏本，並參考其他藏本。

《宋濂溪周元公先生集》十卷

【序跋】（略）

按：中國國家圖書館、上海圖書館、湖南圖書館藏本、日本宮内廳書陵部、内閣文庫（八册本）和東京大學東洋文化研究所藏本全同，卷首有王會、王汝賓（誤爲憲）、丁懋儒、蔣春生、黄廷聘、吕藿等六篇序跋，卷末爲崔惟植（誤爲崔植）一跋。日本内閣文庫（六册本）、美國哈佛大學燕京圖書館藏本的序跋情况略有不

---

① "甲辰"實爲"丙辰"之誤。
② "提"爲"郱"之誤。
③ （民國）傅增湘：《藏園群書經眼録》卷十三《集部二》，集部上，第四册，第1146—1147頁。
④ "甲辰"實爲"丙辰"之誤。
⑤ （清）莫友芝撰、（民國）傅增湘訂補、傅熹年整理：《藏園訂補邵亭知見傳本書目》卷十三上《集部三·别集類二·北宋》，中華書局，1993年，第三册，第52頁。

同，前爲丁懋儒、蔣春生、黃廷聘、吕藋序，末爲王汝賓（誤爲憲）、崔惟植（誤爲崔植）跋，其中哈佛本的王跋不全，缺落款頁。這些序跋文字前已錄載，兹從略。

【凡例】
彙刻元公世系遺芳集凡例　　周與爵

　　一　按元公育于宋真宗天禧元年丁巳，卒于神宗熙寧六月①癸丑，得年五十有七。没後而道風益振，景仰益尊。自宋迄我明，凡道統名碩悉有記載，疊見誌林。凡若潘興嗣、若度正、若紫陽、和叔、若荆公、定夫、羅從彦、歐陽玄輩，代有記贊。入國朝而張氏元禎、漳浦王會，與夫蓮峰王汝憲（應爲賓）、東郡丁懋儒、蔣春生、黃廷聘、吕藋，諸賢相望，簡册筆載，幾如充棟。然或遺于斷簡，或混于他籍，其奚以備參求？殊爲缺典！與爵用是惴惴，敬以補綴餘功，稍次編輯，搜尋歲月，始授鋟梓。

　　一　凡舊刻在道州而吳中無其本者，仿摩校梓，命曰《濂溪周元公集》，又曰《周子大成集》。

　　一　吳中散軼，有分載而無彙刻者，特爲鼎梓，命曰《世系遺芳集》，斯非與爵臆創。庶統之有源，悉之有委，此固編輯體例也。

　　一　自道州壽一支隨任九江，至四世孫興裔昆躋南渡來吳，嗣是而才與文英南老等，率以宦績炳然，其吟詠著作附載郡邑誌者，與爵用以表章，據其所見者，先付之梓。

　　一　若燾之一支在道州者，其事實更自有集，冀嗣起者，諒予一片苦心，踵輯彙成。兹集廣傳於世，是亦先賢之所昭格也。

　　一　梓成而第其編有五，次其卷，凡十有五，時歲攝提格之春明日也。

吳郡十七世守祠奉祀孫與爵謹識。

【目録】
卷首

　　濂溪集敍　　　王會
　　刻濂溪集跋　　王汝憲

---

①　"月"應爲"年"之誤刻。

刻濂溪周元公集敍　　丁懋儒

宋濂溪周元公集序　　蔣春生

刻宋濂溪周元公先生集序　　黄廷聘

宋濂溪周元公先生集序　　呂藿

彙刻元公世系遺芳集凡例　　周與爵

卷之一①

濂溪故里祠宇書院圖

濂溪在州祠宇書院圖

月巖圖

元公像并贊

卷之二

元公世系圖

元公年譜

卷之三　元公遺書

太極圖説②

通書③

附録

太極圖通書總序④　　朱熹

太極圖解序⑤　　張栻

太極圖解後序　　張栻

通書後跋　　張栻

無極而太極辯　　程頤⑥

五行説　　程頤

通書序略　　胡宏

書太極圖解後　　度正

---

① 此卷與下卷條目、正文内容均與萬曆三年本同,但圖像、文字則爲重繪重刻。
② 正文中附有朱子注解。
③ 正文中附有朱子注解。
④ 正文中標有時間"乾道己丑"。
⑤ 目録原漏刻一"序"字,據正文補。
⑥ 本卷此條開始的以下内容目録無,正文有,系在萬曆三年本的基礎上新增,部分依據黄敏才刊本。

書文集目録後　　度正

　　元公年表跋　　度蕃

　　再定太極通書後序　　朱熹①

　　又延平本　　朱熹

　　又南康本　　朱熹②

卷之四　元公雜著③

......

卷之五　諸儒議論共十三條

　　山谷黄氏④

......

　　晦菴朱氏⑤

　　伊川程氏

　　劉立之

　　李初平

　　明道程子

　　邵伯温

卷之六　事狀

　　濂溪先生行實淳熙六年　　朱熹

　　濂溪先生墓誌銘　　潘興嗣

　　先生墓銘　　蒲宗孟

　　先生墓室記　　何子舉⑥

　　宋史道學傳　　脱脱⑦

卷之七　歷代褒崇⑧

......

---

① 此條原無標題，又誤署爲張栻，兹據内容和他本補正。
② 此條内容實際是上列《再定太極通書後序》的組成部分，這裏被割裂了。
③ 此卷内容與萬曆三年本相應部分全同，故略而不録。
④ 此條至晦菴朱氏，與萬曆三年本相應部分全同，故加省略。
⑤ 原目録止此，正文則還有以下五條，且每條後有小字釋文，源自吕柟《周子抄釋》。
⑥ 以上二文在原目録中無，此據正文補。
⑦ 正文中分爲"宋史道學本傳"和"濂溪先生傳"兩部分，前者實爲《宋史·道學傳序》。
⑧ 此卷内容與萬曆三年本相應部分全同，故略而不録。

卷之八　祠堂墓田諸記①
　　……
　　重修濂溪先生墓記_{正德壬申}　　廖紀②
　　表崇道學大儒墓祀疏　　邵寶
　　崇先賢以勵風教文移　　王啓
　　重修祠堂增置祭田記　　傅楫
卷之九　古人詩③
　　……
卷之十　祭文④
　　……
　　謁元公祭文　　何遷
　　無極而太極辨　　程頤⑤
　　五行説　　程頤
　　通書序畧　　胡宏
　　書太極圖解後　　度正
卷末
　　刻宋濂溪周元公先生集跋　　崔植⑥

《周元公世系遺芳集》五卷

按：此五卷及其序跋文字在各地藏本中的情況較複雜，大體存在兩個系統。一是中國國家圖書館、内閣文庫（六冊本）和東京大學東洋文化研究所藏本，三者基本一致，只是後兩者的卷前只見徐可行序，没有周京序，疑是散佚所致。二是上海圖書館、湖南圖書館、哈佛大學燕京圖書館藏本，三者也基本一致，但哈佛藏

---

　① 此卷至廖紀一文的内容與萬曆三年本相應部分全同，故略而不錄。
　② 原目錄止此，以下三條據正文補，正文廖文結束時尚有大半頁空缺，以下另起頁排，應是新增，依據的是之前嘉靖十四年黄敏才刻本。
　③ 此卷内容與萬曆三年本相應部分全同，故略而不錄。
　④ 此卷至何遷一文的内容與萬曆三年本相應部分全同，故略而不錄。
　⑤ 以下四文在目錄中屬誤刻，正文中實際是新增的趙崇憲《書院開講祝文》和《祭文》2篇，其中《祭文》不全，似有脱頁。
　⑥ 此文較萬曆三年本的跋文有改動，且漏刻崔惟植名中的"惟"字。

本把徐可行、周京二序依次置於整部書(即《宋濂溪周元公先生集》)的最前面,應是重裝時誤置;湖圖本前面僅有周京序,無徐可行序,疑散脫所致;上圖本在最後一卷有錯置,具體情況詳後。

【序跋】

按:中國國家圖書館、上海圖書館藏本卷前依次是周京、徐可行序,下面依此著錄。中國國家圖書館、日本宮內廳書陵部、內閣文庫(八冊本、單冊本)、東京大學東洋文化研究所藏本卷末是周與爵與其二子周希皋、周希夔連署的跋文,內容豐富;而上海圖書館、湖南圖書館、內閣文庫(六冊本)、哈佛大學燕京圖書館藏本卷末的跋文落款名則只有周與爵,且文字大減,下面分別予以著錄。

周氏彙輯先世遺編敘　　周京

姑蘇稱世系之遠者,至德肇自泰伯,峻節亮於延陵。厥後嚴、朱並緯漢典,顧、陸競掞晉庭,四姓迭興,群才輩出,匪不彰彰明著也。第世代推遷,丹青久湮,昭穆罔據,泯滅無聞。其所否者,則惟不朽之言爾。於維宋濂溪周先生首倡道學,獨契聖傳,繼往開來,千古一脉。其稅駕於南康,追封於紹定,從祀孔廟,允為令典者,久而不磨。逮南渡後,有四世孫觀察使公移鎮平江,請祠先生於胥臺鄉,而蘇始有先生祠也。至我朝,而祀典如故,世錄其胤之賢一人,衣巾稱奉祀焉。尋罹兵火,先生祠廢,僅存家廟於城東,以藏數世木主,徒令吊古之興悲。今耳孫與爵,虔懇於郡縣,時太守朱公燮元、大令鄧公雲霄,擇地鼎建先生之祠,堂廡、齋廚畢具。又數年而胡公士容來知長洲,則加拓之。為請於臺察監司,歲出金錢,給奉祀。生希夔,豐潔俎豆,禮最隆焉,而與爵之孝思展矣,且為先生修世譜。夫既祠之,又從而譜之,祠則有祭饗,譜則有宗盟。惟尊祖,故敬宗,敬宗,故收族。俾先生之德澤,揭日月於一新者,寧不為慈孫乎哉?然猶未也,又思古者睹雲雨而測開先,睹河海而探原委,睹弓裘而思述作。若先生《太極圖》《通書》,以及諸篇,此皆家誦而戶讀者,毋慮其湮也。惟高曾而上,自宋迄今,中間遵先生之遺教者,或通顯,或隱淪,率有篇帙吟詠,以擴芳腴,使手澤漸滅,殘缺悠次,殊非作者之意,而為之後者,惡能恝然?於是與爵搜討磔裂,捃摭融結,自元公集、誌,以至《庭芳》《拙逸》等集,凡若干卷,彙而輯之,靡有遺漏,且付之梓人,以圖不朽。噫嘻美哉!不佞京曰:"不有貽謀,孰開其緒?不有繩武,孰衍其傳?"是輯也,祖功宗德，睹之若生；道業文章，合之爲一。方册具在，典刑不忘。匪直旦暮千載，抑且百代一時。視者毋曰徒具陳言已也！與爵其知道之士哉！後之人瞻禮世祠，而又服膺乎譜與集，儼然見庭草常緑，濂水常清，著存與敦睦並劭，述前與信後同光，奚啻世承其家云。余未第時，曾遊學於吳越間，稔知其詳，故敍其概如此。若祠有記，譜有序，皆敦史也。其世次本末，不復贅焉。

萬曆丙辰仲冬吉旦，賜進士第、禮部祠祭清吏司主事、琅邪周京撰。

周元公世系遺芳集彙序　　徐可行

世所稱孝思有二，曰顯親揚名，曰闡揚先德。夫顯揚，猶止一時；而闡揚，流衍無既，提衡而論，實倍蓰焉。説者謂名賢之胄，未容與可觀，不問可知，而其用意固不在彼而在此者。兹周君邦禄，君子人歟，洵足爲名賢胄也！嘗見其貌不飾而行不矜，言不擇而道不偏，諄諄以闡揚爲事，夢寐以之。噫！大雅既没，斯道不數見邪！禄爲濂溪正裔，其譜系之傳，自當與天壤敝。而其流派在吳中者，則自元公伯子壽之派始。傳四世曰興齋。興齋以禦虜死節，在宋世其表表者。傳而爲才，爲文英、南老。又傳而敏，敏傳汝、浦、淵、源、綱、奎等。其著述、其吟詠、其事迹，或記之載籍，或流之民間，皆散佚莫收，而若滅若没，何以徵信于後？考論之士，不無憾焉。則邦禄今日爲搜輯也，其有追先紹遠之思乎？抑有啓祐來哲之思乎？後凡有尋元公芳裔于述作之餘者，按以考之，此足備實録矣。所謂闡揚之功，直與天地敝者，其在斯歟？邦禄，名與爵，別號餘濂，僑居長洲之絃歌里，祀守元公祠，以世其統云。

宣化徐可行譔。

跋　　周與爵、周希皋、周希夔

不肖裔孫與爵，請建始祖道國元公祠于長洲縣絃歌里矣，復念祖宗典籍散軼，未經彙集，由是竭慮搜輯，重加録次，俾後起者知所考證，抑以見世系之綿延云。

按吾濂溪周氏始自道國元公，元公父輔成登大中祥符八年進士，爲賀州桂嶺令，所歷多善政，後以子貴累贈諫議大夫，入鄉賢，仍立專祠崇祀，其祖孫三代，春秋享祀，載之國典。輔成于宋天禧元年生元公于道州營樂鄉時，天應以五奎，今其地有五星墩、月巖洞，映帶于濂溪之濱者是也。元公生而神靈，繼往開來，紹孔孟道統之秘，啓程朱聖學之源，著《太極圖説》《通書》四十章，暨詩文詞記等書若干卷，開發蘊奧。歷官南康，愛廬山之勝，亦名其堂曰濂溪焉。元公生二子，長曰壽，次曰燾，皆補太廟齋郎。壽登元豐五年進士，官司封郎；燾登元祐三年進士，官徽猷閣待制。燾之一枝世居營道，而壽則從元公，徙居九江。壽生季仲，補祖蔭授德化縣丞。季仲生興裔，任文州刺史，扈蹕南渡，除武功大夫、和州觀察使，領侍衛馬軍都虞候，駐劄平江，請立元公祠，敕建于吳縣胥臺鄉道山之左，春秋享祀。後興裔禦金虜，血戰殉節王事，敕葬常熟虞山東麓積善鄉，表其子為縣尉，詳載《姑蘇誌》。興裔生二子，曰昺曰昱。昺以父蔭為常熟縣尉，昱為丹陽尹。昺生璵，璵為秘書檢閱文字。璵生才，才任沿江制機檢察水部兵。值宋運衰亡，胡元混擾，元公敕祠厄于兵燹，祠廢，祀亦曠。才生文英，文英於元時策潴三吳水利條陳，監稅松江。文英生南老，南老入國朝，洪武初徵至京師，議郊社禮，禮成放歸。南老生敏，敏任長洲教諭，洪武七年並攝府學事，十年與山陰胡隆成等應名儒徵，中內廷試，將充大用，以親老歸養。敏生四子，汝、浦、淵、源。汝，安溪主簿。浦，榮壽官，年九十有六，每歲與鄉飲。淵，為遂昌縣令。正統元年，蒙聖朝尊崇儒道，凡聖賢子孫皆免徭役，其秀茂者收錄待用。浦感皇上之德，而益重本源之恩，念吳中敕祠廢久，莫能修舉，構立家廟於正寢之傍，樹碑記名曰崇本堂，中祀始祖道國元公神主，及武功大夫以下，歷代考妣，序列左右，而子孫時薦焉。子綱為柳州府融縣丞，有惠政，轉授知縣，居任後先十八載，德政所被，融民祀之。綱子奎，成化中復為融縣丞，攝縣事，兼羅城、懷遠二縣，以都御史韓襄毅公奏舉，從征洞蠻，集畫地理溪洞輿圖用兵節略，而韓公悉采用之。靖蠻有功，堅辭爵賞，陞茶陵州判。奎生鉞，鉞生讚，讚生侶，侶生與相、與國、與爵，為元公十七世孫。

先是，萬曆乙未，會朝廷追錄元公厥考諫議大夫周輔成從祀啟聖宮，與爵念吳中敕祠寢蕪，祀典久曠，僅存家廟，神主繁沓，窄褻不堪，先靈未妥，呈請本府太尊朱公諱燮元，勘明詳允，奉文捐貲，重建專祠于長洲縣絃歌里，一如敕建之制，以復聖朝崇儒重道之典。府檄長洲縣中尊鄧公諱雲霄，命鐫木主，給扁曰濂溪世祠，委儒學訓導袁公諱本以綵飾鼓樂迎主入祠，前堂祀元公，後堂祀諫議，以武功為配，行釋菜禮，正位肅拜，所以申王恩而光俎豆也。嗣後歷任憲司、府縣及名碩諸公給扁碑記在祠，以表濂溪世系云。夫諫議以鐘靈積德，篤生大儒，在宋固有專祠崇祀，祖孫三代，計楹一百四十有奇，給田一百四十八畝，名曰世業田，事具歐陽玄記中，詳載《永州誌》矣。

今與爵請建元公專祠，並祀諫議，寔寓推所自出之義。因博采歷代名公記載,復鎸元公雜著詩文,標曰《濂溪大成集》,附輯四世祖興裔扈蹕忠勇殉節,七世祖才任宋沿江制機水部兵,八世祖文英開濬三吳水利條陳及遇僊傳,九世祖南老《拙逸齋稿》《義貓傳》,十世祖敏教諭長洲以敦化士子,並歷代祖宗懿迹,若通顯,若隱淪,倣天順年間鄒允明所識周氏流芳之意,而復爲補輯之。積以歲月,旁搜博采,或考國史,或參家乘,或檢散軼之遺書,或稽故老之稱説。然篇章汗漫,姑采十一,授之棗梨,存之世祠,雖上不得比數于旬宣之科,次不得厠蹤夫立言之列,徒以編輯微勞,聊致羹牆,以遺之後。然予猶不能無憾者,蓋壽與燾俱係元公正派後人,俱當采輯。今壽支已備修録,而燾之支裔在道州者,誠以地遠宗繁,不能彙刻,尚闕以俟補訂,後之覽是集者,庶諒予心云。

萬曆甲寅春月,吳郡十七代孫與爵同男希皋希夔謹跋。

（以上據中國國家圖書館藏本）

跋　　周與爵

不肖與爵,既請復元公祠,祀吳中之血食千秋矣,復念祖宗典籍,散軼無存,奕葉雲仍,子姓漸廣,因先刻《濂溪集》,復搜元公雜著詩文載焉,名曰《濂溪大成集》。附輯四世祖諱興裔扈蹕忠勇殉節事實,七世祖諱才任沿江制機水部兵勳猷,八世祖諱文英開濬三吳水利條陳及遇僊傳,九世祖諱南老《拙逸齋稿》《姑蘇雜詠》《義貓傳》,十世祖諱敏教諭長洲敦化士子。並列祖懿迹,若通顯,若隱淪,倣天順間鄒允明所識周氏流芳之意,而復爲補輯之,爲《遺芳集》若干卷。或考國史,或參家乘,或檢殘缺之遺書,或稽故老之稱説,篇章汗漫,僅存十一於千百,授諸梨棗,藏於世祠,俾後人追考先業,咸興紹述之思,此與爵之意也。唯世系相續,開卷秩然,而竊有餘憾者,則諱壽諱燾二祖,並出元公,今壽支遞傳,以及吾父,皆與爵勉爲敍次,而燾之支裔,在道州者,實以地遠宗繁,一時不能彙刻,姑缺以俟後之有志者。

萬曆甲寅春月,吳郡十七代孫與爵謹跋。

（據上海圖書館藏本）

【目録】
卷首
周氏彙輯先世遺編敍　　周京
周元公世系遺芳集彙序　　徐可行

卷之十一①

按：這部分從目錄到内容都是分成兩部分編排的，下面用空行隔開加以區分。

諫議大夫遺像

諫議大夫事略

國朝免役詔

國朝追配啓聖祀典

配享府學啓聖祠祭文　　孫成泰

配享縣學啓聖祠祭畢口占　　江盈科

鼻祖諫議大夫配享啓聖祠喜而謹賦　　周希孟

道國周元公世家

紀敕祠故址

崇本堂記　　王直

題濂溪周先生崇本堂後誌　　韓雍

濂溪世祠圖附世祠略

重建濂溪先生世祠記萬曆己亥　　申時行

宋周元公祠記　　顧其志

蘇州府重建濂溪世祠碑記　　諸壽賢

題濂溪世祠　　錢有威②

送先儒元公木主入祠祭文　　朱燮元

迎始主元公木主入祠祭文　　周與爵

長洲縣重修濂溪周先生祠記　　胡士容③

歷任憲司、府縣及名碩扁額④

卷之十二

按：這部分從目錄到内容也都是分成兩部分。

武功大夫遺像

---

① "卷"字前原有"周元公世系遺芳集"數字，今略。下同。
② 正文中，此文後有大半頁空缺，無有以下二文内容，塗抹痕迹明顯。
③ 此文在正文中是另頁起排，完後尚餘大半頁空缺（似有塗抹痕迹），之後又另頁起排下面一條内容。
④ 此條原目録無，兹據正文補。

武功大夫行實

宋敕諭興裔提舉觀誥命

宋賜銀合藥口宣二道

錄武功大夫手劄一通

哭周興裔死節福山　　郭元邁

追悼周興裔死節福山　　虞允文

附水部南軒公事實

水部南軒公自贊

紫華先生事實

幸僊留別二首並引

三吴水利條陳載姑蘇志

題紫華先生行狀卷後①　　倪瓚

題黃省翁寫紫華先生真像贊　　高晞遠

紫華先生自贊三首

慶耆吟紫華自述

紫華先生題意

祖服傳孫十二韻

登樓二十韻

過吴塘故居紫華自述

卷之十三

拙逸公事實載姑蘇志

拙逸公家訓

拙逸齋記　　陳基

拙逸齋銘　　楊翮

拙逸自贊公服像

拙逸自贊深衣像

拙逸題孟孺人真贊

------

① "狀"字據正文補。

送周正道謁選序　　蔣堂
題吳王故宮梧桐園　　拙逸
題吳王故宮香水溪
題城東采蓮涇
題陽山丹井以上四首俱載姑蘇誌
甲寅重九志感并序
九月十日得子敏書
孫源試周歌
餞周正道　　錢良右
留別道翁先生　　倪瓚
夜夢與周正道游西湖　　王立中
和息庵衰老韻拙逸自作
題正道篔簹圖　　楊維楨
風雨夜宿拙逸齋中　　倪瓚
賦九日登高　　王立中
答寶幢直指上人拙逸自作
義貓傳拙逸自作
題拙逸先生行實後　　王立中

卷之十四

遜學公行實
天根月窟軒記　　金文徽
題天根月窟軒二首　　倪瓚、張適
題天根月窟軒　　張逸
天根月窟道者傳　　金珉
送周遜學歸吳養親序　　胡隆成
送周遜學赴長洲教諭序　　貝瓊
餞周遜學詩　　倪瓚
送周遜學教諭長洲詩　　劉基
送周遜學教諭長洲詩　　錢宰
送周遜學歸養詩　　張籌

應制二首遜學自述
誄周先生詞并序　　宋玘
誄周母孟孺人并序　　宋玘

卷之十五

退菴公行實
送安溪主簿周君赴任序　　周敍
安晚公行實
安晚軒序　　顧恂
壽祝安晚翁周老師①　　陳圭
壽安晚先生　　趙忠
周母錢碩人挽詩序　　尤安禮
玉潤公行實
送周玉潤赴遂昌知縣序　　劉鉉
送周玉潤赴遂昌知縣　　杜瓊
都門餞周玉潤之任遂昌　　鄭鏐
贈遂昌周侯九載秩滿序　　蘇祥
送周玉潤還吳省親序　　趙友同
玉潤周侯像贊　　王繼宗
謹齋公行實
周綱字說　　陳繼
送周文敍入覲　　趙季敷
送周文敍入覲　　彭塤
送周文敍入覲　　顧翼
禁煙日拜道山墓下詩　　周綱
清明掃墓
十月朔日有感二首
和謹齋先生題墓　　彭程
和謹齋先生題墓　　徐達左

---

① "祝"字據正文補。

挽周母孟孺人　　瞿緒

　　再挽　　葛鏞①

　　微垣公行實②

　　元公十四世至十七世行略③

　　器之公行實

　　時臣公行實

　　子猷公行實

　　邦禄翁傳略④　　錢允治

　　餘濂翁便服小像贊　　錢允治

　　又　　嚴澂

　　又　　錢之泰

　　又　　蘇隆

　　餘濂翁容壽圖像贊　　嚴澂

　　又　　蔣之芳

　　又　　孫朝肅

　　又　　朱仲彦

　　又　　姚際隆⑤

卷末

　　跋　　周與爵、周希皋、周希夔⑥

---

　　① 此條在中國國家圖書館和東京大學東洋文化研究所藏本中有目有文，文字內容在十八頁；而上海圖書館和哈佛大學藏本則有目無文，十八頁已是下一條的內容。
　　② 中國國家圖書館和東京大學東洋文化研究所藏本的正文標題亦如此，但上海圖書館和哈佛大學藏本則在正文中改題"漢章公行實"，文字則大增。
　　③ 中國國家圖書館、日本宫內廳書陵部、內閣文庫（八册本、單本）和東京大學東洋文化研究所藏本目錄止此，正文亦然，並有小字注文"詳載世譜中"；但上海圖書館、日本內閣文庫（六册本）和哈佛大學藏本的目錄雖亦止此，正文則無此標題，而是以下的標題和內容。
　　④ 此文在日本內閣文庫（六册本）和美國哈佛大學藏本中是正常排印，但在上海圖書館藏本中則混入中國國家圖書館和東京大學東洋文化研究所藏本卷末周與爵等人跋文的兩頁內容（原跋共五頁）。
　　⑤ 此文在日本內閣文庫（六册本）和美國哈佛大學藏本中是正常排印，但在上海圖書館藏本中則不全，在當頁尚未著錄完畢的情況下，下頁則是另外的內容："按我周氏，宗派在吴下者……以當檣杌之警。"而且該頁頁碼已被塗抹。
　　⑥ 中國國家圖書館、日本宫內廳書陵部、內閣文庫（八册本、單本）和東京大學東洋文化研究所藏本如此，但上海圖書館、日本內閣文庫（六册本）和美國哈佛大學藏本的落款則單署周與爵，文字亦大減。

十七、明神宗萬曆末舊題"李楨編"《濂溪志》四卷

此本臺北"國家圖書館"（僅有縮微膠片）、臺北故宫博物院、福建省圖書館和無錫圖書館有藏，均誤標爲"李楨編""九卷"。其實，此本是在前述林學閎四卷本基礎上稍加處理而成，版心確實已達九卷，但實際仍是按四卷本編排的，編刻者已不詳，時間大約在萬曆末年。

福建省圖書館藏本原系福建鼇峰書院藏書，已影印收入《四庫全書存目叢書》《續修四庫全書》，王曉霞博士據後者加以校注後收載其《濂溪志（八種彙編）》，因而流傳甚廣。但實際上，此本錯裝明顯，如卷一之後依次是卷四部分内容、卷三、卷二，最後又是卷四的其他内容，因此并非佳本。經比對，臺北"國家圖書館"收藏的縮微膠片實際源自臺北故宫博物院藏本，此本僅有少量錯裝，是目前所見最好的四卷本，2013年中國國家圖書館編《原國立北平圖書館甲庫善本叢書》據此影印；而且，臺北故宫博物院藏本可能刷印稍早，福建省圖書館藏本有少量新增，似屬稍後的補刻本。另外，無錫圖書館藏本已殘，卷首和前三卷内容保存完好，缺卷四。

此本之所以誤標爲"李楨編""九卷"，除了序文和版心因素外，恐怕主要還是受清人的誤導。《四庫全書總目》的"存目"部分曾著録"濂溪志九卷，兩淮馬裕家藏本"，其提要云：

> 明李楨撰。楨字維卿，安化人，隆慶辛未進士，官至南京刑部尚書，事迹具《明史》本傳。是編雖以濂溪爲名，似乎地志，實則述周子之事實，首載《太極圖説》《通書》，次墓誌及諸儒議論、歷代褒崇之典，次古今紀述，次古今題詠，並祭告之文。

與今見上述諸本比對，《總目》的敍述大體屬實，惟有二誤：一是將序文作者"李楨"誤爲全書編撰者；二是此本版心文字雖有"卷九"之多，但實際是按四卷規模編刻的。追溯其源，此本乃是據萬曆三十七年（1609）林學閎編《濂溪志》四卷本（下簡稱林本）而來，[①]直接利用了其版刻和卷分，但凡是涉及林學閎名字處均挖

[①] 有學者説是林學閎挖改這個所謂"李楨編"本，實則恰恰相反。參見《日藏兩種〈濂溪志〉價值考論》，《南昌大學學報》（人文社會科學版）2017年第4期。

去,或直接不錄其人其文。

　　至於此本的刊刻時間,可以肯定臺北故宫博物院藏本是挖改林本而來,而林學曾任道州知州在萬曆三十六年至三十八年(據康熙《永州府志》卷六),因此此本最早應在林學曾離任之後刻印,即在萬曆三十九年(1611)或稍後;福建省圖書館藏本則有新增,如卷四"古今祭謁"部分新增鄧雲霄祭文,云其祭祀周子在"萬曆四十二年(1614)",這是此本有明確落款時間最晚一文;又,卷四"古今題詠"部分新收題署"族孫進士周淑(永明人)"一詩(版心爲"卷之八"),據康熙《永明縣誌》卷三,周淑是萬曆四十四年進士。由此推測福建省圖書館藏本當在萬曆四十四年(1616)後不久編刻。綜上,我們姑系這個所謂的"李楨編"《濂溪志》的編刻時間爲"萬曆末",或大體可信。但編刻者究竟是誰,還需要進一步考究。

　　下面主要依據臺北故宫博物院藏本著錄,並參考福建省圖書館藏本。

【序跋】
刻濂溪先生志序(略)　　李楨
濂溪先生志序(略)　　郭惟賢

【目錄】
卷首
　　刻濂溪先生志序　　李楨
　　濂溪先生志序　　郭惟賢
　　濂溪周先生書院圖①
　　宋大儒第圖
　　故里圖
　　月巖圖
　　諫議公祠圖
　　光霽亭圖②

---

　　① 此圖左邊已無題署,當是挖去林本"萬曆己酉林學曾修"數字。以下這些圖像與林本全同,只是裝訂順序略異。
　　② 此圖與林本同,左上方題署"萬曆庚戌鼎建"。

第二部分　明刻本(十九部)　　　　　　　　　　　　　　·147·

　　周濂溪先生真像①

　　像贊　　朱熹

　　古今紀述題詠姓氏②

卷之一③

　　……

卷之二④

　　濂溪先生墓誌銘　　潘興嗣

　　濂溪先生行實　　朱熹

　　諸儒議論

　　歷代褒崇

卷之三

　　古今紀述⑤

　　濂溪先生祠堂記　　胡銓

　　道州建先生祠記_{淳熙五年}　　張栻

　　永州府學先生祠記　　張栻

　　南康軍新立先生祠記_{淳熙五年}　　張栻

　　道州寧遠縣先生祠記_{嘉定九年}　　魏了翁

　　袁州州學三先生祠記　　朱熹

　　韶州學濂溪先生祠記_{淳熙十年}　　朱熹

　　濂溪先生祠堂記_{淳熙丙申}　　朱熹

　　婺源縣學三先生祠記　　朱熹

　　廣東憲司先生祠記　　蔡抗

　　重新三先生祠記_{景泰四年}　　金潤

　　重作書院記_{成化三年}　　葉盛

　　府治後廳東吟風弄月臺記_{成化十七年}　　張弼

　　復興書院記_{弘治十五年}　　謝鐸

―――――――――

① 此圖與林本同，但左邊已無題署，當是挖去林本"萬曆己酉後學晉江林學閔描刻"十三字。
② 此本名錄與林本多數相同，但最後一頁有些不同，挖改痕迹明顯。
③ 此卷內容與萬曆三十七年林學閔本全同，故略而不錄。
④ 福建省圖書館藏本在"元公年表"後接"卷之四　古今題詠"的部分內容，明顯錯置。
⑤ 以下記文順序略有錯置(其中有沿襲林本處)，此據福建省圖書館藏本乙正。

重修吟風弄月臺記正德十六年　　黄芳

　　永明縣仰濂祠記　　趙賢

　　重建濂溪周先生祠記萬曆壬辰　　李楨

　　重修濂溪書院碑記萬曆壬辰　　吳中傳

　　月巖亭記　　李發

　　遊月巖記　　顧憲成

　　光霽亭記①

　　銘

　　濂溪祠堂銘　　臧辛伯

　　月巖辯　　張喬松

　　仰拙堂説　　路雲龍

　　仰拙堂跋　　徐之孟

　　濂溪集序嘉靖甲辰　　王會

卷之四②

　　古今題詠

　　······

　　贈周翰博榮歸　　黄俊③

　　······

　　謁周元公　　陳塏④

　　謁濂溪先生祠漫述所見　　鄧雲霄

　　遊月巖次錢培垣太守韻　　周淑

　　謁濂溪祠　　顏鯨

　　······

　　遊月巖五言古風一首　　許宗曾

---

① 署名缺，林本題署"林學閔"。
② 本卷凡省略處，均與萬曆三十七年林學閔本同。
③ 此文在十二頁，下文在十四頁，中間缺十三頁。福建省圖書館藏本則以前面"元公雜著"部分的"十三頁"（內容為周子的《邵州遷學釋菜文》）補列於此，顯為錯置。
④ 此文完後如林本一樣抹去當頁最後兩行，並缺二十五、二十六兩頁。但福建省圖書館藏本則有二十五頁，內容是下列鄧雲霄、周淑二詩，二人不見卷首"古今記述題詠姓氏"，係新增內容；二十六頁依然缺，《四庫全書存目叢書》影印福建省圖書館藏本時旁批"原缺第二十六葉"，實際上林本已缺，並非此本有缺失。

又七言　　許宗曾①

遊月巖五言　　陳文進

和王郡尊七言一首②

詠光霽亭　　蘇茂相③

詠光霽亭　　孟養浩

又　　孟養浩

詠光霽亭　　楊載植

詠光霽亭　　陳之京

詠光霽亭　　應世科④

讀濂溪志用陽明先生韻一首　　林學曾

次兄仲韻一首⑤

詠光霽亭　　曾可立

……

謁濂溪祠詠愛蓮一律　　楊大行⑥

古今祭謁

……

謁元公祭文　　陳鳳梧

謁元公祭文　　鄧雲霄⑦

謁元公祭文　　張勉學

……

祭周諫議文　　張守剛

議春秋丁特祀諫議公祠⑧

---

① 從董汝弟至此五詩，版心頁碼均被塗抹，從上下頁碼來看，似應爲"四十"頁。
② 此文落款僅一"溫"字，林本則是"溫陵林學曾"。
③ 以上三詩占一頁，福建省圖書館藏本同，但排在下面五詩（亦占一頁）之後。由於兩頁頁碼均標爲"又四十"，所以可能是裝訂時錯置而已。
④ 以上五詩，林本無，從卷首的"古今紀述題詠姓氏"名錄來看，應屬新增。
⑤ 無署名，林本署名"林學曾道州守"。此文後林本還有許宗曾、陳文進、李炯、林學曾、蔡體仁五詩，占一頁，版心頁碼爲"四十一"。此本恰缺此頁，不知是編刻者有意刪去還是散佚之故。
⑥ 林本此詩後尚有張羔一詩，獨佔一頁，此本無，不知是編刻者有意刪去還是散佚之故。
⑦ 此條無，茲據福建省圖書館藏本補列，原無署名，據文意補；係新增，版心頁碼爲"九二"，上文版心頁碼爲"九"，下文版心頁碼爲"又九"。
⑧ 此條無，茲據福建省圖書館藏本補，原無署名，林本署"林學曾"。

十八、明熹宗天啓三年黄克儉輯刻
《宋濂溪周元公先生集》十卷

此本由明末永州府知府黄克儉於天啓三年(1623)輯刻於公署,主要是依據萬曆二十七年劉汝章編刻的潤州本《宋濂溪周元公先生集》十卷而來,仿刻痕迹明顯,并參考萬曆三年王侹、崔惟植道州本。中國國家圖書館、重慶圖書館均有藏,四册。

國圖本原爲瞿氏藏,書中有"鐵琴銅劍樓"藏書印。《鐵琴銅劍樓藏書目録》卷二十曾以"《周元公集》十卷"爲題著録此本道:"明刊本,此爲天啓間武陵黄克儉所刻,蓋依萬曆二年崔惟植刻本。分十卷,《太極圖説》《通書》爲二卷,雜著一卷,附録七卷。較正德本增文二篇、書六篇、詩十八篇,而無年譜。有丁懋儒、崔惟植、黄克儉序。"[1]此所謂"依萬曆二年崔惟植刻本""無年譜",均是缺乏細察的誤説。

【序跋】

按:國圖本和重圖本的正文完全一致,但序跋的順序不同。國圖本卷首依次是丁懋儒、劉汝弼、劉汝章、無名氏、劉觀文和劉汝爲的,卷末則先後是崔惟植和黄克儉的;重圖本卷首依次是丁懋儒、黄克儉的,卷末依次是劉汝爲、崔惟植、劉汝弼、劉汝章、無名氏、劉觀文的。從版心文字和頁碼順序來看,兩本似均有錯置。兹以國圖本録載序跋和目録情況。

刻濂溪周元公集敍(略)　　丁懋儒
周濂溪先生文集小引　　劉汝弼

國重制舉義,而制舉義取議論,爭而之史;取菁蕤,爭而之左;取辯謀,爭而之策;取幻眇,爭而之子;無所之也,爭而之佛,而"六經"載理之書,而不之之也。于文祖秦,于字祖晉,于詩祖唐,宋濂洛,理學之祖,而不之祖也。凡以工情易思,工辯易駴,工藻易賞,工虚易沉,無所工乃無所易,無所易斯難矣,難斯遠矣,毋怪其

---

[1] (清)瞿鏞編纂、瞿果行標點、瞿鳳起覆校:《鐵琴銅劍樓藏書目録》,上海古籍出版社,2000年,第547頁。

刳心於彼，而掉臂於此也。夫河源發於星宿，而瞿塘灩澦焉，彭蠡淜湃焉，五湖七澤洸瀁焉，不則其竭矣。龍脉發於崑崙，而峨嵋崔崒焉，嵩恒尊秀焉，九龍三峰鬱蔥焉，不則其崩矣。故夫離理之辭，辭，淫者也；離理之辯，辯，譎者也；離理之藻，藻，浮者也；離理之虛，虛，無者也。故離諸理，罔不離矣；合諸理，罔不合矣。理者，諸子百家之崑崙、星宿，而諸子百家，理之瞿峽、嵩恒諸山水也。制舉義家根極于太極圖，而輔潤之以諸子百家。猶之水源也，浩淼無際；猶之山脉也，秀奇不測。殆所謂萬變而未始出吾宗者耶。故能讀濂溪先生書，乃能讀諸子百家；而徒讀諸子百家者，未爲能讀諸子百家者也。以爲猶在乎一句一卷之間也。

　　劉汝弼思諧甫撰。

周濂溪先生集序（略）　　　劉汝章
宋濂溪周元公先生文集序（略）　　佚名
刊濂溪周子集序（略）　　　劉覲文
濂溪集跋（略）　　　劉汝爲
刻宋濂溪周元公先生集跋（略）　　崔惟植
重刻濂溪集序　　　黃克儉

　　濂溪先生全集，余初得之後裔翰博君，繁蕪不倫，字迹漫滅不可讀，每以不得善本爲憾。嗣省舂陵，代署之役，先生之故里，廟貌在焉。肅禮畢，梁州公偶出一書示余曰：此濂溪善本也，刻自潤州，以行亟不能了此願。囑余圖之。時鄉紳周元翁更出《太極圖說》數首授余，皆兩集之所不載者。余喜甚，謀即就鋟，而無奈潤州本亦多殘闕，幾不能竣事。及歸芝城，適呂文學授以一帙，蓋弘庵崔公所編次梓行者，與潤州本無異，而潤州者實祖是。及詢以崔公藏板安在，則杳不可得，乃知余之刻益不可已也。遂將先後所得二集及《太極圖說》諸篇，參伍增定，付之梓，以存遺文。再道述其刻之始末如此。

　　若夫先生弘開道脈，繼往開來，諸先賢稱述，代不乏人，固非余之所敢贅，亦余之所不必贅也。

　　天啓癸亥仲春，武林黃克儉書於永之公署。

【目錄】

　　按：本書最前面是六篇序跋，接著是圖、目錄和周子像贊，之後轉入正文，最後是兩篇跋語。這裏把原書的六篇序跋、圖和周子像贊全部作爲卷首内容著録，之後"卷一"開始的内容則依據原來的目録。

卷首

  刻濂溪周元公集敍　　丁懋儒

  周濂溪先生文集小引　　劉汝弼

  周濂溪先生集序　　劉汝章

  宋濂溪周元公先生文集序　　佚名

  刊濂溪周子集序　　劉覲文

  濂溪集跋　　劉汝爲

  故里圖①

  元公祠宇圖②

  濂溪書院圖

  濂溪在州祠宇書院圖

  月巖圖

  周元公遺像

  像贊　　朱熹

  像記　　宋濂

卷一　元公遺書③

  ……

卷二　元公遺書

  ……

卷三　元公雜著

  ……

卷四　諸儒議論

  ……

---

  ①　右上標有"宋濂溪周元公先生集卷之一"數字。此與萬曆二十七年劉汝章本一樣，保留了萬曆三年本的痕迹。按：此本各圖依次標有一、二……十這樣的序號，形制和文字均高仿萬曆二十七年本，僅有一些細微的差異。

  ②　右上"元公祠宇圖"旁有"天啓二年仲春鼎建"數字，左下則是萬曆初期州學生員二王的識語。

  ③　從此卷到卷四的"諸儒議論"内容與萬曆二十七年本全同，故略而不録。

第二部分 明刻本(十九部)

  諸儒序跋①
  太極圖通書總序_{乾道己丑}②   朱熹
  太極圖解序   張栻
  太極圖解後序   張栻
  太極圖說述解序   曹端
  太極圖說辯戾文   曹端
  太極圖續說   楊慎
  天經太極圖測   鄭汝礪
  太極推合圖測   鄭汝礪③
  通書後跋   張栻④

卷五⑤
  元公世系圖
  元公年譜

卷六 事狀
  ……

卷七 歷代褒崇
  ……

卷八 祠堂墓田諸記
  ……

卷九 古人詩
  ……

卷十 祭文
  ……

卷末
  刻宋濂溪周元公先生集跋   崔惟植

---

① 這四字原目錄無,此據正文。
② 原目錄不注時間,此據正文。下同。
③ 以上五篇是在萬曆二十七年本的基礎上新增的,故正文中每位作者名下均小字注以"新增"。
④ 此文在正文中緊接張栻《太極圖解後序》之後,鄭氏《太極推合圖測》之後復列標題和署名而已。
⑤ 從此卷到卷十,內容與萬曆二十七年本全同,故從卷六起略而不錄。

十九、明熹宗天啓四年李嵊慈編《宋濂溪周元公先生集》十三卷

此本由明末道州知州李嵊慈在天啓四年（1624）主持編刻，主要依據之前萬曆二十一年胥從化、謝眖編的道州本《濂溪志》十卷並參考黃克纘永州本而來。現存多部，中國國家圖書館（書函題"濂溪志"）、北京大學圖書館、南京圖書館、日本內閣文庫等地均有藏。五冊。其中南圖藏本係清代藏書名家汪憲、丁丙舊藏，尚有清人丁丙所題短跋；國圖藏本已被《中國歷史名人別傳錄·周濂溪先生實錄》影印收錄，王晚霞據此校注後收載其《濂溪志（八種彙編）》。

此本在清代中期《四庫全書》纂修時曾由河南巡撫采進，《四庫全書總目》卷六十《史部十六·傳記類存目二》以"《濂溪志》十三卷"的形式著錄道：

> 明李嵊慈撰。嵊慈字元穎，龍城人。官道州知州。是編因李楨舊志稍爲輯補，無所考證發明。

此提要文字不多，但是內容敘述和評價上都不夠確切，一是此本並非是"因李楨舊志稍爲輯補"而來，前已說明；二是此本有一些新增內容，卷數安排也有變化，不完全是"無所考證發明"。

特別值得指出的是，由李盛鐸著、張玉範整理的《木犀軒藏書題記及書錄》曾著錄此本，李氏寫道：

> 明刊本。題"舂陵拙吏龍城後學航普李嵊慈元穎父纂修，清湘後學起潛蔣騰蛟國泰父同閱"。天啓四年李嵊慈序。標題爲"元公先生集"，板心題"濂溪志"。卷一元公遺迹，爲祠堂圖及遺像；卷二元公年表；卷三至卷五爲太極圖說、遺書雜著；卷六以下則附錄行狀、墓誌、諸儒議論、序跋、紀述、公移、題詠也。半頁十行，行二十一字。①

---

① 李盛鐸著、張玉範整理：《木犀軒藏書題記及書錄》，北京大學出版社，1985年，第282頁。

第二部分　明刻本(十九部)　　　　　　　　　　　　　　　　　　　　· 155 ·

這裏的記述基本上與前述國家圖書館藏本的内容吻合,明顯不同者在所謂"清湘後學起潛蔣騰蛟國泰父同閱"。李盛鐸藏本今藏北京大學圖書館,據筆者托人實查,此本較之國家圖書館藏本,編修者已改換數人,新增有"清湘後學起潛蔣騰蛟國泰父同閱""署學正事舉人繆傳臚石羅父精閱""訓導伍元直和字父訂正"等(詳見下面的截圖)。查嘉慶《道州志》卷四,知蔣騰蛟是天啟六年(1626)接替李嵊慈出任道州知州,繆傳臚爲"學正"在天啟之後的崇禎年間(1628—1644),伍元直在天啟間任道州訓導。① 據此,此本可能是在蔣騰蛟出任道州期間依據原來的版刻重新刷印,時間可能在崇禎初年。需要說明的是,北京大學圖書館藏本這種題署情況還見於臺北"國家圖書館"所藏天啟四年李嵊慈編《宋濂溪周元公先生集》九卷本(四册),經比對,兩本實際是同一版刻,只是臺北本只有前九卷,後面四卷已佚(目録也只保留到前九卷)。

明天啟四年李嵊慈刻本(日本内閣文庫藏)　　明崇禎初蔣騰蛟重印本(臺北"國家圖書館"藏)

---

① (清)張元惠修、黄如穀纂:《道州志》卷四,清嘉慶二十五年刻本。

此本每卷卷頭均題"宋濂溪周元公先生集"，板心則署"濂溪志"，編者李嵊慈序名也稱"濂溪周元公志"，因此實際屬於《濂溪志》系列。

此本有來自日本內閣文庫高清電子掃描版，係日本昌平阪學問所舊藏。下面據此著錄。

【序跋】
濂溪周元公志序　　李嵊慈

營道，故濂溪先生闕里也。先生鐘蒼龍白豸之靈，篤生於有宋天禧間，契道月巖，濯纓濂水，得河洛不傳之秘。所著太極一圖、《通書》四十章，淵深簡要，學士家尊之如羲畫、禹疇，不繁辭說而道理明著。生平志尹學顏，隨在皆有樂趣，真不媿孔子之後一人者。漢儒董子之天人策、唐昌黎韓子之《原道》諸篇，邈乎不及格也。

慈幼讀《性理》，開卷即見先生書，覺諸子百家盡皆厖雜，未有如先生之言簡要淵深，而措之躬行，步步踐履實際，隨所位置，無不自得吾素者。及筮仕營道，下車即瞻拜先生廟貌，趨承宛然光霽，求先生書讀之，則漫滅繁蕪，令人有杞宋無徵之嘆！再得郡司寇黃公惠本編次，犁然一軌於正矣，但其祖自潤州，夫潤故先生偶依舅氏龍圖公讀書鶴林寺寄迹之處，月巖故里，聖脉有本，諸實迹不在焉。後起者而欲徵文考獻，是邦實先生發祥悟道之區，未有舍是邦而他適者。潤雖有刻，而道無善本，是使後起者聞韶於齊，不能無致慨於周禮之不在魯也。

予小子慈蒞先生之故都，宦況未濃，儒酸不改，雖洗冤澤物，遑遑未能，而文獻凋殘，則予滋懼焉。敢愛編摩之力，而不為此邦存此掌故！故於舊本之藏於先生後裔者，刪其蘩蕪，如淘金植木，惟砂礫荒穢之是務去，毋使冗雜而令人煩倦；於黃本所掛漏者，稍為增益，如表揚褒崇之疏章，池蓮庭草之點綴；潤刻之所缺漏者，一披攬之，而光霽之神，儼然几案。若不亟存之，將無由以慰羹牆之思，故不敢以厭雜惡文之故，因仍其脫畧。若謂還雅復古，彬彬鬱鬱，以擅是邦之文獻，則予豈敢？予實不敢安於固陋蔓衍，以遏抑前哲之光華，則予志已。

夫使讀是集者，由先生書以會太極，由古今記序題詠以見先生，庶幾無遺憾於鄙懷云耳。較讐鱗次之役，閱日月而始成，予亦頗勤心力焉。若夫僭越冒昧，則以俟世之知我者，而又豈敢必其無罪我者。

時天啓四年甲子歲仲秋月吉旦，舂陵拙吏、龍城孤樵、航普李嵊慈元穎父識于種樹軒中。

【目録】

卷首

濂溪周元公志序　　李嵊慈

卷之一　元公芳迹

故里祠堂圖①

故里家祠圖②

月巖圖

諫議公祠圖③

光霽亭圖

濂溪書院祠堂圖④

宋大儒第圖

元公遺範

元公像⑤

像贊　　朱熹

像記　　宋濂

卷之二　元公年表　　度正

卷之三

太極圖

太極圖説　　朱子註

天經太極圖測　　鄭汝礪

太極推合圖測　　鄭汝礪⑥

卷之四　元公遺書

通書⑦

---

① 正文此圖右上標爲"元公故里總圖"。
② 正文此圖右上標爲"元公故里家祠圖"。
③ 以下幾圖在正文中的順序與目録有別，疑有錯置。
④ 此圖與萬曆末舊題"李楨撰"《濂溪志》本全同。
⑤ 像的左右兩邊共有五行字，爲李氏贊語："嗚呼，此無極翁之翁也哉！踐形肖貌，豈在區區，滿天風月，一帙圖書，蓮香撲鼻，草色盈裾，憶當此之時，動直而靜虛，依稀乎無極翁也與！春陵拙吏後學李嵊慈贊。"
⑥ 以上二文依天啓三年黃克儉本。
⑦ 含朱熹注解。

卷之五　元公雜著①

　　……

卷之六　事狀

　　……

卷之七　諸儒議論②

　　……

　　　　諸儒序跋③

　　太極圖通書總序　　朱熹

　　太極圖解序　　張栻

　　太極圖解後序　　張栻

　　通書後跋　　張栻

　　序④

　　贈博士周冕榮還序_{景泰七年}　　陳鑒

　　濂溪遺芳集序_{弘治辛亥}　　方瓊

　　濂溪志序_{嘉靖庚子}　　魯承恩

　　濂溪集序_{嘉靖甲辰}　　王會

　　刻濂溪先生文集序_{萬曆三年}　　胡直

卷之八　古今紀述⑤

　　記

　　濂溪先生道州祠堂記_{紹興己卯}　　胡銓

　　南安初建三先生祠記_{乾道元年}　　郭見義

　　江州學濂溪祠記_{乾道二年}　　林栗

　　道州建先生祠記_{淳熙五年}　　張栻

　　南康軍新立先生祠記　　張栻

　　永州府學先生祠記　　張栻

---

① 此卷與下卷全依黄克儉本。
② 這部分除在"勉齋黄氏"後無"北溪陳氏"（或爲漏刻）外，其餘全同萬曆二十一年胥從化、謝睍《濂溪志》本（下簡稱胥從化本）相應内容。
③ 這部分選自黄克儉本。
④ 這部分選自胥從化本的卷七之下的"序"文内容。
⑤ 這部分在胥從化本相應内容基礎上做了歸類處理，並有若干增删。

濂溪先生九江祠堂記淳熙丙申　　朱熹
袁州州學三先生祠記淳熙五年　　朱熹
隆興府學濂溪先生祠記淳熙六年　　朱熹
書濂溪先生愛蓮說後淳熙己亥　　朱熹
婺源縣學三先生祠記淳熙八年　　朱熹
韶州州學濂溪先生祠記淳熙十年　　朱熹
邵州學濂溪先生祠記紹熙癸丑　　朱熹
道州濂溪田記淳熙六年　　章穎
道州故居先生祠記淳熙七年　　章穎
廣東憲司先生祠記　　蔡杭
重建先生祠記嘉定七年　　龔維蕃
道州寧遠縣先生祠記嘉定九年　　魏了翁
濂溪三亭記　　周繡麟
創置書院記淳祐三年　　盧方春
濂溪小學記景定五年　　趙櫛夫
濂溪大富橋記咸淳七年　　趙櫛夫
濂溪小學高峯楊公壽祠記景定癸亥　　滕巽真
南安軍司理廳先生祠堂記咸淳三年　　陳宗禮
道州路重修濂溪書院記至正七年　　歐陽玄
濂溪故居祠堂記至正八年　　歐陽玄
愛蓮亭記正統六年　　劉蚓
府治後廳東吟風弄月臺記成化十七年　　張弼
改修濂溪祠記成化癸巳　　陳騏
復興書院記弘治十五年　　謝鐸
重修祠堂增置祭田記正德辛未　　傅楫
重修濂溪先生墓記正德壬申　　廖紀
濂溪周氏世業田記　　周子恭
重建濂溪周先生祠堂記萬曆壬辰　　李楨
光霽亭記　　林學閔
仰拙堂說　　路雲龍

卷之九　歷代褒崇
　　宸綸①
　　……
　　公移②
　　查取後裔赴九江守祀_{弘治癸亥}
　　編銀解送雇役_{正德十一年}
　　廢寺田撥入月巖書院_{嘉靖癸卯}
　　置買故里祭田_{嘉靖二十四年}
　　給贍學魚塘_{萬曆辛卯}
　　修復門枋樓亭祭器_{萬曆壬辰}
卷之十　古今題詠③
　　頌
　　重修濂溪書院三君頌_{萬曆四年}　　胡直
　　賦
　　吟風弄月臺賦_{成化十七年}　　蕭子鵬
　　辭
　　遊濂溪辭　　鄒夔
　　濂溪辭　　黃庭堅
卷之十一　古今詩④
　　和周茂叔席上酬孟翱太博⑤　　傅耆
　　題濂溪　　潘興嗣
　　贈周茂叔　　何仲平⑥
　　同周惇頤國博遊馬祖山　　趙抃
　　題周茂叔濂溪書堂　　趙抃
　　茂叔先生濂溪詩呈次元仁弟　　蘇軾

---

①　這部分與萬曆三十七年林學閔本、萬曆末舊題"李楨撰"本《濂溪志》全同，故略而不錄。
②　這部分選自胥從化本。
③　此據胥從化本。
④　此卷依據胥從化本"古今題詠"的"詩類"部分單獨成卷，內容有增刪，順序有調整，整體上不如胥本豐富。
⑤　"博"字原目錄作"傅"，此據正文改。
⑥　"仲平"應爲"平仲"之倒誤。

零陵通判廳事後作堂予以康功名之仍賦鄙句① 　　　胡寅
題濂溪　　林焕
濂溪謁周虞部　　李大臨
乙巳歲除日收茂武昌惠書知已赴官零陵因偶成奉寄三首　　蒲宗孟
山北紀行二首　　朱熹
愛蓮詩　　朱熹
題濂溪先生書堂二首　　柴中行
江上懷永倅周茂叔虞部　　任大中
濂溪隱齋　　任大中
送永倅周茂叔還居濂溪　　任大中
送周茂叔赴合州僉判　　任大中
愛蓮亭　　方良弼
濂溪祠　　孟春
遊月巖　　曹宏
月巖　　黃廷聘
濂溪識行　　魏嗣孫
謁元公　　李敷
遊濂溪故里　　王會
謁元公二首　　陳鳳梧
遊月巖次陳宗師韻　　周繡麟
謁濂溪書院　　顧璘
題濂溪交翠亭　　柳邦傑
謁濂溪先生故里祠　　張勉學
故里二首　　趙賢
故里二首　　盧仲佃
懷元公二首　　盧仲佃
舂陵篇贈元公宗裔翰博默齋君歸道州　　曾朝節
有本亭觀水　　杜漸

---

① 此條原目錄僅"鄙句"二字，茲據正文補全。

太極亭　　杜漸

游月巖　　王一之

寄周茂叔　　趙抃

留題濂溪書堂　　度正

愛蓮二首　　王謙

初夏同劉寶慶再遊月巖　　錢達道

讀濂溪考亭二先生年譜二首　　陳獻章

仰元公　　方瓊

愛蓮亭　　方瓊

濂溪　　方瓊

愛蓮亭　　曾仁

濂溪祠　　曹來旬

謁濂溪書院　　尹襄

遊月巖　　吳能進

題濂溪　　吳繼喬

題月巖　　吳繼喬

月巖　　謝靦

愛蓮亭　　錢源

愛蓮亭　　廬陵

謁元公　　姚昺

留題濂溪書堂　　度正

濂溪雜詠二首　　潘之定

謁元公　　沈慶

過萍鄉謁濂溪祠　　王守仁

遊月巖　　戴科

卷之十二　古今祭謁①

濂溪祠春秋二仲次丁祝文

九江墓祭

---

① 這部分依脊從化本而來，內容有增刪，順序有調整。

奉安濂溪先生祠文南康　　朱熹
潭州遣祭　　　朱熹
墓祭文　　　孔文仲
濂溪祠祭　　　王啓
九江致祭　　　周冕
白鹿洞祭文　　　李夢陽
又　　符鍾
又　　陳鳳梧
又　　丁懋儒
祭濂溪周元公先生文　　　李楨
又　　孫成泰
謁元公祭文　　　何遷
議春秋次丁特祀諫議公祠①
祭周諫議文　　　張守剛②
奉安周諫議從祀啓聖祠文　　　吳能進
奉安周諫議從祀告啓聖公文　　　吳能進

卷之十三　元公世系③

附：南京圖書館藏本丁丙題跋

按：南京圖書館藏李嵊慈編《宋濂溪周元公先生集》，原係清代藏書名家汪憲（號魚亭）、丁丙遞藏，卷前副葉有丁丙貼紙題寫的短跋，兹錄載於下。

《宋濂溪周元公先生集》十三卷，明刊本，汪魚亭藏書。

春陵拙吏龍城後學航普李嵊慈纂修。嵊慈字元穎，龍城人，官道州知州。因李維卿司寇楨述周子事實，首載《太極圖說》《通書》，次墓誌及諸儒議論、歷

---

① 此文在萬曆三十七年林學閔本的標題中無"次"字，署名爲"林學閔"。
② 此文完後尚餘兩行空白，下面二文是另頁排版，顯係補刻的內容。
③ 此卷世系表格形式有別於胥從化本，而且胥從化本只列至十七世，此本則增至二十一世。《中國歷史名人別傳錄·周濂溪先生實錄》第二冊收錄的影印本（依據中國國家圖書館藏本）則只有十三世，當是散脫數頁所致。

代襃崇、祭告,及古今記述、題詠,撰爲《濂溪志》九卷,重加緝補,改增卷帙,自爲之序。懷遠地生嵊宣元旭、州判、學正、訓導、吏目、寧遠經歷等,同爲編訂。有汪魚亭藏書印。

第三部分　清刻本(九部)

一、清聖祖康熙二十四年吳大鎔修、常在編
《道國元公濂溪周夫子志》十五卷

此本是由清朝康熙年間知道州事吳大鎔主持編修的,康熙二十四年(1685)刻本,凝翠軒藏板。中國國家圖書館、故宮博物院、上海圖書館和美國華盛頓大學圖書館等地藏,五册,每卷題署"知道州事吳大鎔主修　後學常在編次許魁校梓"。現影印後又收入《中國哲學思想要籍叢編》①《中國歷史名人别傳録·周濂溪先生實録》,王曉霞博士據後者校注後載其《濂溪志(八種彙編)》。其書卷三的《年表》部分,民國有抄本,題《道國元公濂溪周夫子年表》,現影印後收載《北京圖書館藏珍本叢刊》第14册。② 另有清光緒元年(1875)淦川周振文堂活字印本,上海圖書館藏,六册,有周振文重刻序言(附載本條之後)。

【序跋】
濂溪志敘　　丁思孔

自孔孟而後,微言幾絶,異學競起,六經之旨,晦而不明。漢儒號爲專經者,往往人持一説,同異紛如。良由本源之地未窺,而徒從事經籍,又在掇拾傳誦之餘,寧無訛謬乖盭之弊? 安望其於聖人之道,能發明而嗣續之邪! 昌黎氏倡鳴古學,《原道》一篇,於道德仁義之説,言之詳矣。然當其時,從而信之者,不過李翱、張籍數人,亦惟以文章規制不背於古作者而已。若所云堯以是傳之舜,舜以是傳之禹、湯、文、武、周公、孔子、孟子者,獨昌黎氏知之而能言之,餘子猶有未及也。故紹洙泗之傳,啓洛閩之緒,其惟濂溪先生乎? 蓋聖人之書,莫先於《易》,廣大精

---
① 臺灣廣文書局,1974年。
② 北京圖書館出版社,1999年。

微，亦莫備於《易》。孔子韋編三絕，而後《繫辭》出焉，要非精思默契不能得也。先生於《易》，則極深研幾而至於神矣。夫陰陽動静、剛柔吉凶之理，彌於六合，入於幽隱。凡天地之專直翕闢，以成生物之功；人之修誠立性，以崇德而廣業；國家之禮樂刑政，以察萬民而治百官；與一事一物，所以長養消息；以至原始反終，通乎幽明之故，而知鬼神之情狀，無之乎不在。自西漢、東都更相祖述，非有絕倫。江左諸儒，承輔嗣之注，復涉於浮誕，能探賾索隱、引伸觸類而神明之者，未有其人也。先生《圖説》《通書》所稱"主静""立極"與"本源於一誠"諸語，皆明乎精微之蕴；至"無極而太極"，則前所未有，獨於先生發之。故曰："大哉《易》也！"性命之源乎！夫天地性命之源，吾既循流而得之，則舉凡惝恍窈冥、詭怪不經之論，孰能亂我之清明？而六經之旨尚有未純，一貫之道尚有未合者乎？明道、伊川親承指授，演其師説，於是南軒、考亭相與尊崇而推廣之，而理學以明。六經之旨，亦因以會萃群書，删繁去戾，燦然合一，如日月之中天，江河之入海，無疑闇岐雜之病。以爲萬世耳目，皆先生啓之也。先生所著書，《圖説》《通書》而外，詩文亦寥寥無幾。《繫辭》曰："乾以易知，坤以簡能。易則易知，簡則易從。"易簡而天下之理得矣。先生真得易簡之理而神明之者歟！程子所謂"吟風弄月以歸"者，蓋亦得之氣象之表，而非僅語言文字之謂也。世或以先生不多著書以示後學，豈知先生者哉？若先生者，誠孔孟之後一人而已！

余奉簡命，來撫楚南。值此凋瘵遺黎，日事拊摩噢咻之不遑。數月後，有以先生後裔猶未循例襲官爲言，方行學使者，稽故牒，考嫡系，將以請於朝廷。適中丞姚公建白奉俞旨，余得承順具覆，而世職以嗣。州守吳君復捨羅遺志，壽之梨棗，當聖天子闡明理學之時，先生之道宜其彰著崇重若此也。余因緣際會，得讀遺書而弁之簡端，亦幸矣夫！

康熙二十四年歲在乙丑嘉平月穀旦，賜進士出身、通議大夫、巡撫偏沅等處地方、提督軍務、兼理糧餉、都察院右副都御史丁思孔[①]拜手。

序　　張伯行

道之有絶續也，非其人則不傳。人之有顯晦也，非其時則不著。孔孟之道，歷稽前代，自秦灰肆焰以來，六經殘滅，斯道之傳，或幾乎息。濂溪先生著《太極

[①] "思孔"二字原空缺，此據丁氏爲蘇佳嗣修、譚紹琬纂《長沙府志》（康熙二十四年刻本）所作的序言落款補全。

圖説》，明天理之根源，究萬物之終始，直使鴻蒙奧義、列聖宗傳，昭然若揭。嘗讀紫陽傳先生云："二程受學先生，皆能唱鳴絶學，以繼孔孟不傳之緒，究其源本，皆自先生發之。"嗚呼！此其爲道之所由傳歟？先生迄今，又六百餘歲矣。去先生之世，若此其遠也，欲尋其衣冠故里，則又邈乎不可得。若然，則雖欲遡其風流餘韻，亦徒與山高水長，托諸流連嘅想已耳，安能歷歷紀之，而如見其人乎？今我皇上右文重道，蒐集舊聞，襃崇先祀，曠世以來，於兹僅見。余也恭承簡命，分陝湖南，職司宣化，則修廢舉墜，與有其責，而道州屬在所轄，先生軼事則又考之甚詳，時因入覲，例得條奏，特請御匾，以志尊崇。幸達聖聰，奉有俞旨。余竊私喜斯道傳人，從今與日月光華並垂不朽。未幾，道州吳牧以《濂溪周夫子志》書告成，請序於余，余不禁歎興曰："人之顯晦，誠哉其有時乎？由今溯昔，滄桑代變，人物遞更，前賢往喆與荒煙蔓草同盡者，何可勝數？乃今恭逢隆運，得賢司牧而表章之，豈惟先生之幸，亦斯世斯人之幸也！"爰樂得而爲之序。

康熙丙寅夏，湖廣湖南等處承宣布政使司布政使、今陞巡撫福建等處地方提督軍務、都察院右副都御史張伯行[①]序。

敍　　朱士傑

濂溪先生之有志也，所由來久矣。志之義，何居？曰：志以言乎記也。其地可記，其人可記，其世系源流與文章德業可記，故有取乎志也。第念古今來賢人君子接武聯鑣，有載之《世家》者焉，有登之《列傳》者焉，其集而爲志者，不數數見。胡爲乎先生獨有志也？曰：惟先生之人爲獨至，故其志爲獨詳。然志之爲書，備其文，要稽其實；傳其信，務絶其疑。先生之人與地，與世系源流、文章德業，昔之人亦既表彰綜輯，炳蔚遺編，似無庸後起者之更張損益爲也。而顧不然，蓋莫爲之前，雖美弗彰；莫爲之後，雖盛弗傳。營道，界在荒裔，兵燹迭乘，世遠言湮，簡篇殘闕。過此以往，保無有疑與信相淆，而文與實鮮所據乎？官斯土者，不亟起而修明之，豈心乎先生、心乎斯道者所自安乎？余用是於道州牧吳君重鼎深有契也。吳君刺營道凡六載，四知勵節，五秩興歌，固已蜚聲仕路矣。邇以聖天子崇文右道，退公之餘，復孳孳念典，仕優而學，殆有合焉。不寧惟是，毅然以修廢舉墜爲己任。歲甲子，偕廣文王子遵度、石子國綸暨博士弟子員何子大晉輩七

[①]　"伯行"二字原空缺，此據朱奎章修、胡芳杏纂《樂安縣志》(同治十年刻本)卷十收載的《正誼堂語錄序》的落款補全。

人，取先生舊志與爲校裁，與爲纂定，或芟繁就簡，或踵事增華，自世家始，迄藝文止，列卷十五，編帙五，繪圖三，綱舉目張，條分縷析，甫期月而告成。吳牧之有功於先生、有功於斯道，豈淺鮮哉！廼不以余之愚不肖而問敘於余。一披閱之，但見裔皇典貴，簡核精純，文也罔非其實也，信也無有於疑也。噫嘻！觀止矣。嚮也過先生之里，謁先生之祠，瞻先生之模範，睹先生之車服禮器，既已服膺而弗諼。茲讀先生之志，不惟見先生之人與地、與世系源流、與文章德業，而且見在昔之親炙而爲見知者，私淑而爲聞知者，罔弗曠代如一日，千里若同堂也。余用是於吳牧深有契也，爰不揣鄙陋，弁數言於簡端，以問世之共讀斯志者。

　　時康熙二十四年歲在乙丑仲冬穀旦，分轄衡永郴使者、樂郊朱士傑薑菴甫識。

濂溪周夫子志序　　姚淳燾

　　粵自《易》始庖犧，《書》始唐虞，《詩》本文周，《春秋》作於孔子，歷千五百歲，而《太極圖説》乃出於周子。夫天生聖賢，以爲道計。上之爲君爲相，立德立功，位不達則立言以傳于後。古之作者有間矣。醇疵異同，諸儒之説具在，可考而知也。濂溪特起南服，睿質天挺，自以《圖説》授二程外，未聞設皋比踞高座，而同時諸公每心折焉。以子瞻之才，不難牴牾伊川，而于先生則曰："先生豈我輩，造化乃其徒。"謂非光霽襟懷，能使人之意也消乎？理學薪傳，斷當推先生爲鼻祖。即吾鄉陽明子，唱提良知，幾欲分考亭之席，至先生獨無間言。而或者猥於無極太極，肆其強辯。夫太極之上，誠不宜別立無極之名，然曰"太極本無極"，則是二而一者也。乃欲離而二之，以爲多此一層，誤矣。《詩》言"天載無聲無臭"，豈無聲臭在天載之前邪？先生既抱内聖外王之學，在當時位不甚顯，遺文多零落失傳，惟斯道不泯，即太極長存。以故孔子俎豆百世，先生亦俎豆百世。有宋以來，錫典洊加，翰博之襲，乘志之刻，有由然矣。代經鼎革，門蔭中微。先是，直指李公、撫軍韓公後先題請諸部，洎淳燾典楚學政，復請于兩台，援閩洛世裔之例相與擬議具題，而中丞疏已先入矣。皇上方崇正學，嚮儒修，可其奏。于時刺史重鼎吳君繕輯《濂溪志》成，來請序于不佞。多年曠典，一時具舉，何其盛哉！蓋夫子之言盛德，必曰子孫保之。惟子孫保，然後能奉其宗祧，而守其典籍。及夫中葉淪替，斷而復續，則一視乎所值之時與所遇之人。今文治蔚興，大賢之後復其始而無難，可謂值其時矣。刺史君景行前喆，蒐求故帙，廣以新編而登諸梓，俾覽者覯先生之大全，推而致于聖人之道，于先儒爲有功，于後學爲有造，可謂遇其人矣。值其時，遇其人，將天下事無不可爲者。夫豈偶然之故邪？而亦孰非先生之澤所涵濡浸灌于無窮者邪！淳燾曾王父承蕃府君，殫心理學，生平撰有《經書疑問》《疑義》《史綱性理》諸書，發明傳注，足當羽翼。予小子惕惕負荷，遡源于先生而私淑焉。顏之學，伊之志，書紳者久矣。竊不自意炙先生之里，又適當是書之成，而以謭言弁簡端，是亦不可謂非天之幸也！因拜手而爲之序。

　　康熙二十五年歲次丙寅仲春穀旦，賜進士出身、提督湖廣通省學政、按察使司僉事、加三級、苕溪後學姚淳燾，謹題于玉沙公署之古照堂。

刻濂溪先生志序[①]　　**吴大鎔**

　　予成童時，侍先君子治兵於匡廬、彭蠡間。客有指輿圖而談疆場者，曰："南康，濂溪先生之所治也，九江，先生衣冠所藏也，故其地尚禮教而重名節。"予叩先生爲何許人，客曰："先生姓周氏，楚南道州人，生於有宋天禧間。闡圖著書，倡明絕學，爲二程子之師，以上承乎孔子、孟子之道者也。"予唯唯識之。繼先君子轉粵東、海南之邦，所在俎豆先生，誦説弗衰，蓋先生嘗仕廣南提點刑獄，洗冤澤物，故其民至今歌詠之，久而不忘也。予曰："噫嘻！有是哉？先生，學道人也，而其宦業乃若是，豈世之岐仕、學爲二者哉？予安得先生而事之所欣慕焉？"已而，謁選銓部，承乏道州。予私心益喜曰："向者徒勤夢想，而今乃仕先生里耶？當必有真知灼見，以大慰乎寤寐之所求者，不僅如客之云云也。"比入境視事，循例拜先生祠下，光霽宛然，芳徽如覯。予低徊留之，見《太極圖》之石刻存焉，宋御賜"道州濂溪書院"六大字，豐碑樹焉。環祠之左右而居者，先生之了若孫，茹苦食貧，猶有賦拙之遺風焉。稽之掌故，則先生宗子舊有世官，鼎革以來尚未承襲；先生遺事，舊有志書，兵燹之後，蕩爲灰燼。予感此遭逢，頓忘下位，乃于康熙十九年庚申具詳憲府，有"昭代宜修闕典，千年不斬恩榮，俾得豫洛一例，徽國同驅"之句，冀其蚤爲題請，以志尊崇。奈事關重大，往復查詢，淹踰歲時，五年於兹。予每獨居深念："錫爵命官者，朝廷之事；修廢舉墜者，有司之職。盡取舊志而重新之，亦守土者之急務也。"惟是篇章零落，典籍淪謝，一二散在民間，又皆楮毛墨退，不堪寓目。因與此邦之二三子亟力討論而繕修之，寧詳勿略，寧信勿疑，寧反

[①]　以上五序及凡例在全書最前面，後文二跋原在全書末。

覆校正以示信從，勿輕易脫略以滋掛漏。經始於甲子之夏，脫藁於乙丑之秋，殺青成書，共一十五卷。以授梓人，用垂文獻。剞劂將半，祗奉恩綸，特允在廷之請，俾周之子孫與程朱一例世襲。嘉會欣逢，我心實獲。幾年期望之志，一朝得伸；多時未有之書，一旦告成，邊方下吏不覺拜手颺言。蓋惟聖天子之右文重道，無微弗達，以致賤有司之尊聞行知，有求畢遂，予果何修而得此哉？若曰是役也，藉以表章聖學，紹述前徽，自詡爲先生功臣，則先生固不俟予而始重矣；即予也，惡乎敢！

康熙二十四年歲在乙丑秋七月之吉，奉直大夫、知道州事、加二級吳大鎔重鼎甫書於官舍之我思堂。

凡例四則

一仍舊

是書凡六刻矣，曰志者三，曰文集者三。雖詳略固殊，而裒輯搜羅，前人備極苦心。茲刻谿徑雖別，然一以舊本爲宗，未敢輕爲筆削，以滋掛漏。

一增新

舊志于先生行實僅存《年譜》。至于《年表》，則名存而實亡矣。茲特立《表》于前，以便省覽。乃若春秋享祀，典禮攸關，舊志闕焉弗載，豈云完書！特援孔廟配享之例，考定禮儀，錄列品物，謹志司存，用昭嚴恪。其《宗子蔭襲》一編，則本朝章奏呈牒，纖悉畢登，既尊且信，惟善是從，亦爲下不倍之義也。

一分類

舊志于古今文字隨手編錄，頭緒不清，繙閱頗混。茲刻先提綱領，其事繫先生者，則收入褒崇之類；事繫孫子者，則收入優恤之類。他如書院有記，祠堂有記，祭謁有文，則各綴于書院、祠堂、祭享之類。亭臺之文，則類于書院；墓祀之文，則類于祠堂。俾觀者一覽而得，可不至于瞀亂也。

一存疑

是書別無善本，僅存萬曆壬辰年①翻刻一編。考訂既不精詳，刊刻亦復潦草，而周氏子孫手抄一册，又多亥豕魯魚之異。茲于意義不屬、顯而易見者，則不憚略爲改定。間有文字疑似、上下舛訛者，則不輕爲更置，恐其錯中復錯，貽笑大

---

① "壬辰年"，即萬曆二十年（1592），疑爲誤記。已知《濂溪志》有明萬曆二十一年即癸巳年刻本，此本李楨序的落款署"萬曆二十有一年冬十月十有二日壬辰"，但此"壬辰"非指年份。

方。惟另具手眼,嘉惠斯文,則于高明有厚望焉。

濂溪志後序　　石國綸
　　綸江漢間之末學也,司訓營陽,爲周濂溪先生之故里。嘗以春秋修釋菜之禮於先生,竊心焉嚮往之。然周至精也,程至正也,昔賢曾言之矣。綸於先生之道,且未涉其藩籬,敢云窺其堂奧乎?康熙甲子夏,州牧吳侯重修濂溪舊志,屬綸以校訂之役,始得取先生之遺書而快讀之。先生學本立誠,功深主靜,而定之以中正仁義,立人極焉。蓋唯誠,則有以袪夫僞,而不雜於妄也。唯靜,則有以宰夫動,而不淆于紛也。唯中正仁義則兼愛,爲我之患熄,孝子得以事其父,忠臣得以事其君也。夫如是,而人極立矣。堯、舜、禹、湯、文、武,君于上而蕩蕩平平,無黨無偏者,用此道也。孔子、孟子,師于下而植天綱、扶人紀,距詖行、息邪說,誅亂討賊、尊王賤霸者,亦此道也。自戰國暨于五季,其間千有餘年,斯道之不絕者如線。先生獨起而修明之,闡圖著書,手授二程先生。至子朱子而大其傳,謂先生上承孔孟,下啓程朱,詎不信夫?今學士家誦法孔孟,而于先生之書,猶或未之省覽。吳侯懼其久而湮也,取舊本而重梓之,《圖說》《通書》,瞭若列眉,宦業政迹,罔不畢登。雖其間有不盡係于先生者,而旁見側出,要以會歸于先生而止,蓋其意主于尊崇賢哲,而其所以扶世教,淑人心,移風易俗,使斯民回心而嚮道者,實不外此。則自今以往,家誦戶習,口識心維,爲治者知斯文之足重,而不汲汲于簿書期會;爲學者知吾道之有歸,而不屑屑于章句詞說,于以仰副聖天子壽考作人之意,豈曰小補之哉!志成,不揣譾陋,附綴數言以紀盛事云。
　　康熙乙丑春仲花朝後二日,道州學訓鄂城石國綸頓首拜書。

修濂溪志跋後　　常在
　　去年甲子夏,郡尊吳夫子手一編示在曰:"此濂溪先生舊志也,將以授梓。子爲我次第之,予加筆削焉。"在謝不敏。夫子固授,辭不獲。在惟濂溪有志,自弘治辛亥始也,距今已一百年,凡六刻矣。往在先明無事時,簡編充富,爲力頗易。國朝定鼎以來,湖南甫靖,繼以滇亂,藏板煙銷,遺書焰冷。夫子以己未下車,多方購求,竭五年之精力,乃克成書。此其雖百倍於往昔,而其功高出于草創矣。惟是高文典册,應推方家名手,而付美錦於學製,委良材於拙工,繞朝贈策,當必有按劍而盼者,愚茲懼矣。噫!抑又媿矣!

康熙乙丑重五日,舂陵後學腐儒常在書於瀟山草堂。

【目録】
卷首①

　　序

　　纂修姓氏

　　目録

　　總論一則

　　提綱十則

　　凡例四則

　　畫圖三副

　　書院祠堂圖新增圖説

　　故里祠堂圖王道州圖説

　　月巖圖王道州圖説　張僉憲辯

卷一　周子世家志

　　濂溪先生本傳朱晦庵撰

　　周惇頤傳宋史元脱脱撰

　　先賢世家道州志

卷二　遺像道範志

　　元公遺像仿石刻原本②

　　金華宋景濂記

　　朱晦菴贊

　　李道州贊

　　桑愚菴贊

卷三　年表行實志

　　新增年表③

---

　　①　下面依書前目録著録,有些與正文標題的文字、字形存在差別,但意思相同者,爲免累贅,一般不再加注説明。

　　②　"原本"正文作"真迹"。

　　③　此年表,民國有抄本,收入北京圖書館編《北京圖書館藏珍本叢刊》第十四册,北京圖書館出版社,1999年。

山陽度氏年譜

卷四　遺書文獻志一

太極圖_{朱晦菴解}

圖說_{朱晦菴註　桑氏解附}

朱晦菴總論

謝方叔總論

張南軒太極圖解序

張南軒太極圖解後序

鄭汝礪天經太極圖測

鄭汝礪太極推合圖測

卷五　遺書文獻志二

周子通書_{四十章}

朱晦菴註_{桑氏解附}

太極通書總序　　朱熹

通書後跋　　張栻①

卷六　遺書文獻志三

元公雜著_{說　序　文　賦　詩　書劄}

養心亭說

愛蓮說_{朱晦菴書後}

吉州彭推官詩序

邵州遷學釋菜文_{治平五年文}

邵州遷學告顏子文

拙賦

詩_{二十八首}

書窗夜雨

石塘橋晚釣

題書堂_{以上三首五言古}

靜思篇

---

①　後面這兩條原目錄缺，此據正文補。

贈譚虞部致仕

天池

遊大林寺

宿崇聖院_{渝州溫泉佛寺}

題浩然閣

題寇順之道院壁

憶何仲容_{江西提刑以上五言律}

香林別趙清獻_{清獻閱道謚也題誤}

同石守遊

任所寄鄉關故舊_{以上七言律}

題門扉_{五言絕}

劍門

春晚

題大顛堂壁_{熙寧四年}

牧童

經古寺

同友人遊羅巖_{嘉祐八年零都}

題惠州羅浮山

題鄞州仙都觀

宿山房

遊赤水縣龍多山書觀壁

喜同費長官遊

和費君樂遊山之什

江中別石郎中_{以上七言絕}

書札_{六首}

與二十六叔書

與三十一叔書

與仲章手帖

與仲章六月四日書

與傅秀才書_{名耆字伯成}

慰李才元書

附錄同時唱和詩一十四①首舊志載藝文今移載於此

和周茂叔席上酬孟翱太傅②傅耆 先生原作舊志無考

題濂溪潘興嗣

題周茂叔濂溪書堂趙抃

同周敦頤國博遊馬祖山趙抃

贈周茂叔何仲平③

乙巳歲除日收茂叔武昌惠書知已赴官零陵因偶成奉寄三首蒲宗孟

江上懷永倅周茂叔虞部任大中

濂溪隱齋任大中

送永倅周茂叔還居濂溪任大中

送周茂叔赴合州僉判任大中

濂溪謁周虞部李大臨

寄周茂叔趙抃

卷七　諸儒論斷志

山谷黃氏一則

明道程子五則

伊川程子二則

伯温邵氏一則

本中呂氏一則

延平李氏一則

和叔邢氏一則

北山陳氏一則

晦菴朱子二十二則

南軒張氏三則

五峰胡氏二則

默齋游氏一則

---

① "四"字，正文爲"三"。
② "太傅"爲"太博"之誤刊。
③ "仲平"爲"平仲"之倒誤。

勉齋黃氏一則

北溪陳氏一則

山陽度氏二則

瑞節黃氏一則

西山真氏二則

鶴山魏氏一則

萍鄉胡氏一則

水心葉氏一則

新安胡氏一則

陽明王氏一則

虛齋蔡氏一則①

了凡袁氏二則

卷八　歷代襃崇志一

謚議

宋謚先生曰元

冊命

宋追封先生爲汝南伯從祀廟庭詔

元封先生爲道國公詔

奏請

明湖廣撫按請祀周子父輔成於啓聖祠

江西督學邵寶請祀周濂溪先生於九江書院

卷九　歷代襃崇志二

書院

賜御書道州濂溪書院額　宋理宗景定四年　守臣楊允恭謝表

重修道州濂溪書院　元至元七年　歐陽玄記

重修道州濂溪書院　明萬曆二十二年　吳中傳記

永州鼎建濂溪書院　大清順治十五年　知永州府魏紹芳建張壽祺記

濂溪小學　宋景定四年知道州楊允恭建　趙櫛夫記

---

① 此條原目録缺，兹據正文補。

賜南安道源書院額　<small>宋寶祐五年　守臣郭廷堅謝表</small>

賜御書道源書院額　<small>宋景定四年　守臣饒應龍謝表</small>

南安創置書院　<small>宋淳祐三年　盧方春記</small>

重作道源書院　<small>明成化二年①　葉盛記</small>

興復道源書院　<small>明弘治十五年　謝鐸記</small>

光霽亭　<small>明天啟二年②　林學閔記</small>

濂溪三亭　<small>嘉靖十五年　周繡麟記</small>

愛蓮亭　<small>寧遠縣劉虯記</small>

吟風弄月臺　<small>成化十七年　張弼記</small>

重修吟風弄月臺　<small>南安府廳後　明正德十六年黃芳記</small>

修復門枋樓亭祭器公檄　<small>萬曆二十年</small>

卷十　春秋享祀志一

春秋二仲次丁致祭

禮儀

陳設

器皿

祝文

諫議公祭典

附錄古今謁祭名文十九首

潭州遣祭文<small>宋紹熙五年朱晦菴</small>

奉先生入祠文<small>南康守朱晦菴</small>

濂溪祭祠文<small>明江西僉事王啟</small>

祭濂溪先生文<small>明永州守唐珤</small>

入境告先生文<small>明道州守符鍾</small>

謁周子祠告文<small>明督學陳鳳梧</small>

謁元公祠告文<small>永州守丁懋儒</small>

---

① "二年"正文爲"三年"。

② 此時間誤署。萬曆三十七年(1609)道州守臣林學閔編《濂溪志》，卷三即收錄此記。該志卷首載有"光霽亭圖"，題署"萬曆庚戌鼎建"，"萬曆庚戌"即萬曆三十八年(1610)。再查康熙《永州府志》卷六，知林學閔知道州在萬曆三十六年至三十八年(1608—1610)。因此，該記的寫作時間應不晚於萬曆三十八年，不可能遲至天啟二年(1622)。

祭元公先生文_{楚巡撫趙賢}

謁濂溪先生文_{楚巡撫李楨}

告先生辭行文_{道州牧孫成泰}

著太極通書解成告先生文_{大清康熙九年　零陵桑日昇}

白鹿洞祭先生文_{李夢陽}

九江祭先生墓文_{宋孔文仲}

九江命祀憲文_{從邵寶之請也}

九江祭墓文_{博士周冕始受官封}

九江謁濂溪文_{通守何遷}

祭諫議大夫文_{永司馬張守剛}

奉安諫議神主從祀啓聖祠告文_{萬曆二十三年道州牧吳能進}

周諫議從祀入祠告啓聖公文_{同上}

卷十一　春秋享祀志二

祠堂_{新增祠堂說}

道州濂溪祠_{宋紹興胡澹庵記}

道州建先生祠_{淳熙張南軒記}

濂溪故里祠_{淳熙七年章穎記}

重建故里祠_{嘉定七年龔維蕃記}

重建故里祠_{元至正歐陽玄記}

重建濂溪祠_{明萬曆巡撫李楨記}

附錄各郡縣祠記

寧遠縣濂溪祠_{嘉定魏了翁記}

永明縣仰濂祠_{明巡撫趙賢記}

永州府學先生祠_{宋張栻記}

邵州學先生祠_{宋朱晦菴記}

南康新立先生祠_{宋張栻記}

九江先生祠_{淳熙三年朱晦菴記}

隆興府學先生祠_{朱晦菴記}

韶州學先生祠_{淳熙朱晦菴記}

婺源學先生祠_{淳熙朱晦菴記}

南安三先生祠_{乾道郭見義記}

廣東憲司先生祠_{宋蔡杭記}

南安理廳先生祠_{陳宗禮記}

江州改修先生祠_{明陳騏記}

附載九江祠墓

濂溪先生墓_{宋潘興嗣志銘}

重修祠墓增置祭田_{明正德傅楫記}

重修先生墓_{明正德七年廖紀記}

查取子孫守墓公檄

卷十二　優恤後裔志

奏疏

優免子孫差徭疏　_{明正統元年順天推官徐郁}

欽取後裔上諭　_{明景泰六年}

禮部題覆　_{景泰七年}

大清題請襲職疏　_{順治十年　湖廣巡按李諱敬}

申請襲職詳文　_{康熙十九年　道州知府吳諱大鎔}

申請襲職詳文　_{永州太守吳諱延壽}

申請襲職詳文　_{衡永監司朱諱士傑}

申請襲職詳文　_{湖南方伯薛諱柱斗}

申請襲職詳文　_{提督學政姚諱淳燾}

題請襲授博士疏_{康熙乙丑　僉都御史史姚諱締虞}
　　　　　　　　_{禮部等衙門覆}

編銀雇役灑掃公檄_{正德}

月巖書院田檄周氏世業田碑_{嘉靖}

置買故里祭田公檄_{嘉靖}

撥給魚塘公檄_{萬曆十九年}

卷十三　宗支蕃衍志

本支世系圖

大宗承襲世次圖

卷十四　古今藝文志一　記　序　跋

　　大富橋記_{宋咸淳道州牧趙櫛夫}

　　小學楊公祠記_{宋景定滕巽真}

　　月巖亭記_{明萬曆道州牧李發}

　　刻濂溪遺芳集序_{弘治四年}　　方瓊_{道州牧}

　　刻濂溪志序_{嘉靖十九年}　　魯承恩_{郡司馬}

　　刻濂溪集序_{嘉靖二十三年}　　王會_{道州牧}

　　刻周元公集序_{萬曆二年}　　黃廷聘_{郡人}

　　刻周先生志序_{萬曆十年①}　　李楨_{湖廣巡撫}

　　刻周元公志序_{天啟四年}　　李崍慈_{道州牧}

　　刻道源書院集序_{嘉靖己亥}　　黃佐_{編修}　此江西刻不在楚刻之內

　　濂溪集跋_{嘉靖十四年乙未}　　王汝賓

卷十五　古今藝文志二　銘　辭　賦　頌　詩

　　濂溪祠堂銘_{宋嘉定四年}　　臧辛伯_{郡丞}

　　濂溪辭_宋　　黃庭堅_{山谷}

　　吟風弄月臺賦_{明成化十七年}　　蕭子鵬_{臺在九江}

　　重修濂溪書院頌_{萬曆三年}　　胡直_{學使}

　　詩　　四言古一首

　　謁濂溪書院　　尹襄

　　詩　　五言古十首

　　茂叔先生濂溪詩　　蘇軾_宋

　　謁元公　　丁致祥

　　謁濂溪書院　　尹襄

　　詠周子　　余鳴鳳

　　遊濂溪故里　　王會

　　光霽亭　　蘇茂相

　　游月巖　　徐愛

　　出月巖口占　　朱應辰

---

① "十年",正文題作"二十年",均誤,應爲"二十一年"。

游月巖　　許宗魯
月巖有序　　國朝王遵度
七言古十一首
零陵通判廳事後作堂予以康功名之仍賦鄙句　　胡寅宋
題濂溪　　林煥
濂溪祠　　曹來旬明
謁濂溪祠　　顏鯨
聖脈泉二首　　管大勳
愛蓮亭　　方良弼
月巖　　杜漸
舂陵篇贈元公宗子　　曾朝節
月巖有小引　　國朝石國綸
月巖　　許魁
五言律二十二首
北山紀行二首有序　　朱熹宋
題濂溪書堂二首　　柴中行
濂溪　　孟春明
謁元公　　李敷
謁濂溪書院　　顧璘
謁濂溪故里祠　　張勉學
濂溪　　方瓊
謁元公　　邵寶
又　　陳塏
過故里謁元公祠二首　　桑日昇
愛蓮亭　　曾仁
光霽亭　　楊如春
濯纓亭　　麹海
遊月巖　　趙賢
又　　王一之
遊月巖　　國朝吳大鎔

又　　祝先鑑
遊濂溪　　祝先鑑
聖脉泉　　王遵度
讀愛蓮說漫賦　　陸達
月巖五言古補遺　　何大縉
七言律三十九首
留題濂溪書堂　　度正宋
謁元公二首　　陳鳳梧明
仰元公　　方瓊
謁元公　　沈鍾
謁元公步沈韻　　蔣灝
前韻　　周縉
拜先子前韻　　周冕
謁元公　　姚昺
過萍鄉謁濂溪祠二首　　王守仁
讀濂溪志用陽明先生韻寄舍弟道州　　林學曾
仰元公用前韻　　林學閔
謁元公　　韓陽
謁周夫子　　孟春
謁元公祠　　吳廷舉
拜元公祠用前韻　　方瓊
謁濂溪祠漫述所見　　鄧雲霄
謁濂溪書院祠　　李發
謁元公祠　　錢達道
又　　呂繼梗
又　　周誌
攜太極通書解謁元公　　桑日昇
謁元公祠有懷往事　　桑日昇
拜元公墓　　陸深
味道亭　　李發

愛蓮亭　　盛祥

又　　方瓊

光霽亭　　李東芳

又　　孟養浩

又　　陳之京

詠濂溪　　蔣天相

遊故里　　顔鯨

又　　董汝第

月巖　　黄廷聘

遊月巖　　吳能進

改月巖爲太極巖　　周官

讀月巖辯　　韓子祁①

遊月巖　　李發

月巖　　國朝閻煌

謁周夫子祠敬題　　國朝憲司朱士傑

故里祠謁周夫子　　國朝王遵度以上二首五言排律

五言絶十四首

謁元公祠　　羅倫明

故里二首　　趙賢

故里步趙韻二首　　盧仲佃

謁元公祠二首　　唐顯悦

愛蓮亭　　錢源

濂溪　　錢源

宿光霽亭見新月　　朱應辰

舂陵四章　　國朝吳大鎔

六言絶一首

出元公故里值風月　　朱應辰

---

① "祁"字正文作"祈"。

七言絶二十七首

題濂溪書堂　　度正宋

愛蓮詩　　朱熹

濂溪識行　　魏嗣孫明

憶元公二首　　盧仲佃

濂溪雜詠二首　　潘之定

詠濂溪圖學一首　　王守仁

讀濂溪考亭二先生年譜二首　　陳獻章

元公祠　　錢源

又　　趙宏

謁故里祠二首　　管大勳

題濂溪　　戚昂

愛蓮二首　　王謙

題交翠亭　　柳邦傑

有本亭觀水　　杜漸

愛蓮亭　　姚昺

坐愛蓮亭得句　　常在

讀拙賦　　常在

題濂溪　　吳繼喬

題月巖濂溪書堂　　吳繼喬

月巖　　方瓊

太極巖　　王會

月巖　　王會

續補新詩

濂溪詩五言古一首　　燕南金憲孫

濂溪詩七言律二首　　中山郝相

濂溪詩五言律四首　　國朝中山郝林

卷末

濂溪志後序　　學訓石國綸

修濂溪志跋後　　常在郡人

附：清德宗光緒元年周振文重刻本序言

按：此本是清光緒元年（1875）淦川周振文堂活字印本，是對吳大鎔康熙刻本《道國元公濂溪周夫子志》十五卷的重刻，字皆正楷，上海圖書館藏，六冊。其序跋、正文均繼承了吳本，但序言順序略不同，吳大鎔序在最前，周振文重刻序在姚淳燾序之後。茲僅錄周振文重刻序言。

重刻志書敍　　周振文

書之源委，原序已詳，毋庸贅焉。即先夫子闡圖之說，上承洙泗之傳，下啟程朱之學，其道在宇宙，如日月經天、江河行地，記載昭然，亦毋庸贅。所不忍沒者，此書爲吾族實齋先生抄本。先生學問淹博，經術湛深，尤篤本源。康熙己丑，溯源於江右，先歲曾往南湖謁先夫子故里，得遇其嫡派天祿公出志書相示，因錄以歸。此志書所由來也。相傳譜源之得，蓋以志書易之云，迄今幾二百年矣，不無蠹蝕之虞。同治甲戌續修宗譜，譜既成，諸同人釀金籌費，謹依原書而重梓之，得若干部，則家藏一部，而霽月光風之儀表，可宛然相接於展卷時，即實齋先生當日之苦心亦可歷久如見也。

時光緒元年乙亥季夏，周振文堂敍。

二、清聖祖康熙三十年周沈珂父子重輯《宋濂溪周元公先生集》十卷、《世系遺芳集》五卷

此本名爲蘇州周沈珂父子"重輯"，實則是他們在明朝萬曆四十二年周與爵本原版的基礎上，做若干校補之後重新刷印而成。除了一些明顯的補版外，文字內容和版式大體同於周與爵本，但將各卷所題"吳郡守祠奉祠孫與爵編輯"或"吳郡十七世孫與爵重輯"，挖改爲"裔孫周沈珂同男之翰重輯"或"裔孫周沈珂同男之屛、之翰、之楨重輯"，并刪去原本的周與爵輯刻書凡例，其他文字或小有不同。

具體說來，此本內封頁題署"吳郡周聲昭輯""濂溪周元公大成集""內附周氏遺芳集"；卷一無題署，卷三首頁題"裔孫周沈珂聲昭甫重輯、男周之翰協一氏訂"，卷十二首頁題"裔孫周沈珂同男之屛、翰、楨重輯"，其餘各卷卷端均題"裔孫周

沈珂同男之翰重輯"；全書卷末原周與爵等人跋文的落款刪"萬曆甲寅春月"六字。

此本現有多家圖書館收藏。其中南京圖書館藏本似乎最佳、最完整，前十卷爲《宋濂溪周元公先生集》（館藏信息依據版心著錄爲《周元公集》），卷首依次是王會、王汝憲、丁懸儒、吕藿和周沈珂周之翰父子序，卷十末爲崔植跋；後五卷爲《周元公世系遺芳集》，卷首依次是徐可行、周京序，卷末依次是周與爵父子跋、周之翰跋。其中卷首的周沈珂周之翰父子《重輯先世遺集跋》和卷尾的周之翰《重輯先世遺芳集跋》是在周與爵本基礎上新增的，落款時間均爲"康熙辛未"，康熙辛未即康熙三十年（1691），據此知此本的刊刻時間。[①]

其他圖書館藏本各有不足。如清華大學圖書館藏本卷首缺周沈珂周之翰父子《重輯先世遺集跋》，《世系遺芳集》首卷也就是全書卷十一的卷首已無徐可行、周京二序，卷末則是原來卷尾的周之翰《重輯先世遺芳集跋》，明顯錯置。而北京師範大學圖書館藏本既缺卷首周沈珂周之翰父子跋，也無卷尾的周之翰跋，以致原來誤標爲"明萬曆四十四年周沈珂刻本"。陝西省和浙江省圖書館藏本均只有前十卷，缺後面的五卷《遺芳集》。其中陝圖本卷首僅有王會、王汝憲序，落款均署"嘉靖十四年"，卷末崔植一跋也無，導致過去誤標爲"明嘉靖十四年"刻本，[②]現在改稱"（明）周沈珂輯""明萬曆四十二年（1614）周與爵刻本"，[③]仍不確，正確的標法應該是"（清）周沈珂周之翰重輯，清康熙三十年（1691）周沈珂周之翰重刻本"。浙圖本將原來卷首的周沈珂周之翰父子跋的首頁（封面頁）去掉，又裁去落款行，且錯置於卷四之末，過去也誤標爲明朝萬曆本，今已更正，館藏目錄和新出的《浙江圖書館古籍善本書目》[④]《浙江省古籍善本聯合目錄·集部》[⑤]均標爲"明萬曆刻清康熙三十年（1691）周之翰重修本"。福建省圖書館藏本僅存二册，亦缺《遺芳集》，詳情暫未查得。

此本亦爲韓國國立中央圖書館藏，《韓國所藏中國漢籍總目》在集部別集類

---

① 《中國古籍總目·集部》的"別集類　宋代之屬"著録此書時寫道："《周元公集》十五卷附《周濂溪先生年譜》一卷，宋周敦頤撰，《周濂溪先生年譜》，宋度正編，清康熙間刻本，南京。"見《中國古籍總目·集部》，中華書局，上海古籍出版社，2012年，第203頁。按：據筆者托人實查，此本並未附有單獨的《周濂溪先生年譜》，疑是傳寫之誤。

② 如吳洪澤編：《現存宋人別集版本目録》，巴蜀書社，1990年，第53頁；中國古籍善本書目編輯委員會編：《中國古籍善本書目·集部》，上海古籍出版社，1996年，第一册，第203頁。

③ 陝西省圖書館編：《陝西省圖書館古籍普查登記目録》，國家圖書館出版社，2014年，上册，第7頁。

④ 浙江教育出版社，2002年。

⑤ 國家圖書館出版社，2017年。

著録此書道：

> 宋濂溪周元公先生集（并）周氏遺芳集
> 周敦頤（宋）著，周沈珂（明）等重輯
> 木板本/【刊地未詳】【刊者未詳】嘉靖年間/15卷4册
> 圖 24.8×16.0 cm
> 表紙書名：濂溪輯①
> 標題紙書名：濂溪周元公大成集
> 版心書名：周元公集
> 跋：嘉靖十四年乙未(1535)…王汝憲（明）
> 敘：嘉靖十四年乙未(1535)…王會（明）
> 　　　　　　　　　　　　　　　　　　【國立中央圖書館】②

按：韓國所藏此本的序跋可能不全，恐只有嘉靖年間這兩文，導致刊刻時間誤判爲"嘉靖年間"，而將周沈珂定爲明朝人，亦誤。

此本雖是重印補刻本，但影響很大，後來雍正年間周有士又將其重新刷印行世（題署已挖改），乾隆間修《四庫全書》時進一步將前十卷的《宋濂溪周元公先生集》改題《周元公集》（刪前面二卷）收入。今人編《四庫全書存目叢書》，又將其中的《世系遺芳集》五卷（據北師大藏本，其實不如南京圖書館藏本完善）收錄（史部第86册）。道光年間周誥編《濂溪志》，在凡例第一條談到卷次安排時，説是"照蘇州本家周沈珂之例而摘其要"。

特別需要指出的是，雖然清康熙周沈珂本依據的底本與中國國家圖書館和東京大學東洋文化研究所藏明萬曆周與爵本相同（而非上海圖書館和哈佛大學燕京圖書館藏本）基本相同，但也有一些細微的差別：

（一）《宋濂溪周元公先生集》的卷首序跋文字方面，周沈珂本王會、王汝憲（應爲賓）二文的落款不同於周與爵本。

王會《濂溪集敘》，周沈珂本爲"嘉靖十四年乙未孟秋後學漳浦王會識"，周與爵本爲"嘉靖甲辰五月既望後學漳浦王會識"。後者正確，見前面嘉靖二十二年

---

① "輯"當爲"集"之誤書或誤刊。
② ［韓］金寅初主編：《韓國所藏中國漢籍總目》，學古房，2005年，第五册，第453頁。

王會編《濂溪集》條,前者是把周與爵本王汝賓的落款時間誤植於此。

王汝賓《刻濂溪集跋》,周沈珂本爲"嘉靖十四年乙酉孟秋蓮峰山人王汝憲識",周與爵本爲"嘉靖十四年乙未孟秋賜進士出身蓮峰山人王汝憲識"。後者落款時間正確,見前面嘉靖十四年周倫編、黃敏才刻《濂溪集》條,前者的"乙酉"當爲"乙未"之誤刻。

(二)兩本的《世系遺芳集》也略有差異,主要集中在以下幾處:

一是卷十一,第十七頁左,左起第二行頂格,周與爵本有"明"字,周沈珂本已删。

二是卷十一,第二十一頁右,右起第二、三行的開頭,周與爵本爲"維　皇明",周沈珂本爲"時　維明"。

按:以上當是因朝代更替而做的技術處理。

三是卷十一,第二十八頁左,左起第三行起,周與爵本爲:"孫與爵粗修之,爲請於郡,列諸祀典,歲歲薦血食焉……因勒石爲記。"(下一頁即是落款頁)周沈珂本則爲"孫與爵粗修之,而致學博爲祭……因勒石爲記"(落款頁已缺)。

四是卷十五,第十四頁右,最左一行末尾一字,周與爵本爲"勿",周沈珂本則爲"多"。

按:以上當是因原來版刻模糊,重新補版時的失誤所致。

五是卷末,周與爵本的落款爲"萬曆甲寅春月吳郡十七代孫與爵同男希臯希夔謹跋"(一本作"萬曆甲寅春月吳郡十七代孫與爵謹跋"),而周沈珂本則删去時間"萬曆甲寅春月"數字。

按:這一處理原因不詳。

鑒於此本的文字内容與周與爵本基本一致,這裏就不再著録其目録,僅依南京圖書館藏本著録卷首周沈珂周之翰父子的《重輯先世遺集敍》和卷尾周之翰的《重輯先世遺芳集敍》。

【序跋】
重輯先世遺集敍　　周沈珂、周之翰

我宗以晉揚州都督諱浚爲始祖,世居湖廣永州府道州營樂里。若支流在吳中者,自元公長子諱燾之派始。燾之四世孫諱興裔仕宋,遇靖康亂,扈高宗南渡,以觀察使授武功大夫,駐劄平江,奏請勅建元公祠於吳縣胥臺鄉。迨至正間,以兵燹廢。傳至十一世孫諱浦,於正統元年搆家廟於城東,顏曰崇本堂,即今濂溪坊也。景泰

七年，特旨以元公有功世教，命嫡長子孫世襲翰林院五經博士。再傳至十七世孫與爵，念吳中勅祠久廢，請當事於萬曆間重建元公祠於長州絃歌里，春秋祭享，世錄其裔以奉祀。迄我聖朝崇儒重道，祀典如故。與爵又以本支漸廣，重修宗譜，且感先世典籍散軼，編輯《大成集》十卷、《遺芳集》五卷，垂之永久。崇禎甲申歲，繡衣公諱一敬下車伊始，即循流遡源，訪元公後裔及先世遺編，余同兄廷璧諱瑄以是集呈進，繡衣公什襲珍藏，不啻百朋之錫。嗣後兵火播遷，板之朽蠹，缺失者十有三四。余以文獻攸寄，愧不能謹守先緒，致祖宗遺集湮沒弗彰，於是立志修輯。奈家無藏帙，市乏副本，廣搜博訪四十餘年，苦心積慮，而殘編斷簡，始復覩其全。康熙乙巳秋，命男之翰董剞劂之任，較讐其亥豕，又閱二載而得告成。余因略敍顛末，俾後之爲子孫者追考先業，捧讀遺書，油然生其崇敬，惕然奮其紹述，則源源本本之意，庶幾其勿墜。至於吳下宗支，四方散處，一時不能續修補訂，姑闕以俟後起者。

康熙辛未孟夏，吳郡裔孫、府庠生、辛卯副榜周沈珂同男吳縣增廣生之翰謹識。

重輯先世遺芳集敍　　周之翰

先濂溪爲有宋大儒，倡明理學於微言既絕之後，其《太極圖說》與《通書》一義，不由師傳，默與道契。先儒謂與伏羲畫卦同功，可云偉矣。曩者士習帖括，不務實學，性理諸書，類束高閣。今聖天子重道崇儒，御書"學達性天"四大字匾額，頒賜先儒書院，此正理學修明之日也。之翰束髮受書，既於《大成集》微窺先世頤奧，復於《遺芳集》披覽前人事業，恨不能有所樹立，以闡揚懿德，僅於剝蝕之餘，爲之校讎釐訂。既卒業，因記數語於左。

康熙辛未夏五月，吳郡裔孫之翰謹識。

三、清聖祖康熙四十七年張伯行輯《周濂溪先生全集》十三卷

此本是清康熙四十七年(1708)張伯行在明朝周木編輯的《濂溪周元公全集》的基礎上重輯的，[1]十三卷，有多種版本：

一是清康熙四十七年(1708)正誼堂刻本，扉頁由右至左依次題"儀封張大中

---

[1] 關於張本與周本的關係，參見粟品孝《周敦頤文集三個版本的承續關係》，載《宋代文化研究》第二十輯，四川大學出版社，2013年。

丞編輯　周濂溪先生全集　正誼堂藏板"，各卷卷首題署"儀封張伯行孝先甫編輯　受業諸子參校"，重慶圖書館、南開大學圖書館、日本內閣文庫和韓國首爾大學奎章閣等地有藏；

二是清同治五年（1866）福州正誼書院刻、八年至九年（1869—1870）續刻，《正誼堂全書》本，署"福州正誼書院藏板"，中國國家圖書館、湖南圖書館和香港中文大學圖書館等地有藏；

三是清光緒六年（1880）洪氏公善堂刻本，《洪氏唐石經館叢書》之一，中國國家圖書館、天津師範大學圖書館等地有藏。

上述諸本中，《正誼堂全書》本最受後人重視。如上海商務印書館依此重新排印後在1936年收載《叢書集成初編》（1985年中華書局影印，同年臺灣新文豐出版公司也影印收入《叢書集成新編》，1998年四川人民出版社影印收入《諸子集成續編》）、1937年收載《國學基本叢書》（香港文學研究社曾重印），封面均簡題爲《周濂溪集》；1970年嚴一萍又將其選入《百部叢書集成》，由臺灣藝文印書館"原刻景印"；1990年學苑出版社再改以《太極圖詳解》爲名出版；最近學者選編《歷代全集叢刊》，①也收錄此本。

下面依據日本內閣文庫藏康熙四十七年（1708）正誼堂刻本著錄。

【序跋】

周子全書序②　　　張伯行

予總角時，初就塾師。先君子爲予言曰："周、程、張、朱，孔、孟之正傳也。子其勉旃！"予已心焉識之。迨後從事舉業，而周、程、張、朱之言，僅從《性理》及《近思錄》中領畧大意。尚未獲盡覩全書，每時時思購之而不可得。

甲戌歲，余官中垣，居京師，乃於報國寺中偶得《濂溪全集》，如獲至寶。手不釋卷者累日，欲重梓以廣其傳。而繼以效力河工，及歷任山左、江左，公事勿忙，未遑遽及。

丁亥春，恭膺簡命，叨撫九閩。閩固朱夫子之鄉也。公餘，與多士講求身心性命之學，搜羅前賢遺書以及先儒文集，凡足以發明孔、孟之理者，悉取而重訂之。因思聖學之失傳也，自孟子而後，大道不明。即以韓昌黎之才之識，猶不免

---

① 河南人民出版社，2018年。
② 影響深遠的《正誼堂全書》本則只有"序"字，後皆仿此。

孔、墨並稱，況其下焉者乎！

有宋濂溪先生崛起南服，不由師授，默契道體。上以接鄒、魯之傳，而下以啓洛、閩之緒，於無極之真，二五之精，形生神發之理，推極奧蘊。且其言誠、言幾、言性安、言復執，直揭日月而昭雲漢。以故二程傳其學，朱子闡其説，字剖句晰，無微不彰，日與陸氏弟昆反覆辨難，不厭煩瀆焉，此其服膺先生當何如！

雖然，先生之所以融徹于圖象之表者，非徒在語言文字也。蓋實所養内充，春風和氣，隨時發見。故當其出，則政事精絶，宦業過人；當其處，則胸懷灑落，如光風霽月。山谷黄氏稱其"短於取名，薄于徼福，菲于奉身，陋於希世"。勉齋又言周子"以誠爲本，以欲爲戒"。先生真所謂"闇然而日章"者也。則夫後之人匪但讀其書已也，不更當緬想其爲人哉！

今者《性理》《近思録》二書，以先生開其先，當已家傳而人誦矣。第先生全書，不敢私之什襲，且恐其歷久而或至湮没，急爲訂訛編次，付之剞劂，以公同好，俾學者知其緒餘，一根理奥。則《太極》一書，雖廣大精微，要其陽變陰合、誠通、誠復之理，皆得由考亭以溯伊洛，由伊洛以溯濂溪，藉此以表章孔、孟之傳於不墜，庶無負先君子庭訓意也。是余之願也夫！

康熙四十七年戊子臘月，儀封後學張伯行題於三山之正誼堂。

【目録】
卷首
　　周子全書序　　張伯行
卷之一
　　太極圖
　　太極圖説
　　朱子圖解
　　朱子太極圖説解附辯
卷之二　諸儒太極論辯
　　延平師生問答
　　晦菴答陸子美書①

---

① 前有陸子美來書。

晦菴答陸子靜書①
　　晦菴答書
　　程端蒙與象山書
　　晦菴答胡廣仲書
　　晦菴答楊子直書
　　晦菴答廖子晦書
　　晦菴答黃直卿書
卷之三　朱子語類附見
卷之四　諸儒太極發明
　　陳北溪太極字義
　　黃勉齋中庸太極體用說
　　書晦菴太極圖解後　　度正
　　薛文清讀書錄論太極圖
卷之五　通書一朱子書答語類附見
　　誠上第一
　　……
　　聖學第二十
卷之六　通書二語類附見
　　公明第二十一
　　……
　　蒙艮第四十
卷之七　諸儒通書論序
　　伊川顏子好學論
　　通書序署　　胡宏
　　通書後跋　　祁寬
　　又延平本　　朱熹
　　通書後跋　　張栻
　　延平師友問答

---

① 前有陸子靜來書。

晦菴答汪帥書

晦菴答何叔京書

晦菴答李方子

晦菴答余大雅

陳北溪性理字義

卷之八　周子遺文並詩_{諸儒記詩跋附錄}

愛蓮説

　晦菴書説附

養心亭説

　晦菴語録附

　度周卿記説附

拙賦

　晦菴書賦附

邵州新遷學釋菜祝文

　又告先師文

　孔延之學記附

彭推官詩序

　彭推官詩附

　度周卿跋

與傅耆伯成書

慰李大臨才元疏

與二十六叔等手帖

與仲章姪手帖

　鄒教授勇跋附

　南軒跋附

回謁鄉官昌州司録黃君慶牒

賀傅伯成手謁

　度周卿跋附

書仙臺觀壁詩

　費琦和詩附

遊山上一道觀三佛寺
　　費琦和詩附
喜同費長官遊山詩
　　費琦和詩附
　　又呈謝簽判殿丞寵示遊山之什附
和前韻
　　李悅齋跋附
劍門
萬安香城寺別虔守趙公詩
　　清獻和詩附
遊羅巖
同石守遊
江上別石郎中
憶江西提刑何仲容
同宋復古遊大林寺
題寇順之道院壁
題浩然閣
題酆都觀三首刻石觀中
按部至潮州題大顛堂壁
按部至春州
題惠州羅浮山
贈虞部譚公昉致仕
濂溪書堂
思歸舊隱
書窗夜雨
書春陵門扉
　　南軒語附
東林寺題
澹山巖肩留題
連州城西大雲巖留題

德慶府三洲巖留題

肇慶府星巖留題

　　蔣概巴東龍昌洞行記附

任所寄鄉關故舊

春晚

牧童

卷之九　遺事朱張語錄附見

諸賢贈送唱酬附錄

送茂叔赴合州僉判　　　任大中

和周茂叔席上酬孟翱太博　　　傅耆

和周茂叔暨閭斐三公招隱詩　　　傅耆

賀周茂叔弄璋詩　　　吕陶

送周茂叔殿丞序并詩　　　吕陶

贈茂叔太博　　　潘興嗣

題濂溪　　　潘興嗣

和茂叔憶濂溪　　　潘興嗣

同周敦頤國博遊馬祖山　　　趙抃

次韻周茂叔國博見贈　　　趙抃

次韻周茂叔重陽節近見菊　　　趙抃

次韻周國博不赴重九飲會　　　趙抃

題周茂叔濂溪書堂　　　趙抃

送周茂叔通判虞部赴零陵　　　程師孟

寄永州通判周茂叔虞部　　　趙抃

益帥趙閱道以詩寄周茂叔程公闢相率同和　　　潘興嗣

乙巳歲除日收周茂叔虞曹武昌

　　惠書知已赴官零陵丙午正月內成十詩奉寄　　　蒲宗孟

贈周茂叔　　　何平仲

聞周茂叔中年有嗣以詩賀之　　　何平仲

題周茂叔拙賦　　　何平仲

濂溪謁周虞部　　　李大臨

濂溪隱齋　　任大中

再題虞部周茂叔濂溪　　任大中

江上懷永倅周茂叔虞部　　任大中

送永倅周茂叔還居濂溪　　任大中

寄廣東運判周茂叔　　任大中

題濂溪書堂　　孔平仲

諸賢懷仰紀述附錄

茂叔先生濂溪詩呈次元仁弟　　蘇軾

濂溪詞并序　　黃庭堅

濂溪詩　　張舜民

濂溪詩　　王庶

營道齋詩并序　　何棄仲

遊濂溪詞并序　　鄒勇

零陵通判廳事後作堂予以康功名之仍賦鄙句　　胡寅

山北紀行二首　　朱熹

齋居感興二十首之二　　朱熹

謁濂溪先生祠堂二詩并序　　王溉[①]

濂溪留題詩　　度正

再題　　度正

濂溪識行　　魏嗣孫

同前　　薛師董

題祠堂　　王子修

同前　　周剛

題濂溪祠并序　　鮑昭

題濂溪　　薛袚

題濂溪　　幸元龍

題濂溪　　林煥

敬題濂溪先生書堂　　柴中行

---

① 原無標題、署名，茲據他本補。

濂溪先生祠下　　蜀文仲璉

領客溪堂分韻詩并序　　魏了翁

濂溪六詠　　潘之定

書濂溪光風霽月亭　　朱熹

留題書堂　　李垍

同前　　安公直

同前　　魏了翁

同前　　家大酉

同前　　呂[①]昌裔

愛蓮詩　　朱熹

濂溪説　　朱熹

題太極西銘解後　　朱熹

聚樂堂説　　何士先

舂陵續編序　　葉重開

書文集目錄後　　度正

婺本三書序　　王夢龍

卷之十　年譜序本傳墓誌銘事狀附錄

宋史道學本傳　　脱脱

濂溪先生墓誌銘　　潘興嗣

濂溪先生事狀　　朱熹

卷之十一　諸記序銘附錄

永州倅廳拙堂記　　曾幾

邵州復舊學記　　張栻

邵州重復舊學記　　楊萬里

邵州希濂堂記　　楊萬里

　傅伯崧希濂説附

尤溪縣傳心閣銘并序　　張栻

無欲齋記　　黃榦

[①] 此字爲"吳"字之誤刻。

江州濂溪書堂記　　朱熹
江州州學四先生祠記　　王佖
道州重建先生祠記　　張栻
道州重建先生祠記　　龔維蕃
道州濂溪書院記　　魏了翁
　　史復祖跋附
　　吳夢弼跋附
道州寧遠縣先生祠記　　魏了翁
袁州州學三先生祠記　　朱熹
隆興府學先生祠記　　朱熹
合州建先生祠記　　魏了翁
鄂州州學四賢祠記　　黃榦
邵州特祀濂溪先生祠記　　朱熹

卷之十二　諸記並祭祀祝文附錄

韶州先生祠記　　朱熹
廣東憲司先生祠記　　張栻
廣東憲臺先生祠記　　鄒補之
廣東憲司重創先生祠記　　蔡抗
徽州婺源縣學三先生祠記　　朱熹
靜江府學三先生祠記　　張栻
南康軍新立先生祠記　　張栻
成都府學三先生祠記　　魏了翁
簡州州學四先生祠記　　魏了翁
南劍州學四先生祠記　　真德秀
道州路重修濂溪書院記　　元歐陽玄
道源書院記　　明葉盛
祭文　　孔文仲
祝文　　朱熹
奉安濂溪先生祠文　　朱熹
到任謁祠祝文　　趙崇憲

濂溪書院成開講祝文　　趙崇憲

辭廟祝文　　趙崇憲

謁祠祝文　　楊楫

到任謁祠祝文　　徐邦憲

謁祠祝文　　王溉

濂溪書院上梁文　　郡齋士作

御書門屋上梁文　　陳緯

卷之十三　歷代褒典①

四、清世宗雍正六年周有士重輯
《宋濂溪周元公先生集》十卷

　　此本名爲周有士"重輯"，實際是周有士於雍正六年(1728)在周沈珂本的基礎上重新刷印而成，卷端題署已挖改，卷首改題"裔孫周有士炳文甫重輯"，卷三改題"裔孫周有士炳文甫重輯，男周震友常、振業緒功仝訂"，其餘各卷則題"裔孫周有士同男震、振業重輯"。首都圖書館(館藏目錄誤爲"萬曆三年本")、湖南圖書館藏。兩個藏本略有不同，首都圖書館藏本卷首序跋較多，作者依次是王會、呂藿、丁懋儒、蔣春生、黃廷聘和王汝賓；而湖南圖書館藏本卷首僅有王會《濂溪集敍》，王汝賓《刻濂溪集跋》則置於卷末，疑散脫後重裝所致。原來的《世系遺芳集》五卷未見。考慮到此本的序跋和目錄內容前已錄載，此從略。

五、清高宗乾隆二十一年董榕輯
《周子全書》二十二卷

　　此本爲清朝名臣董榕在康熙時張伯行本的基礎上重輯的"進呈本"，有乾隆二十一年(1756)刻本，七册，每卷題署"江西分巡吉南贛寧道臣董榕敬輯恭擬"。中國國家圖書館、南京圖書館、湖南圖書館和日本京都大學人文科學研究所、韓國成均館大學中央圖書館等地有藏。卷首皇帝的御製、聖諭全爲紅字刊印。又有清光緒二

---

① 從宋嘉定十三年列至康熙二十四年。

十九年(1903)道州周監愛蓮堂重刻本,十册,民國間道縣新教育館曾據舊版重印,字皆正楷,湖南圖書館等地有藏。1937年上海商務印書館重新排印後,將其收入《國學基本叢書》(萬有文庫第二集),1968年臺灣商務印書館再次重印,流傳甚廣。

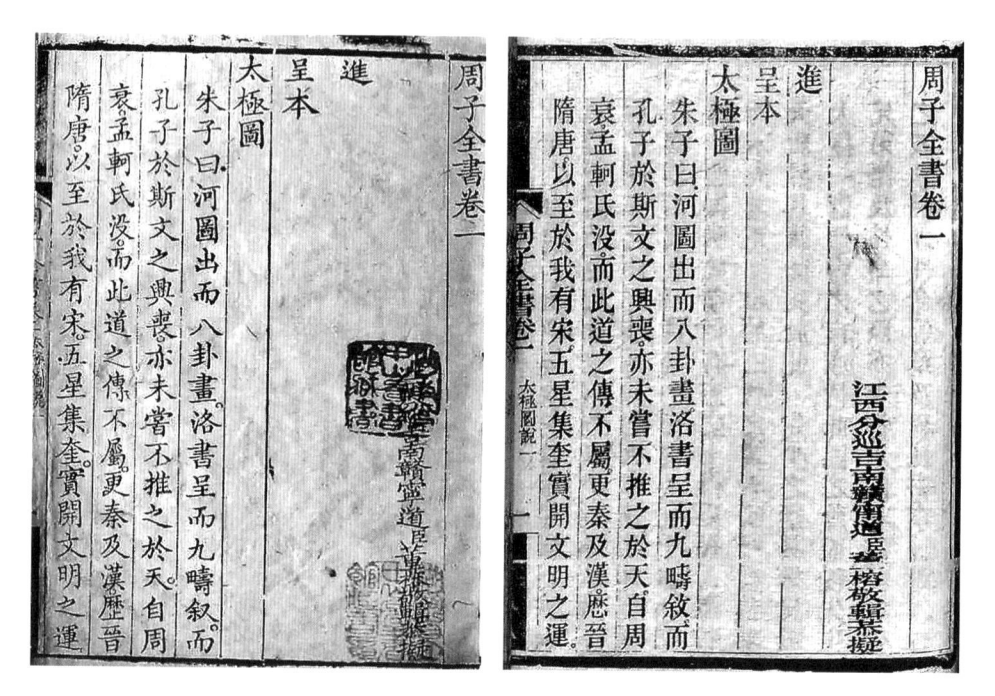

左爲清乾隆二十一年刻本,右爲光緒二十九年道州周氏愛蓮堂刻本,均爲湖南圖書館藏本

清人耿文光《萬卷精華樓藏書記》卷七十四《子部一·儒家類二》著録此書謂:

> 江西吉南贛寧道董榕編輯,首載列聖諭旨及御製評論詩文,次列《太極圖説》《通書》,附以諸儒發明,次遺文遺事、交遊贈述、年譜褒崇,即今通行坊本也。案周子文集七卷,見於陳録,遺文一卷,餘皆附録。今所行《元公集》不知何人所編,前四卷爲遺書、雜著、圖譜,後五卷皆諸儒評論及志傳祭文,與宋本七卷不合。明嘉靖間漳浦王會曾爲刊行,國朝康熙初其裔孫沈珂復校正重刊,此九卷之本也。周沈珂又編周元公集十卷,附録後人詩文。周子著述最少,而諸儒辯論最多,故歷代編集者多所附益,始克成帙,然不若吕氏《抄釋》之爲得實也。集中《愛蓮説》,江昱以爲出於依託,然别無顯證。周子之書,惟《抄釋》得其精要,餘多不能簡潔。至於《周子年譜》及《濂溪集》,屢

經增翻，板本益劣。又如《通書問》《太極辨》，他人各自爲書者，更不可勝紀，其能上接周子之傳與否？吾不能知也。

　　陸氏《通書跋》曰："濂溪之生也，世但以佳士許之耳。既死，蒲左轄作誌，黃太史作詩，其稱述亦不過如此。向使無二程先生，後世豈知濂溪爲大儒傳聖人之道耶？以此知士之埋没無聞者，何可勝計！"錄於《渭南集》

　　文光案：《周張全書》二十二卷，明徐必達編，周子之書七卷。又案：周子以愛蓮名其室，而刻説於石，其曾孫以墨本贈朱子，朱子爲書其後，見《朱子大全集》，江昱以爲依託，恐不然也。①

耿氏此文有簡介，有引述，有疑問，有辨駁，值得重視。

需要指出的是，此本最後一卷標爲"文録一""記一"，僅録六位宋人的十餘篇記文，絶非完本。筆者估計有兩種可能：一是董榕没有編完，二是受命刻寫者没有抄刻完。

【序跋】

序　　胡寶瑔

濂溪之上，書院新成。九江太守董公既繕完其事而落之，復輯《周子全書》示余，將使學者知《圖》《書》精奧，性命元微，爲萬事萬物之所從出，而立誠爲本。孳孳不息，於是山下出泉，葆其静而清之，本真而毫無汨亂；優游蒙養，以果以育，斯希賢之士，載道之文，不難鼓舞振興，蔚然輩出。

《全書》中如手札、家郵，罔不綜收，見賢者率爾操觚，必歸於正。其和順之氣，蒸蒸溢於楮墨，足以覘所養之純粹。婦孺奚僮亦繾綣殷濃千載下，挹其辭氣夷愉，情懷衝煦，尤使人感發不能已已。洪惟聖祖仁皇帝纂《性理精義》一書，謂周子《太極圖説》《通書》，誠爲《學》《庸》《語》《孟》以後僅見之書，悉載全文，附以朱子解説，使學者知道理之根原、學問之樞要。世宗憲皇帝泰運光昭，乾文瑞應，五星日月，璧合珠聯，視有宋之星聚於奎，徵理學先兆者尤爲炳焕。而聖德神功所以啓文明之盛，集聖學之成者，度越百王，無與倫比。我皇上抒聖明天縱之筆，跋《大學衍義》之文，謂周茂叔有光風霽月氣象，蓋其廣大寬弘之量，得太極自然

---

① （清）耿文光：《萬卷精華樓藏書記》卷七十四，中華書局，1993年，第631頁。

之理，故茂叔生知者也。又伏讀御製詩："偉哉無極翁，粹然秉道氣。學不由師傳，理已臻極致。"所以闡明先哲之菁華，發攄斯道之統緒，至精至確，箴以加矣。恭叙帝綸列爲卷首，蓋聖聖相承，治統道統，合而爲一也。至於群儒之發揮緒論，咸著於編。吾知濂、洛、關、閩之實學，當並燦然輝耀於時，而周子爲倡道之宗。其書潔净精微，直與《易》準，尤堪上續遺經，比之《天球》《河圖》，喬煌寶貴者也。

　　學者服習於斯，蘊爲德行，發爲事業，仰承清化，日盛月新，近大賢之居，沐其流風餘韻，倍加濯磨，而果不負吾儒守待之責也。予於兹有厚望焉。

　　乾隆二十一年歲在丙子九月朔旦，撫江使者後學胡寶瑔謹序。

【目錄】
卷首
　　　　聖祖仁皇帝御纂性理精義
　　　　聖祖仁皇帝欽定古文淵鑒
　　　　　　御批宋周惇頤太極圖説
　　　　　　御批宋程顥答横渠張子厚論定性書
　　　　　　御批宋程頤顔子所好學論
　　　　　　御批宋魏了翁拙齋記
　　　　世宗憲皇帝聖諭
　　　　皇上御製恭跋性理精義
　　　　御製日知薈説
　　　　御製以仁育萬物以義正萬民論
　　　　御製動亦定静亦定論
　　　　御製詩
　　　　乾隆五年十月奉上諭
卷一　　**太極圖**朱注
　　　　太極圖説章句上朱注　集説
卷二　　**太極圖説章句下**朱注　集説
卷三　太極圖説發明一
　　　　朱子一
　　　　延平師生問答

答陸子美書梭山書附

答陸子靜書象山書附

答書

答胡廣仲書

答楊子直書

答廖子晦書

答黃直卿書

卷四　太極圖説發明二

朱子二

語類附見

卷五　太極圖説發明三

諸儒一

論太極　　宋　張栻

中庸太極體用説　　黃榦

論太極　　黃榦

太極字義　　陳淳

書晦庵太極圖解後　　度正

太極通書講　　王柏

答或人問　　元　許謙

太極圖説述解序　　明　曹端

太極圖説述解　　曹端

辯戾　　曹端

語録　　曹端

卷六　太極圖説發明四

諸儒二

讀書録論太極圖　　明　薛瑄

居業録論太極　　胡居仁

無極而太極論　　陳錫

太極在先天範圍之内論節　　歸有光

語録論太極　　顧憲成

太極論　　國朝　陸隴其
　　　約言録論太極　　魏裔介
　　　遺書輿論論太極　　湯斌
　　　遵旨講太極圖説進呈　　張伯行
　　　太極圖説講義　　張伯行
卷七　通書一_{朱注　集説　朱子語類附見}
　　　誠上第一
　　　……
　　　誠幾德第三
卷八　通書二_{朱注　集説　朱子語類附見}
　　　聖第四
　　　……
　　　治第十二
卷九　通書三_{朱注　集説　朱子語類附見}
　　　禮樂第十三
　　　……
　　　師友上第二十四
卷十　通書四_{朱注　集説　朱子語類附見}
　　　師友下第二十五
　　　……
　　　蒙艮第四十
卷十一　太極圖説通書發明一
　　明道程子
　　定性書_{附施氏璜語}
　　伊川程子
　　周易序_{附竇氏克勤語}
　　顏子所好何學論_{附施氏璜語}
　　朱子
　　太極圖説通書書後
　　又延平本

延平師友問答
答汪帥書
答何叔京書又論
諸儒一
通書序略　　胡宏
通書後跋　　祁寬
通書後跋　　張栻
性理字義　　陳淳
又論　　陳淳
論　　游九言
語錄　　黃榦
論　　陳孔碩
論　　度正
論　　真德秀
論　　葉水心

卷十二　太極圖説通書發明二

諸儒二
論　　宋　陳埴
又　　胡一桂
理一分殊　　王柏
學_{論明善}　　王柏
中庸　　王柏
研幾圖序　　王柏
龍門子　　明　宋濂
試院與同列論太極_{月川年譜　張信民纂}　　曹端
讀書錄　　薛瑄
與陸元靜　　王守仁
答周道通　　王守仁
與黃勉之　　王守仁
答倫彥式　　王守仁

約齋記　　王守仁

傳習録　　王守仁

困知記　　羅欽順

卷十三　太極圖説通書發明三

諸儒三

語録　　明　薛敬之

跋太極圖定性書西銘論仁體四篇後　　羅洪先

寐言　　羅洪先

答門人問　　羅洪先

書萬曰忠扇　　羅洪先

答雙江公　　羅洪先

跋通書聖學章後　　羅洪先

語録　　楊起元

語録　　周汝登

語録　　顧憲成

散言　　王悟

勢重不可反論　　諸燮

與譚生大禮等兩會　　曹於汴

會語　　高攀龍

語録　　金鉉

語録　　陳龍正

無欲則靜虛動直論　　吳曰慎

約言録　　國朝　魏裔介

與魏環溪論學書　　魏裔介

與白方玉書　　魏裔介

學言　　湯斌

閱詹先生太極河洛洪范諸解疑　　陸隴其

讀正蒙太虛條　　陸隴其

讀元史五行志　　陸隴其

榕村講授劄記　　李光地

卷十四　太極圖說通書發明四

　　讀書說　　胡承諾

　　繹志　　胡承諾

　　太極圖說根元　　許三禮

　　太極皇極約言　　許三禮

　　海昌講學會語 聖學之一體由己見　　許三禮

　　困學錄集粹　　張伯行

　　太極圖疏義　　耿介

卷十五　太極圖說通書發明五

　　朱陽書院講習錄　　竇克勤

　　誠者聖人之本論　　竇克勤

　　太極圖說疏義　　李來章

　　達天錄　　李來章

　　太極太虛同異　　俞長城

　　主靜主敬同異　　俞長城

　　誠通誠復說　　俞長城

　　周易函書　　胡煦

　　周子太極圖說解 先天易貫上　　劉元龍一

卷十六　太極圖說通書發明六

　　先天易貫下　　劉元龍二

　　性命約旨　　黃文成

卷十七　周子遺文並詩

　　愛蓮說

　　　晦庵書說 附

　　養心亭說

　　　晦庵語錄 附

　　　度周卿記說 附

　　拙賦

　　　晦庵書賦 附

　　邵州新遷學釋菜祝文

又告先師文
　　孔延之學記附
彭推官詩序
　　彭推官詩附
　　度周卿跋
與傅耆伯成書
慰李大臨才元疏治平二年
與二十六叔等手帖
與仲章姪手帖
　　鄒教授甥跋附
　　南軒跋附
回謁鄉官昌州司錄黃君慶牒
賀傅伯成手謁嘉祐六年
　　度周卿跋附
書仙臺觀壁
　　費琦和詩附
遊山上一道觀三佛寺詩
　　費琦和詩附
喜同費長官遊山詩
　　費琦和詩附
　　又呈謝簽判殿丞寵示遊山之什附
和費長官游山詩
　　李悅齋跋附
劍門
萬安香城寺別虔守趙公詩
　　清獻和詩附
行縣至雩都邀余杭錢建侯拓四明沈幾聖希顏同遊羅巖嘉祐八年正月七日刻石
同石守遊
江上別石郎中
憶江西提刑何仲容

同宋復古遊大林寺
題寇順之道院壁
題浩然閣
題酆都觀三首刻石觀中
按部至潮州題大顛堂壁
按部至春州
題惠州羅浮山
贈虞部員外郎譚公昉致仕
濂溪書堂
思歸舊隱
書窗夜雨
書舂陵門扉
　南軒語附
東林寺題
澹山巖肩留題
連州城西大雲巖留題
德慶府三洲巖留題
肇慶府星巖留題
　蔣概巴東龍昌洞行記附
任所寄鄉關故舊
春晚
牧童

卷十八　周子遺事朱張語錄附見於後

卷十九　附錄諸賢贈送唱酬等作
　送周茂叔赴合州僉判詩　　任大中
　和周茂叔席上酬孟翶太博　　傅耆
　和周茂叔暨閭裴三公招隱詩　　傅耆
　賀周茂叔弄璋詩　　呂陶
　送周茂叔殿丞序並詩　　呂陶
　贈茂叔太博　　潘興嗣

題濂溪　　潘興嗣
和茂叔憶濂溪　　潘興嗣
同周敦頤國博游馬祖山　　趙抃
次韻周茂叔國博見贈　　趙抃
次韻周茂叔重陽近見菊　　趙抃
次韻周國博不赴重九飲會見寄　　趙抃
題周茂叔濂溪書堂　　趙抃
送周茂叔通判虞部赴零陵　　程師孟
寄永州通判周茂叔虞部　　趙抃
益帥趙閱道以詩寄周茂叔程公闢相率同和　　潘興嗣
乙巳歲除日收周茂叔虞曹武昌惠書
　　　知已赴官零陵丙午正月內成十詩奉寄　　蒲宗孟
贈周茂叔　　何平仲
聞周茂叔中年有嗣以詩賀之　　何平仲
題周茂叔拙賦　　何平仲
濂溪謁周虞部　　成都李大臨
濂溪隱齋　　任大中
再題虞部周茂叔濂溪　　任大中
江上懷永倅周茂叔虞部　　任大中
送永倅周茂叔還居濂溪　　任大中
寄廣東運判周茂叔　　任大中
題濂溪書堂　　孔平仲
附錄諸賢懷仰紀述等作
茂叔先生濂溪詩呈次元仁弟　　蘇軾
濂溪詞并序　　黃庭堅
濂溪詩　　張舜民
濂溪詩　　王庶
營道齋詩并序　　何棄仲一作何棄
遊濂溪詞并序　　鄒勇
零陵通判廳事後作堂予以康功名之仍賦鄙句　　胡寅

山北紀行二首　　朱熹

齋居感興二十首之二　　朱熹

謁濂溪先生祠堂　　王溉

留題九江濂溪書堂　　度正

再題　　度正

濂溪識行嘉泰辛酉十一月十五日　　魏嗣孫

同前　　薛師董

題祠堂　　王子修

同前　　周剛

題濂溪祠　　鮑昭

題濂溪嘉定辛未十月二十七日　　薛袚

敬書濂溪　　幸元龍

題濂溪　　林煥

敬題濂溪先生書堂　　柴中行

嘉定七年九月十三日敬拜濂溪堂先生祠下　　蜀文仲璉

領客溪堂分韻詩并序　　魏了翁

濂溪六詠　　潘之定

書濂溪光風霽月亭　　朱熹

留題書堂　　李埴

同前　　安公直

同前　　魏了翁

同前　　家大酉

同前　　呂[①]昌裔

愛蓮詩　　朱熹

卷二十　年譜

宋史道學本傳　　脫脫

濂溪先生墓誌銘　　潘興嗣

濂溪先生事狀　　朱熹

[①]　此字爲"吳"之誤刻。

卷二十一　列代褒崇①
卷二十二　文録一
　　記一
　　　道州濂溪祠記紹興二十九年己卯　　胡銓
　　　江州濂溪書堂記　　朱子
　　　袁州州學三先生祠記　　朱子
　　　隆興府學先生祠記　　朱子
　　　邵州特祀濂溪先生祠記　　朱子
　　　邵州先生祠記　　朱子
　　　徽州婺源縣學三先生祠記　　朱子
　　　永州倅廳拙堂記　　曾幾
　　　邵州希濂堂記附傅伯崧希濂説　　楊萬里
　　　尤溪縣傳心閣銘并序　　張栻
　　　邵州復舊學記　　張栻
　　　靜江府學三先生祠記　　張栻
　　　廣東憲司先生祠記　　張栻
　　　道州重建先生祠記　　張栻
　　　南康軍新立先生祠記　　張栻
　　　永州府學先生祠記　　張栻
　　　南安初建三先生祠記　　郭見義

附：清德宗光緒二十九年周子後裔重刊本跋語

　　按：此本是道州周子後裔在光緒二十九年（1903）對乾隆年間董榕輯《周子全書》的重刊，字皆正楷，十册，封面署有"道縣新教館代印"字樣，扉頁題"光緒癸卯孟冬濂溪後裔重刊"，湖南圖書館有藏。
　　由於是重刊本，此本內容與乾隆間刊印的《周子全書》基本一致，只是缺載卷二十二最後兩條記文，即張栻《永州府學先生祠記》和郭見義《南安初建三先生祠

---

① 從宋嘉定十三年列至清乾隆二十三年。

記》。但卷末新增三篇跋語，茲載録如下。

跋一　施啓宇

《周子全書》，世所寶貴。道州居湖南之上游，民氣樸實，易以善相感。余兩權州事，其再至也，因事過月巖，望濂溪故里，流連景仰，如親炙其人，於以知州之非難治者。周子流風於今未墜，州之民雖百世後猶聞風興起也。博士文峰克承家學，以《全書》原板無存，商請重付棗梨，俾廣傳播。余嘉其志，捐銀圓三十，非云助也，以誌向慕之忱云爾。周子之裔凡七支，溯其先凡十八支，其各量力捐助，以彰先德，以盡族誼，不足，再商諸紳耆。一州之大，知必有解囊以繼之，而樂成此舉，與余同心者矣。

署道州事崇明施啓宇啓，光緒癸卯年仲冬月吉日。

跋二　王先慎

濂溪周子開理學之傳，所著《太極》《通書》與"四子""六經"同壽天壤。董定巖觀察表彰二書，輯爲是編，進呈乙覽。惜原刻燬於兵燹。歲庚子，余司鐸春陵學署之西，與先生祠宇比連，嫡裔翰博文峰讀書其間，貧而力學，篤躬行，輕勢利，有濂溪遺范，前刺史張榕陔器之深，相結厚贈。入都承襲世職，歸里後，境愈窘，守愈堅。余雅重之，時與往來，既而以是編見示，更議重付剞劂，以永其傳。竊念先生之學，上承鄒魯，下衍閩洛。觀察是編，發明先生之道，至爲詳盡，是不可以無傳也。同時崇明施侯穉桐蒞任是邦，因共捐廉以倡，囑文峰董其役，適穉桐瓜代期滿，余亦以憂交卸，不獲即觀厥成。迄今兩閱春秋，余適賦閒家居，鏤板既竣，郵寄前來，既幸是編之傳，爰誌顛末，用伸景仰云耳。是爲序。

星沙後學王先慎謹識，光緒癸卯年仲冬月吉日。

跋三　周監

是編爲豐潤董定巖先生輯。先生性至孝，天資超邁，無書不讀，工詩古文詞，下筆葩流。初由拔貢，筮仕河南，歷浙江、江西諸省。宦轍所至，興起斯文，惟恐不及。嘗創濂溪書院於匡廬之陰，建聖蘊殿崇祀元公，以二程子配，開睎賢路，架濯纓橋，構太極廬，列光風、霽月、生意、灑襟四亭於各峰之巔。是書乃分巡吉南贛寧時所編輯，板藏於家。光緒戊子，其玄孫厚齋刺史來治春陵，下車即訪是書，具述家藏原刻,咸豐初燬於兵,覓之數十年,今始得見,如獲珠貝,即議重刊,緣瓜代期滿,錄副而去。監昔年承襲北上,徧詢廠肆,亦不可得。是本乃嘉慶間族伯祖五橋公自都門購歸。公家故多藏書,兵燹後插架琳琅,散佚殆盡,惟是書完善無缺,殆先人呵護之靈所式憑歟!崇明施稺桐刺史以名進士奉檄來州,尤以表章前哲、嘉惠藝林爲己任,謂是編搜采極博,於元公微言大義闡發詳賅,遠勝他本,且經董氏進呈乙覽,是不可無傳,首捐廉以倡,俾重鋟板。瀕行,命監任其役,爰合族人醵金重付手民,逾年蕆事,因敍其源委如此。

光緒癸卯長至日,元公二十六世孫博士監謹識。

六、清高宗乾隆四十五年四庫全書本《周元公集》八卷

此本的底本是康熙時周沈珂父子"重輯"的《宋濂溪周元公先生集》十卷,《周元公集》乃《宋濂溪周元公先生集》的簡稱。據文淵閣《四庫全書》的《周元公集》書前提要,此書在乾隆四十五年(1780)正式收入《四庫全書》。收錄時做了一些處理,主要是將原來十卷文集後面的《世系遺芳集》五卷全部遺去,還把文集前兩卷和全書的序跋內容也徑直刪除,這前兩卷正是四庫本《提要》和《總目》兩篇《提要》述及的"圖譜",遂致三篇《提要》所述與四庫本《周元公集》實際載錄情況存在明顯出入。由此也可知《提要》的作者們當時並無刪削有關"圖譜"之意,"圖譜"之被刪削當爲具體收錄刊刻者之妄爲。

此本沒有序跋,目錄也與周與爵本《宋濂溪周元公先生集》十卷的後八卷全同,故這裏不再錄載,僅將四庫本收錄時所寫的三篇提要內容列在下面。

(一)文淵閣《四庫全書》"集部三·別集類二"收錄編修朱筠家藏本《周元公集》的書前《提要》:

臣等謹案:《周元公集》八卷,宋周惇【敦、敦】①頤撰。惇【敦、敦】頤,字茂叔,道州營道人,元名惇【敦、敦】實,避英宗舊諱改焉。以舅鄭向恩補官,熙寧初累官

---

① 本段括弧內文字分別據文溯閣和文津閣本的四庫全書卷前提要(後者加底線)。見金毓黻等編《文溯閣四庫全書提要》卷八十五《集部七·別集類六》,中華書局影印1935年遼海書社排印本,2014年,第四冊,第2816—2817頁;李國慶輯:《四庫全書卷前提要四種》之《文津閣本四庫全書卷前提要》,大象出版社,2015年,第十四冊,第2125頁。

至廣東轉運判官、提點刑獄,以疾求知南康軍,卒。嘉定十三年賜諡曰元公,淳祐【佑】中封汝南伯,從祀孔子廟廷。事迹具《宋史·道學傳》。是集馬端臨《經籍考》作七卷,陳振孫《書錄解題》謂"遺文纔數篇,爲一卷,餘皆附錄"。此本首遺【餘】書、雜著一卷,次圖譜一卷【二卷、二卷】,其後六卷則皆諸儒議論及誌傳祭文。與宋本不甚相合,而大致亦不甚相遠。蓋後人微有所附益也。惇【敦、敦】頤作《太極圖》,究萬物之終始;作《通書》,明孔孟之本源,有功於學者甚大。而其他詩文亦多精粹深密,有光風霽月之概。《朱子語類》謂:"濂溪在當時,人見其政事精絕,則以爲宦業過人;見其有山林之志,則以爲襟袖灑落,有仙風道氣。"又謂:"濂溪清和。"孔毅甫祭文稱:"公年壯盛,玉色金聲,從容和毅,一府皆傾。"其氣象可想! 觀此言,足以知其著作矣。① 其集明嘉靖間漳浦王會曾爲刊行,國朝康熙初其裔孫周沈珂又重鐫之,原本後附《遺芳集》五卷,乃彙輯後裔之著述事迹,與本集不相比附,今別入之總集類云。

乾隆四十五年二月恭校上,總纂官臣紀昀、臣陸錫熊、臣孫士毅、總校官臣陸費墀。②

(二)《四庫全書總目》卷一百五十三《集部六·別集類六》的《〈周元公集〉提要》:

《周元公集》九卷(編修朱筠家藏本)。宋周子撰。周子之學以主靜爲宗,平生精粹盡於《太極圖説》《通書》之中,詞章非所留【留】意,故當時未有文集。陳振孫《書錄解題》載有文集七卷者,後人之所編輯,非其舊也。故振孫稱是集遺文纔數篇,爲一卷,餘皆附錄。則在宋代已勉強綴【掇】合,爲數無多矣。此本亦不知何人所編,凡遺書、雜著二卷,圖、譜二卷,其後五卷則皆諸儒議論及志傳祭文。與宋本不甚相合,而大致亦不甚相遠。蓋後人病其篇目寂寥,又取所著二書編之集內,以取盈卷帙耳。明嘉靖間漳浦王會曾爲刊行,國朝康熙初,其裔孫沈珂又校正重鐫。先儒著述,學者所宗,固不以其太少而廢之。原本後附《遺芳集》五卷,乃沈珂輯其先世文章事迹,自爲一編,與本集不相比附,今別入之總集類,不使相淆。集中《愛蓮説》一篇,江昱《瀟湘聽雨錄》力攻其出於依託,然亦別無顯

---

① 加底線的文字,文溯閣本全删,文津閣本仍保留。
② 此段落款,《文溯閣四庫全書提要》僅作"乾隆四十七年十一月恭校上",文津閣本四庫全書書前提要也僅作"乾隆四十九年十一月恭校上"。

證，流傳已久，今仍竝【並】録之焉。①

（據《欽定四庫全書總目》（整理本）卷一百五十三，第2058—2059頁）

(三)《四庫全書總目》卷六十《史部十六·傳記類存目二》的《〈周元公集〉提要》：②
《周元公集》十卷（編修朱筠家藏本）。明周沈珂編。沈珂，吳縣人，周子裔也。是集卷一爲圖、像，卷二爲世系、年譜，卷三爲遺書，卷四爲雜著，卷五爲諸儒議論，卷六爲事狀，卷七爲褒崇優恤，卷八爲祠墓諸記，卷九卷十皆附録後人詩文。雖以集爲名，實則周子手著僅五之一，今入之傳記類中，從其實也。

（據《欽定四庫全書總目》（整理本）卷六十，第840頁）

七、清宣宗道光十九年周誥編《濂溪志》七卷附《濂溪遺芳集》一卷

此本爲道州人、周子二十四代孫周誥（字午橋）於道光十九年（1839）編輯，③愛蓮堂刻本，主要依據爲康熙時吳大鎔修《道國元公濂溪周夫子志》，共四册。其中《濂溪志》七卷三册，《濂溪遺芳集》一卷一册。中國國家圖書館、上海圖書館、湖南圖書館和美國哥倫比亞大學圖書館等地有藏，影印本收載《中國祠墓誌叢刊》第三十三册。④此本又有道光十九年木活字本（無《濂溪遺芳集》一卷），湖南圖書館藏。以下據愛蓮堂刻本著録。

【序跋】

重修濂溪志序　　湯金釗

聖天子重道崇儒，化民成俗，躬精一執中於上，而期天下學者以仁義中正之

---

① 天津圖書館珍藏内府寫本《四庫全書》的卷前提要與此極爲接近，除這裏括弧内標示的不同外，還有兩點顯著差異：一是開頭處無"編修朱筠家藏本"數字，二是最後有落款"乾隆四十八年三月恭校上，總纂官臣紀昀、臣陸錫熊、臣孫士毅、總校官臣陸費墀"。見李國慶輯：《四庫全書卷前提要四種》，第二十册，第1465頁。

② 以上三篇《提要》互有出入，讀者可參閱杜澤遜《周元公集版本辨析》（《文獻》2004年第3期）、粟品孝《文淵閣四庫本〈周元公集〉的提要及底本問題》（收載張其凡、李裕民主編《徐規教授九十華誕紀念文集》，浙江大學出版社，2009年）二文。

③《中國古籍總目·史部》第691—692頁則標爲"道光十七年道州周氏愛蓮堂刻本"，"七"當爲"九"之誤。

④ 廣陵書社，2004年。

歸。金釗曩者承乏司成,蒙恩召對,諄諄訓諭以教導士子宜講明聖賢性命道德之指,使知躬行實踐,然後士習端而民風可移。大哉！皇言萬世立教之圭臬也,聖賢之道,備於四子五經;經書之精,闡於關閩濂洛;二程朱張之學,開於濂溪。天生周子,蓋以傳先生之秘而教後學於無窮也。道州舊有《濂溪志》,修於康熙二十四年,歲久漫漶,同志諸君慨然重輯,蓋能仰體朝廷闡明理學之至意,而有志於明德新民之道者。孟子曰:"奮乎百世之上,百世之下聞者莫不興起也。"而況於親炙之者乎。金釗竊復以爲居乎千里之遙,千里之外,聞者莫不興起也,而況生長其鄉者乎！彼州人士,挹光霽之流風,被圖書之餘韻,學術之正,風俗之醇,知必有異乎輓近浮薄之爲者。金釗於癸酉歲忝奉命校士,至零陵郡,虔謁元公於書院,以展平生瓣香之忱,憾未得詣故里、瞻遺像,徧覽月巖、溪橋之勝。州學諸生周誥文雅而性恬,中拔貢選,詢知爲元公二十四孫。甲戌夏,誥偕弟博士永宗至京師,曾以志序爲請。乙未,誥應試南宫,來謁,因言志已脱稿,行將授梓。今既嘉諸君子之賢,而復樂得附名簡末也,於是乎書。

誥授光禄大夫、吏部尚書、前任江蘇湖南學政、蕭山湯金釗謹序。

凡例

一,書目有七,首《遺書》,次《雜著》,三《年譜》,四《祠墓》,五《褒崇》,六《優恤》,七《文録》,照蘇州本家周沈珂之例而摘其要。

一,是書兼存歷代之例。先年奏議遺漏"門子"二字,至今遂失其額,故事有關成例者,纖悉必録。

一,舊志有《宗圖》一卷,每爲冒宗者所竊。今本支繁衍,難以備載,故缺之,以杜他族冒宗之端緒。

一,他郡祠記彙入《文録》一册,而前賢書序附焉。至晚近名流詩賦,另有别集備登,兹不載。①

重修濂溪志序　　延禧

延禧承乏道州,嘗以春秋仲月次丁率僚屬祀先賢周子於州西門外濂溪祠,景仰堂楹,道範斯在。其故居濂溪距州治二十里許,職守所羈,未克至也。已

---

① 以上内容在卷首目録前,下序則在目録後。

亥冬，子二十四孫孝廉午橋續輯《濂溪志》成，謬以掌修方志之義，是正於禧，且屬爲序。

謹按：志名濂溪，主載周子之事，事係乎子，即非濂溪必錄濂溪諸勝，則以子興寄所及而載之，蓋舊例也。舊志始前明李牧，兵燹後蕩不復存。康熙間，前牧吳君纂《濂溪先生志》十五卷，歲久，板漫漶不可辨。午橋校訛補闕，益以國朝褒崇優恤之典，並付剞劂，更數歲而後蕆事。此亦見仁孝之用心，無愧賢裔矣。或謂子爲有宋以來道學之祖，其遺書、遺事、年譜、祠墓等，誠所當志；而雜誌、手帖瑣屑之語，登臨留題之名，無乃繁蕪失體。不知道學者以道爲學，一言一動隨事發付，揆諸天理、人情、事勢，罔不確中乎自然之准的，故仁義中正之旨無往不存，應接酬酢之間無施不當。假使矜心作意，多所避忌，其涉筆札，必鮮風雅之趣。而平素拘執方板，斂手聚足，若對嚴酷之吏，是即家人婦子尚病其煩苦難堪，而況州党友朋、朝廷班列，以及四海九州之士庶。一以嚴正臨之，浹洽寡而責備多，何怪道學之名大爲天下訽病，指摘交集，讒慝煩興，作禍於清流，負獄於黨錮也。令傳道學者，皆如子之中正和平，詎有是患？然則斯志之載及瑣屑手帖，以見子未嘗自命爲道學，而誠意懇惻，內外上下，雍然怡然，無拂情慮者，正其善志子也。至夫賢喆戾止，鄉邦艷稱，好古之士，往往窮極山巔水涯，剝剔苔蘚，求得一名一字，根據討論，以寄其留連嚮慕。若子孫敍述先烈，瞻顧體例，闕而不書，使世之人懷疑於碑碣之未可盡憑，而往來之迹，漸以湮沒，是誰之過？今取諸刻與年譜、遺事並列卷中，彼此朒合，豈不信而有徵哉？禧固俗吏，未足知筆削事，而藉讀斯志，亦得附名於光風霽月之下，榮幸莫大焉。因不辭譾陋而爲之序。

道光十九年孟冬月，知道州事長白延禧謹序。

重刊濂溪志跋　　楊上容

《易》之爲書也，天人悉備。馮緇雲謂："輔嗣流於虛無，《易》於人事疏，正叔專於治亂，《易》與天道遠。"合天人一貫者，莫如周子之《易通》。其書首之以立誠，探其本於乾元，人得天心以爲心，結之以時中，體其道於艮止，人奉天則以爲則，固非高談性命，置世務於身外也。觀《書》之言"天不離人"，知人極爲太極之實；言"人不悖天"，知希聖爲希天之自。推之四十章，可蔽以一言曰："誠而已矣。"故主靜者，誠也，聖人以斯自立。主敬者，誠之者也，君子以此自修。是程子所受於周子，而朱子所宗於程子，以上述夫周子者，既嘗即其圖書表章之，以爲得千聖以來不傳之秘，固與六經並垂近世，又輯其年譜、祠墓之文，襃崇、優恤之典，綴此書後，取闕里志之義，名之曰《濂溪志》。容於元公書誦習有素矣，媿未測其道之宏深，竊私慕其爲政之精密嚴恕。通籍後宦遊西蜀，初作綿竹宰，實爲南軒故里，繼守涪州，又爲伊川講學之地，咸彬彬有儒者遺風。蓋濂洛傳授之淵源，其漸被者遠也。及今解組歸里，九疑本元公湯沐之鄉，適覩舊志殘缺，裔孫周誥爲容癸酉拔貢同年，以家庭所輯鈔本見寄，浣手讀之，歎其有關文獻，爰命剞劂氏鋟諸棗梨，以寓其高山仰止之思，後之君子繼此而修明之，庶不致如《姤說》《同人說》之散佚，其斯文之幸也夫。

　　賜進士出身、奉直大夫、歷任四川綿竹縣知縣、涪州知州、九疑後學楊上容薰沐謹跋。

【目錄】
卷首
　　重修濂溪志序　　　湯金釗
　　凡例
　　目録
　　重修濂溪志序　　　延禧
　　濂溪先生事狀　　　朱子
　　濂溪先生本傳　　　宋史
　　周子太極圖解序　　張栻
卷一　遺書
　　太極圖附朱子註
　　太極圖說附朱子註
　　總論
　　太極圖解後序　　　張栻
　　周子通書原序　　　胡宏
　　通書附朱子註
　　總論
　　通書後跋　　　　　張栻

太極通書總序　　朱子

　　太極圖辯　　周誥

卷二　　雜著

　　愛蓮說

　　養心亭說

　　拙賦

　　邵州新遷學釋菜祝文

　　又告先師文

　　　附邵州新遷州學記　　孔延之

　　彭推官詩序

　　　附彭推官宿崇聖院詩

　　與傅耆伯成書

　　慰李大臨才元疏

　　與二十六叔等手帖

　　與仲章姪手帖

　　回謁鄉官昌州司錄黃君慶牒

　　賀傅伯成手謁

　　東林寺留題

　　含暉洞留題

　　澹山巖扄留題

　　連州城西大雲巖留題

　　德慶府三洲巖留題

　　肇慶府星巖留題

　　書仙臺觀壁

　　　附費令詩

　　遊山上一道觀三佛寺

　　　附費令詩

　　喜同費君長官游

　　　附費令詩

　　　　呈謝簽判殿丞寵示遊山之什

和前韻
劍門
萬安香城寺別虔守趙公
行縣至雩都邀餘杭錢建侯拓四明沈幾聖希顏同遊羅巖
同石守遊
江上別石郎中
憶江西提刑仲容
治平乙巳暮春十四日同宋復古遊山巔至大林寺書四十字
題寇順之道院壁
贈譚虞部致仕
天池
題浩然閣
題酆都觀三首刻石觀中
　　仙都觀
　　讀英真君丹訣
　　宿山房
按部至潮州題大顛堂壁
按部至春州
題惠州羅浮山
濂溪書堂
思歸舊隱
夜雨書窗
石塘橋晚釣
任所寄鄉關故舊
書春陵門扉
春晚
牧童
暮春即事
觀易象

贈答

送周茂叔赴合州僉判　　任大中

江上懷永倅周茂叔虞部　　任大中

寄廣東運判周茂叔　　任大中

送永倅周茂叔還居濂溪　　任大中

濂溪隱齋　　任大中

再題虞部周茂叔濂溪　　任大中

和周茂叔席上酬孟翱太博　　傅耆

和周茂叔暨閻裴三公招隱詩　　傅耆

賀周茂叔弄璋　　呂陶

送周茂叔殿丞序并詩　　呂陶

贈茂叔太博　　潘興嗣

題濂溪　　潘興嗣

和茂叔憶濂溪　　潘興嗣

同周敦頤國博游馬祖山　　趙抃

次韻周茂叔國博見贈　　趙抃

次韻周茂叔重陽近見菊　　趙抃

次韻周國博不赴重九飲會見寄　　趙抃

題周茂叔濂溪書堂　　趙抃

寄永州通判周茂叔虞部　　趙抃

同程公闢和益州帥趙閱道寄周茂叔詩　　潘興嗣

送周茂叔通判虞部赴零陵　　程思孟

乙巳歲除日收周茂叔虞曹武昌惠
　　知已赴官零陵丙午正月內成十詩奉寄　　蒲宗孟

贈周茂叔　　何平仲

聞周茂叔中年有嗣以詩賀之　　何平仲

題周茂叔《拙賦》　　何平仲

濂溪謁周虞部　　李大臨

題濂溪書堂　　孔平仲

紀述

茂叔先生濂溪詩呈次元仁弟　　蘇軾

濂溪詞并序　　黃庭堅

濂溪詩　　張舜民

濂溪詩　　王庶

營道齋詩并序　　何棄仲

遊濂溪辭并序　　鄒勇

零陵通判廳事後作堂予以康功名之仍賦鄙句　　胡寅

山北紀行二首　　朱子

齋居感興詩　　朱子

愛蓮詩　　朱子

謁濂溪先生祠堂　　王溉

留題九江濂溪書堂　　度正

再題　　度正

濂溪識行　　魏嗣孫

永嘉薛師董同兄筮從友劉仁願同來　　薛師董

題祠堂　　王子修

題祠堂　　周剛

題濂溪祠　　鮑昭

濂溪祠堂銘　　臧辛伯

題濂溪　　薛袚

敬書濂溪　　幸元龍

題濂溪　　林焕

敬題濂溪先生書堂二首　　柴中行

敬拜濂溪先生祠下　　文仲璉

領客溪堂分韻詩并序　　魏了翁

濂溪六詠　　潘之定

過萍鄉謁濂溪祠二首　　王守仁

濂溪圖意　　王守仁

讀濂溪考亭二先生年譜二首　　陳獻章

留題

　　書濂溪光風霽月亭　　朱子

　　留題書堂　　李埴

　　留題拙堂　　安公直

　　敬書濂溪書堂　　魏了翁

　　留題溪上書堂　　家大酉

　　敬書祠下　　吕①昌裔

卷三　年譜

　　原敍　　度正

　　　遺事

卷四　祠墓

　　遺像

　　贊　　朱熹

　　贊　　李崃慈

　　贊　　桑日昇

　　濂溪書院祠堂圖

　　濂溪祠圖記

　　道州濂溪祠記　　胡銓

　　道州建先生祠記　　張栻

　　重修濂溪書院祠記　　歐陽玄

　　重修濂溪書院祠記　　吳中傳

　　重修濂溪祠堂記　　李楨

　　光霽亭記　　林學閔

　　故里濂溪祠堂圖

　　濂溪故里圖記　　王會

　　故里先生祠記　　章穎

　　重建先生故里祠記　　龔維蕃

　　濂溪小學記　　趙櫛夫

―――――――――

① 此爲"吴"之誤刊。

濂溪小學楊公祠記　　　滕巽真
濂溪大富橋記　　趙櫛夫
濂溪故居祠堂記　　歐陽玄
濂溪三亭記　　周繡麟
道州濂溪先生樓田廟宇碑　　胡直
建故里廟宇書院祭田碑　　呂藿
故里月巖書院圖
月巖書院圖記　　王會
月巖辯　　張喬松
月巖　　莫英
月巖讀書亭記　　李發
享祀
祭銀
廟戶
禮制
木主
陳設
　周子一案
　程子兩案
祝文
儀注
祭濂溪先生文　　孔文仲
祭濂溪先生文　　唐珤
告周先生文　　符鍾
謁周夫子祠文　　陳鳳梧
謁元公祠文　　丁懋儒
祭元公文　　趙賢
謁濂溪先生文　　李楨
祭諫議大夫文　　張守剛
進諫議神主從祀啓聖祠文　　吳能進

進周諫議告啓聖公文　　吳能進
著太極通書解成告先生文　　桑日昇
九江濂溪墓圖
濂溪先生墓誌銘　　潘興嗣
南安初建三先生祠記　　宋郭見義
江州濂溪書堂記　　朱子
南康軍新立先生祠記　　張栻
南安創立書院祠記　　盧方春
敕賜道源書院額南安
賜御書道源書院額
宋理宗賜道州濂溪書院額
宸翰閣恭記　　楊允恭
南安理廳先生祠記　　陳宗禮
重作道源書院祠記　　葉盛
府治後廳吟風弄月台記　　張弼
江州濂溪祠記　　陳驥
興復道源書院祠記　　謝鐸
查取後裔赴九江守墓公檄
重修墓祠增置祭田記　　傅楫
重修濂溪先生墓記　　廖紀
重修吟風弄月台記　　黃芳
九江祭先生墓文　　孔文仲
奉安濂溪先生入祠文　　朱子南康太守
九江命祀文　　憲文
九江致祭文　　周冕
九江謁元公祠文　　何遷
白鹿洞祭先生文　　李夢陽
濂溪祠祭文　　王啓

卷五　褒崇①
卷六　優恤
　　　定例
　　　恩旨
　　　博士
　　　役夫
　　　世業
　　　祭田
　　　魚塘
卷七　文録
　　　尤溪縣傳心閣銘并序　　張栻
　　　邵州希濂堂記　　楊萬里
　　　邵州復舊學記　　張栻
　　　靜江府學三先生祠記　　張栻
　　　廣東憲司先生祠記　　張栻
　　　袁州學三先生祠記　　朱子晦庵
　　　隆興府學先生祠記　　朱子遯翁
　　　韶州先生祠記　　朱子
　　　徽州婺源縣學三先生祠記　　朱子
　　　邵州特祀濂溪先生祠記　　朱子紫陽
　　　永州府學先生祠記　　張栻敬夫
　　　永州倅廳拙堂記　　宋曾幾
　　　廣東憲司先生祠記　　宋蔡杭
　　　道州寧遠縣先生祠記　　魏了翁鶴山
　　　燕都周子祠堂碑　　元郝經
　　　燕都太極書院記　　郝經
　　　蘇州濂溪先生祠記　　明申時行
　　　邵州周元公祠銘　　明廖道南

---

① 從宋嘉定十三年列至清嘉慶十九年。

永明縣仰濂祠記　　　明趙賢
　　愛蓮亭記　　　明劉虬
　　永州建濂溪書院祠記　　　國朝張壽祺
　　濂溪遺芳集序　　　明方瓊
　　濂溪集跋　　　明王汝賓
　　道源書院集序　　　明黃佐
　　濂溪志序　　　明魯承恩
　　濂溪集序　　　明王會
　　周元公集序　　　黃廷聘
　　周先生志序　　　明李楨
　　濂溪周元公志序　　　李崃慈
　　濂溪先生志序　　　國朝吳大鎔
卷末
　　重刊濂溪志跋　　　楊上容

《濂溪遺芳集》一卷目錄

　　按：卷前有數行說明文字："弘治四年辛亥州侯方公刻有《濂溪遺芳集》，後之守土者輯其大綱以爲志，至今因之。其餘詩賦之未盡登者，別爲一册，仍以《遺芳集》名之，存其舊也。"不過據筆者比對，此卷內容基本同於康熙《濂溪夫子志》卷十五《古今藝文志》，只是標題、作者和順序有些變化。

　　謁濂溪書院　　　尹襄
　　修濂溪書院頌　　　胡直
　　謁元公　　　丁致祥
　　謁濂溪先生　　　尹襄
　　拜周子　　　余鳴鳳
　　遊濂溪故里　　　王會
　　光霽亭　　　蘇茂相
　　遊月巖　　　徐愛

出月巖口占　　朱應辰
遊月巖　　許宗魯
濓溪祠　　曹來旬
謁濓溪祠　　顏鯨
聖脉泉二首　　管大勳
愛蓮亭　　方良弼
月巖　　杜漸
贈默齋周博士　　曾朝節
濓溪　　孟春
謁元公　　李敷
謁濓溪書院　　顧璘
謁濓溪故里祠　　張勉學
濓溪　　方瓊
謁元公　　邵寶
謁周元公　　陳塏
詣故里謁元公祠二首　　管大勳
愛蓮亭　　曾仁
光霽亭　　楊如春
濯纓亭　　麴海
遊月巖　　趙賢
遊月巖　　王一之
謁元公二首　　陳鳳梧
仰元公　　方瓊
謁元公　　沈鍾
謁周子祠　　蔣灝
恭謁濓溪祠　　周縉
拜先子　　周冕
謁元公祠　　姚昺
謁元公　　韓陽
謁周夫子　　孟春

謁元公祠　　吳廷舉
拜元公祠　　方瓊
謁濂溪先生祠　　鄧雲霄
謁濂溪書院祠　　李發
謁元公祠　　錢達道
謁周子祠　　呂繼梗
謁濂溪祠　　周誌
拜元公墓　　陸深
味道亭　　李發
愛蓮亭　　盛祥
愛蓮亭　　方瓊
光霽亭　　李東芳
光霽亭　　孟養浩
光霽亭　　陳之京
濂溪　　蔣天相
遊故里　　顏鯨
遊故里　　董汝第
月巖　　黃廷聘
遊月巖　　吳能進
太極巖　　周官
讀月巖辯　　韓子祈
遊月巖　　李發
謁元公祠　　羅倫
故里二首　　趙賢
詣故里　　盧仲佃
謁元公祠二首　　唐顯悅
謁濂溪先生祠　　羅洪先
故里值風月　　朱應辰
憶元公三首　　盧仲佃
元公祠　　錢源

元公祠　　趙宏

題濂溪　　戚昂

愛蓮二首　　王謙

題交翠亭　　柳邦傑

有本亭觀水　　杜漸

愛蓮亭　　姚昺

坐愛蓮亭得句　　姚昞①

讀拙賦　　姚昞

題濂溪　　吴繼喬

題月巖書堂　　吴繼喬

月巖　　方瓊

太極巖　　王會

月巖　　王會

愛蓮亭　　錢源

月巖　　王遵度

月巖　　石國綸

月巖　　許魁

謁故里元公祠二首　　桑日昇

遊月巖　　吴大鎔

遊濂溪　　祝先鑑

遊月巖　　祝先鑑

聖脉泉　　王遵度

讀愛蓮説　　陸達

遊月巖　　何大縉

讀濂溪志寄弟道州　　林學曾

仰元公用前韻　　林學閔

攜通書解謁元公　　桑日昇

讀元公年譜　　桑日昇

---

① 此"姚昞"與上一條的"姚昺"應爲同一人，當是刻印者爲追求變化，故意變換寫法。下同。

月巖　　閻煌
遊太極亭　　李慎修
謁濂溪夫子祠二首　　楊汝穀
謁濂溪夫子敬賦　　程景伊
謁月巖有述　　李徽
謁周夫子像　　王遵度
謁元公祠　　董廷恩
仰元公二首　　郝相
仰周子四首　　郝林
濂溪詩　　金憲孫
謁故里元公祠　　朱士傑
吟風弄月臺賦　　蕭子鵬

八、清宣宗道光二十七年鄧顯鶴編《周子全書》九卷

　　此本是湖南大儒鄧顯鶴在道光《濂溪志》的基礎上編刻的，各卷卷首皆刻有"道州濂溪志原本"數字，清道光二十七年(1847)景濂堂刻本(扉頁以隸中帶楷的字體雙行題"道光廿有七年新化鄧氏開雕於邵州濂溪精舍之景濂堂")。除《周子全書》九卷外，還有首二卷、末一卷。卷首上無題署，卷首下題"新化後學鄧顯鶴湘皋謹編"，從卷一開始則題署"新化後學鄧顯鶴子立謹編、湘鄉後學彭洋中彥深校刊"。湖南圖書館、四川省圖書館等地有藏。

【序跋】
周子全書編後記　　鄧顯鶴

　　右《濂溪先生全書》九卷，《首錄》二卷、末一卷，不入卷數。第一卷曰《遺書》一，爲《太極圖》《太極圖說》。第二卷曰《遺書》二，爲《通書》。二書皆朱子註，別有集義、發明。謹遵欽定《性理精義》原本，兼採用道州家刻，詳審校訂。第三卷曰《雜著》，爲古今體詩三十一首，爲雜文六首，爲書帖六首，爲題名十則，以上皆先生自著。第四卷曰《附錄》，爲贈答四十三首，爲題詠三十首，爲祭文六首，爲題

名五則。第五卷曰《紀述》一，其目爲文徵一，凡宋文十七篇。第六卷曰《紀述》二，其目曰文徵二，凡宋文五篇，元文五篇，皆略案年代敍次。第七卷曰《紀述》三，其目爲典章一。第八卷曰《紀述》四，其目爲典章二。第九卷曰《紀述》五，其目爲典章三。卷末曰《摭錄》，則凡宋以來及近日之詩文皆在焉。

先是，顯鶴以近人所刻《圭齋文集》蕪雜，釐而訂之爲十八卷、補遺一卷刊行，見者以爲善本。因思周子大儒，誕生吾楚，而其遺書、文集，苦乏精刻。明代自嘉靖、萬曆以來，州守魯承恩、王會、李嵊慈諸人刻行之本，久不見。惟道州舊刊《濂溪志》麻沙板本，幾不成書。近先生二十四代孫誥家刻較勝原本，而編次亦未盡善。顯鶴生長邵州，爲先生權守過化之地。自來濂溪，僭充院長。既求先生詩，編入《沅湘耆舊集前編》。因取先生"閒坐小窗讀《周易》"句，名其齋爲讀易窗。意又以先生興起邵學，吾邵人尤不可無書。而事體重大，未敢輕舉。去歲以《圭齋集》寄贈吾友黔陽學黃虎癡本驥。今春覆書，盛稱是集重刻之功，而以《周子全書》關係尤重，從臾卒業。因取濂溪家刻，詳審編次，釐爲九卷。而別錄史傳、事狀、墓誌、諡議、崇祀、追封、年譜、遺事之類，爲首二卷，冠以《四庫總目提要》與先生遺像，敬謹鋟木，名曰《周子全書》。以先生平生精蘊，全在《圖》《書》二種，當與"六經""四子"並垂天壤。今既校刊全集，不能不以二書編入，故易集爲書，體例略倣呂涇野《周子抄釋》而變通之，詩文則稱"雜著"，以原非先生所留意，且其中又有手謁、題名之類，不得以詩文概也。《四庫總目》以謂宋五子中，先生書最少，而後人辨論亦惟先生書最多。朱、陸兩家無極太極之辨，至於今斷斷未已。度周卿所云："百世之下，或有沮毀之者，其何傷於日月乎！其何傷於日月乎！"刻成，敬書其校刊緣起年月如此。自知僭妄，無所逃罪，然於後生小子求讀先生書者，亦未必無小補也。

道光二十七年歲次丁未五月己卯朔辛丑日，新化鄧顯鶴謹識於古希濂堂之讀易窗。

【目錄】

周子全書編後記[①]　　鄧顯鶴

卷首上

　　欽定四庫全書總目

---

① 此記原置全書目錄之後。

欽定四庫全書簡明目錄

　　　遺像

　　　宋史道學傳論

　　　宋史道學本傳

　　　宏簡錄道學傳

　　　事狀

　　　墓誌銘

　　　諡議

　　　崇祀追封詔

　　　湖南通志傳　學統傳　寶慶府志傳

　　　沅湘耆舊集前編小傳

卷首下

　　　年譜　宋道州牧龔維蕃趙節夫二記附

　　　遺事　遺事續附

卷第一　遺書上

　　　太極圖

　　　太極圖說　　朱子註

卷第二　遺書下

　　　通書　　朱子註

卷第三　雜著

　　　書舂陵門扉

　　　牧童

　　　春晚

　　　劍門

　　　天池

　　　題酆都觀三首

　　　同石守遊

　　　江上別石郎中

　　　書仙臺觀壁

　　　遊山上一道觀三佛寺

喜同費君長官遊

和費君見謝詩

萬安香城寺別虔守趙公

行縣至雩都邀餘杭錢建侯拓四明沈幾聖希顏同遊羅巖

憶江西提刑仲容

治平乙巳暮春十四日同宋復古遊山巔至大林寺書四十字

任所寄鄉關故舊

暮春即事

讀易象

題寇順之道院壁

贈譚虞部致仕

題浩然閣

按部至潮州題大顛堂壁

題惠州羅浮山

按部至春州

濂溪書堂

思歸舊隱

夜雨書窗

石塘橋晚釣

愛蓮說

養心亭說

拙賦

邵州新遷學釋菜祝文

又告先師文

　　附孔延之邵州新遷州學記

彭推官詩序

與傅耆伯成書

慰李大臨才元疏

與二十六叔父等手帖

與仲章姪手帖

回謁鄉官昌州司録黄君慶牒

賀傅伯成手謁

東林寺留題

澹山巖題名

朝陽巖題名

華陰巖題名

含暉洞題名

澹山巖題名

澹山巖重題名

連州城西大雲巖題名

德慶府三洲巖題名

肇慶府星巖題名

卷四　附録

贈答

費赤水琦四首①

　書仙臺觀壁次韻

　遊山上一道觀三佛寺

　次韻和同遊

　呈謝簽判殿丞寵示遊山之什

任大中六首

　送周茂叔赴合州僉判

　江上懷永倅周茂叔虞部

　寄廣東運判周茂叔

　送永倅周茂叔還居濂溪

　濂溪隱齋

　再題虞部周茂叔濂溪

傅成伯二首

　和周茂叔席上酬孟翱太博

---

① 原目録僅此，下面具體的四首詩題據正文列出。下同。

和周茂叔暨闾裴三公招隱詩
呂元鈞二首
　賀周茂叔弄璋
　送周茂叔殿丞詩并序
趙閲道八首
　同周惇頤國博游馬祖山
　次韻周茂叔國博見贈
　次韻周茂叔重陽近見菊
　次韻周國博不赴重九飲會見寄（二首）
　題周茂叔濂溪書堂
　寄永州通判周茂叔虞部
　次韻酬周茂叔送別
潘延之四首
　贈茂叔太博
　題濂溪
　和茂叔憶濂溪
　同程公闢和益州帥趙閲道寄周茂叔詩
程公闢一首
　送周茂叔通判虞部赴零陵
蒲傳正一首
　乙巳歲除日收周茂叔虞曹武昌惠知已赴官零陵丙午正月内成十詩奉寄
何平仲三首
　贈周茂叔
　聞周茂叔中年有嗣以詩賀之
　題周茂叔拙賦
李才元一首
　濂溪謁周虞部
孔義甫一首
　題濂溪書堂

題詠

黃魯直一首

　濂溪詞并序

蘇東坡一首

　茂叔先生濂溪詩呈次元仁弟

張南圖一首

　濂溪詩

王子尚一首

　濂溪詩

何棄仲一首

　營道齋詩并序

鄒教授一首

　遊濂溪辭并序

胡明仲一首

　零陵通判廳事後作堂予以康功名之仍賦鄙句

朱子四首

　山北紀行二首

　齋居感興詩

　愛蓮詩

王郡守二首

　謁濂溪先生祠堂并序

度周卿二首

　留題九江濂溪書堂

　再題

魏嗣陽一首

　濂溪識行

薛師董一首

　永嘉薛師董同兄笙從友劉仁願同來

王子修一首

　題祠堂

周剛一首
　題祠堂
鮑昭一首
　題濂溪祠
臧郡丞一首
　濂溪祠堂銘
薛袚一首
　題濂溪
幸元龍一首
　敬書濂溪
林文叔一首
　題濂溪
柴與之二首
　敬題濂溪先生書堂二首
文仲璉一首
　敬拜濂溪先生祠下
魏華父一首
　領客溪堂分韻詩并序
潘之定六首
　濂溪六詠
王陽明三首
　過萍鄉謁濂溪祠二首
　濂溪圖意
陳白沙二首
　讀濂溪考亭二先生年譜二首
祭文
孔經甫一首
　九江祭先生文
朱子二首
　奉安濂溪先生入祠文

祭濂溪先生文
唐郡守一首
　祭濂溪先生文
李空同一首
　白鹿洞祭先生文
宗子周冕一首
　九江致祭文
題名
朱子一則
　書濂溪光風霽月亭
李埴一則
　留題書堂
安公直一則
　留題拙堂
魏華父一則
　敬書濂溪書堂
家大西一則[①]
　留題書堂
吳昌裔一則
　敬書祠下
卷五　紀述　文征一
宋胡澹庵文一篇
　道州濂溪祠記
宋張南軒文七篇
　邵州復舊學記
　道州建先生祠記
　永州府學周先生祠記
　南康軍新立先生祠記

---

① 此條原目錄漏刻，茲據正文補。

廣東憲司先生祠記
　　靜江府學三先生祠記
　　尤溪縣傳心閣銘
宋朱子文六篇
　　邵州特祀濂溪先生祠記
　　袁州學三先生祠記
　　隆興府學先生祠記
　　徽州婺源縣學三先生祠記
　　韶州先生祠記
　　江州濂溪書堂記
宋曾吉甫文一篇
　　永州倅廳拙堂記
宋楊誠齋文一篇
　　邵州希濂堂記
宋郭教授文一篇
　　南安初建三先生祠記

卷六　紀述　文征二
宋汪教授文一篇
　　邵州周先生祠記
宋章茂獻文一篇
　　故里先生祠記
宋蔡仲節文一篇
　　廣東憲司先生祠記
宋魏華父文二篇
　　道州寧遠縣先生祠記
　　邵州周元公祠堂記
元郝伯常文二篇
　　燕都周子祠堂碑
　　燕都太極書院記
元歐陽圭齋文三篇

道州修學記

道州路重修濂溪書院記

濂溪故居祠堂記

卷七　紀述　典章一

宋理宗敕賜南安軍道源書院額

宋理宗御書道源書院額

　附明葉盛重修道源書院祠記

　附明謝鐸興復道源書院祠記

　附明黃佐道源書院集序

宋理宗敕賜道州濂溪書院額

宋楊允恭宸翰閣恭記

宋趙櫛夫濂溪故里小學記

宋滕巽真濂溪故里小學楊公祠記

　附明吳中傳重修濂溪書院祠記

　附明李楨重修濂溪書院祠記

明英宗詔修祠墓

明孝宗行取周子後裔守墓檄

明武宗奏請修理祠墓原委

　附明傅楫重修祠墓增置祭田記

　附明廖紀重修濂溪先生墓記

卷八　紀述　典章二

從祀啟聖祠原委

祭諫議大夫文

進諫議神主從祀啟聖祠文

進周諫議告啟聖文

優恤後裔世襲原委

明史儒學傳

　附明方瓊濂溪遺芳集序

　附明魯承恩濂溪志序

　附明王會濂溪集序

附明黃公①聘周元公集序

　　附明李楨周先生志序

　　附明李嵊慈濂溪周元公志序

卷九　紀述　典章三

　　國朝世祖章皇帝議授元公後裔世襲五經博士

　　聖祖仁皇帝以元公後裔世襲五經博士

　　姚締虞請優錄濂溪子孫疏

　　　　附國朝吳大鎔濂溪先生志序

　　世祖章皇帝升宋儒周子稱先賢

　　聖祖仁皇帝特賜學達性天扁額

　　張仲舉請賜祠額疏

　　　　附宗子周嘉耀謝表

　　高宗純皇帝乾隆六年禮部議奏

　　祠堂特祀禮制

　　木主

　　祝文

　　歷代祭文

　　廟户

　　世業

　　祭田

　　　　附明胡直道州濂溪先生樓田廟宇記

　　　　附明吕藿建故里廟宇書院祭田記

卷末　撫錄

　　宋盧方春文一篇

　　　　南安創立書院祠記

　　宋陳宗禮文一篇

　　　　南安理廳先生祠記

　　明陳驥文一篇

---

① "公"爲"廷"之誤刻。

江州濂溪祠記
明趙賢文一篇
　　永明縣仰濂祠記
明申時行文一篇
　　蘇州濂溪先生祠記
明廖道南文一篇
　　邵州周元公祠銘
明瞿景淳文一篇
　　道州重修儒學記
明郭崇嗣文一篇
　　會濂書院記
明朱應辰文一篇
　　崇正書院記
明張弼文一篇
　　府治後廳吟風弄月臺記
明王會文一篇
　　月巖書堂圖記
明張喬松文一篇
　　月巖辯
明李發文一篇
　　月巖讀書亭記
明顧憲成文一篇
　　遊月巖記
明周繡麟文一篇
　　濂溪三亭記
明林學閔文一篇
　　光霽亭記
明劉虯文一篇
　　愛蓮亭記
明劉謹文一篇

邵州愛蓮亭記
明陶珙文一篇
　　重修邵州愛蓮池四先生祠記
國朝魏紹芳文一篇
　　建濂溪書院碑記
國朝張壽琪文一篇
　　永州建濂溪書院祠記
國朝惠體廉文一篇
　　邵州建濂溪祠於愛蓮池記
國朝黃宅中文一篇
　　邵州重修希濂堂記
明黃芳文一篇補錄
　　重修南安吟風弄月臺記
摭錄祭文
明何遷一首
　　九江謁元公祠文
明孟津一首
　　邵州祭濂溪先生文
明憲文一首
　　九江命祀文
明桑日昇一首
　　著太極通書解成告先生文
摭錄像贊
明李嵊慈一首
　　濂溪先生像贊
明桑日昇一首
　　濂溪先生像贊
摭錄詩詞
明羅洪先詩一首
　　謁濂溪先生祠

明費①寶詩一首
　謁元公祠
明顧璘詩一首
　謁元公祠
明張勉學詩一首
　謁濂溪故里祠
明管大勳詩一首
　寓道州公署
明李敷詩一首
　詠濂溪先生
明陳塏詩一首
　坐月巖
明曾朝節詩一首
　春陵篇贈元公宗子
明錢邦芑詩一首
　遊濂溪故里
國朝黃宅中三首
　端午日謁濂溪先生祠
　希濂堂留題二首

九、清德宗光緒十三年賀瑞麟輯《周子全書》四卷

　　此本是清末關中大儒賀瑞麟在光緒十三年(1887)依據張伯行編《周濂溪先生集》重輯,收入其《西京清麓叢書·正編》。一冊,扉頁題"光緒丁亥季夏朔日雕記",上海圖書館、美國普林斯頓大學東亞圖書館等地有藏。

---

① "費"字正文作"邵",是。

【序跋】
周子全書序　　賀瑞麟

孔孟而後，千有餘年，聖人之道不傳。道非不傳也，以無傳道之人耳。漢四百年得一董子，唐三百年得一韓子，皆不足與傳斯道。至宋周子出，而始續其統，後世無異詞焉。顧當時知其人、知其學者實罕，惟程大中知之，使二程受學。而其書亦未顯也。

其後雖有刊本，往往附《太極圖》於《通書》之後，又有妄增《圖說》首句，作"自無極而爲太極"，或且以《太極圖》出於希夷，而疑其近於老子之說。自子朱子大加是正，其所編定，有長沙本、建安本、南康本，最後有延平本，刪去重複，益求精審，而後周子之書之真乃得而見。歷年久遠，無復宋本，爲可惜。

曩睹《濂溪志》，純雜互載，頗嫌煩蕪，而張清恪公所刻《全集》，附錄雖多，發明亦半出於朱子之作，無極太極之辨、祠堂書堂之記，自有文集可考。

是刻大抵不失朱子之舊，而附以注解。文、詩依清恪本增多數篇，《年譜》《本傳》皆不可少，餘亦不敢泛引。讀者苟專力於是書，或有以得周子精要之所在，而上承洙泗，下啓洛閩，綿聖傳於不墜，振道統於中興，所謂不由師傳，再闢渾淪者，於此亦可知矣。

光緒丁亥冬月，三原賀瑞麟謹識。

【目錄】
卷首

　　周子全書序　　賀瑞麟

卷一

　　太極圖_{朱子解附}

　　圖說_{朱子解附}①

卷二

　　通書_{朱子解附}

　　太極通書後序_{建安本}　　朱子

　　再定太極通書後序_{南康本}　　朱子

　　通書後記　　朱子

---

① 正文中並附有朱子辯及注後記。

又延平本　　朱子
卷三　雜著
　　文
　　養心亭説
　　愛蓮説
　　吉州彭推官詩序
　　邵州遷學釋菜祝文二①
　　書
　　上二十六叔書
　　與仲章姪書
　　與傅秀才書
　　慰李才元書
　　回謁鄉官昌州司録黄君慶牒
　　賀傅伯成手謁
　　賦
　　拙賦
　　詩
　　題門扉
　　春晚
　　題瀼溪書堂
　　書窗夜雨
　　石塘橋晚釣
　　静思篇
　　贈譚虞部致仕
　　遊大林寺
　　題浩然閣
　　題寇順之道院壁
　　憶江西提刑何仲容

---

① 含《又告先師文》。

劍門

題大顛壁

牧童

經古寺

同友人游羅巘

題惠①州羅浮山

題鄞州仙都觀

宿山房

遊赤水縣龍多山書仙臺觀壁

喜同費長官遊

和費君樂遊山之什

江上別石郎中

香林別趙清獻

同石守遊

任所寄鄉關故舊

題名

東林寺留題

澹山巖扃留題

連州城西大雲巖留題

德慶府三洲巖留題

肇慶府星巖留題

遺事十五條

卷四　附錄

墓誌銘　　潘興嗣

墓謁銘　　蒲宗孟

墓室記　　何子舉

事狀　　朱子

年譜　　度正

宋史道學傳

---

① 正文作"會"，誤。

附　　錄

一、日本後光明天皇正保四年
　　山崎嘉編《周子書》

　　本書是日本後光明天皇時代學者山崎嘉在正保四年（清順治四年，1647）編，靈元天皇延寶八年（清康熙十九年，1680）林鐘吉辰壽文堂刊行。其書力圖恢復朱熹編次的《周子太極通書》之舊，在周子文集編纂史上相當特別，也是筆者所見唯一一部由日本學者新編的周子文集。主要藏於日本各大圖書館，湖南科技學院張京華教授亦收藏兩部。

【序跋】
跋　　山崎嘉
　　周子之書，朱子所集次，余未見之。度氏《濂溪集》、謝氏《濂溪誌》、徐氏《周子全書》，皆非其舊矣。爰不自量，參考編次，以俟異日得原本云。
　　　　　　　　　　　　　　　　　　　正保丁亥五月四日　山崎嘉跋

【目錄】
太極圖
　　晦庵解義
太極圖說
　　晦庵解義附辯
通書
　　晦庵解義
　　記通書後

太極通書後序
　周子定太極通書後序
　書徽州婺源縣通書板本後
　再定太極通書後序
　山崎嘉跋
通書後錄
　遺文
　養心亭説
　愛蓮説
　吉州彭推官詩序
　邵州遷學釋菜文
　拙賦
　上二十六叔書
　與仲章姪書
　與傅秀才書
　慰李才元書
　遺事十四條
　事狀

二、清宣宗道光二年周勳懋編
《重修周元公祠志》四卷

　　本書由浙江海昌縣周子裔孫周勳懋於道光二年（1822）編，海昌縣周氏清稿本，中國國家圖書館藏。

【序跋】
跋　　周勳懋
　　濂谿有志，後人雅意搜羅，燦然大備，而吾浙之祠獨缺焉，不見采録。昌黎云："莫爲之後，雖盛弗傳。"旨哉斯言也！余以溝愚譾陋，不足語與斯。而事之可以經久而不敝者，孰若薈萃史册志乘詩文紀述，彙成一編，梓而行之，其或者書存而祠亦可以存乎？以語木齋,木齋以爲然。因與往復商榷者匝月,而草稿粗就,將就正于姚江藕香宗丈刪改補綴,正體例而集大成,以無貽籍父之譏,以無負木齋之意。則余小子所願望而厚幸也。

道光壬午夏四月海昌裔孫勳懋謹識。

【目錄】

卷一

　　序文　　歷代敕詔奏議　　各支祠裔董事名氏

卷二

　　小像　　本傳　　墓誌　　年譜

卷三

　　祠圖　　建祠始末　　碑記詩詞附忠節小傳

卷四

　　名迹附南山祠旁名迹　　捐數　　工作費用

跋　　周勳懋

三、清德宗光緒九年彭玉麟輯《希賢錄》二卷

本書由清末奉命巡閱長江五省水師的衡陽人彭玉麟主持編輯,光緒九年(1883)刊。中國國家圖書館、上海圖書館、南京圖書館、湖南省社會科學院圖書館等地有藏。兩卷,上卷收錄有關周敦頤生平事迹的傳記和褒崇文獻,下卷收錄九江地區周敦頤墓的有關資料。國圖影印本收載《中國歷史名人別傳錄·周濂溪先生實錄》第四册,王晚霞博士據此校注後收錄其《濂溪志(八種彙編)》。

【序跋】

序　　彭玉麟

光緒八年,玉麟奉朝命巡閱長江五省水師。至九江,謁先賢周子墓。先是,咸豐五年湘鄉羅忠節、李忠武購甓石重修。至是,予見其未備也,復令湖口鎮總兵益陽丁義方庀村鳩工,經營修整,用期久遠。既成,屬予記之。予維周子之學,德行精純,體用具備,上繼文周孔孟,下啓二程張朱,宋賜諡曰"元",義深遠也。

其所著《太極圖説》《通書》，與《易·繫辭》《大學》《中庸》之旨如合符節。經朱子註釋之後，明時取以冠《性理大全》。我聖祖仁皇帝命儒臣纂修《性理精義》，復取以弁篇端，循明制頒之學宫，著爲令典，與"六經""四子"書並垂天壤。其言行、出處、進退，幾於"時措從宜"，近於"君子依中庸，遯世不見知而不悔"。《宋史》創立《道學傳》，而以先生爲首稱。朱子《濂溪先生事實》所載特詳，《宋史》即據以立傳。其賜謚，有禮臣之議；其從祀，有理宗之詔；其墓，則有潘興嗣爲之誌銘；其重修墓，則有羅忠節爲之記，皆能發明先生體用寔學。予無以益也。夫尚友古人，不徒在"過墓生哀，至廟生敬"，尤當奉爲德行、政事、學術，以爲師法焉。既撰《重修墓記》以識顛末，復取《宋史·道學傳》、朱子所撰《事實》，並《通書》講義①以及宋賜謚議、從祀詔、墓誌銘、修墓記並繪墓圖彙爲編。俾仰止先生者，考其言行，知其窮理盡性至命之學寔能存諸心，備諸身，發之於事君行政、濟人澤物之間，故可爲百世師，而非徒托空言者也。用以自勵希賢之志，且以勵同志云。

光緒九年春三月，衡陽彭玉麟謹識於退省盦。

【目録】
卷首
  序　　彭玉麟
  濂溪墓圖
  説　　丁義方
卷上
  宋史·道學傳
  九江志·理學傳
  濂溪先生事實　　朱熹
  濂溪書堂記　　朱熹
  濂溪先生像贊　　朱熹
  爲濂溪先生請謚奏　　魏了翁
  再爲濂溪先生請謚奏　　魏了翁
  濂溪先生周元公謚議　　臧格

---

① "並通書講義"五字前後分別有用毛筆做的"⌐""⌙"的符號，似乎是删去此五字的意思，因爲後面的正文中确無《通書講義》的内容。

濂溪先生周元公謚議　　　樓觀
　　濂溪書堂謚告石文　　趙善璙
　　宋理宗淳祐元年從祀文廟詔
　　宋理宗追封汝南伯制詞
　　元仁宗加封道國公制詞
　　歷代尊崇典禮
卷下
　　廬山志
　　濂溪先生墓誌銘　　潘興嗣
　　查取後裔赴九江守墓公檄
　　重修墓祠增置祭田記　　傅楫
　　重修濂溪先生墓記　　廖紀
　　濂溪祠墓記　　童潮
　　修濂溪先生墓記　　羅澤南
　　重修周子墓碑記　　彭玉麟
　　謁周濂溪先生墓記　　方宗誠

四、1929年周鳳岐編《周元公祠志略》十卷

　　本書由周子裔孫周鳳岐編，題署"中華民國十有八年三月編印"，中國國家圖書館藏。沒有序跋，下面簡列目錄，以見其概。

【目錄】
卷首　像贊
　　建炎三年　勅賜像贊
　　宋尚書右僕射呂公著題贊
　　宋范純仁題贊
　　宋門人程頤題贊
　　宋朱熹題贊
　　宋胡氏五峯題贊

明道州牧李崍慈題贊

清零陵桑日昇題贊

卷一　章程

卷二　文牘

卷三　議錄

卷四　工程

卷五　會計

卷六　祭儀

卷七　宗人錄

卷八　宗系錄

卷九　舊志輯存

卷十　藝文輯存

五、2016年李寧寧、黄林燕編纂《九江濂溪志》六卷

按：本書由九江學院李寧寧、黄林燕二先生編纂，江西人民出版社2016年出版，係《廬山文化研究叢書》之一。宋儒周敦頤曾爲官、寓居並安葬在今江西省九江市，生前身後留下了大量有關資料和遺跡。本書即以傳統《濂溪志》的形式，辛勤彙集九江市（含星子縣、修水縣）歷代有關周敦頤的各種資料而成，内容豐富，體例創新（如前五卷每卷均有若干"紀事"），地域特色明顯，是研究周敦頤在九江地區的活動及其歷史影響的珍貴文獻，也對研究整個周敦頤生平事迹及其代表的理學文化具有重要的參考價值。

【序跋】

前言

周敦頤是宋代著名的思想家和教育家，他的學說開示了後來的宋明理學，因此宋代以後周敦頤均被配祀於孔廟。而在教育史上，從他開始，書院也逐漸與理學建立了不解之緣。著名書院史專家李才棟先生說："濂溪標誌著書院與理學結合的開始，是書院這種學校模式走向成熟的開始；白鹿洞意味著結合的完成，是

書院模式的成熟。"在某種意義上説,周敦頤是站在時代的轉捩點上成爲中國思想史和教育史上的一個坐標。

一、周敦頤的生平事迹

周敦頤是我國理學的開山之祖,他的理學思想在中國哲學史上有承前啓後的作用。清代黃宗羲在《宋元學案》中説:"孔子而後,漢儒止有傳經之學,性道微言之絶久矣。元公崛起,二程嗣之……若論闡發心性義理之精微,端數元公之破暗也。""元公"即周敦頤,宋寧宗曾賜周敦頤諡號曰"元"(開始的意思),所以被人稱爲"元公"。"破暗"實指周敦頤在理學上的開拓之功。

周敦頤(亦作周惇頤,1017—1073),原名敦實,後避宋英宗舊諱改爲敦頤(宋英宗原名宗實)。字茂叔,號濂溪,道州營道縣(今湖南道縣)人,晚年居廬山蓮花峰下,以所居之地有溪似家鄉之水"濂溪",因以爲號,並以此名書堂,故人稱濂溪先生。周敦頤幼孤,隨母親依舅父龍圖閣學士鄭向,鄭愛之如己子,甚爲賞識。學成之後亦因舅氏蔭官,但仕途曲折,一生致力於學術和教育。其生平事迹如下:

1. 人品高潔,胸懷灑落

周敦頤任通判虔州(今贛州)的時候寫了一篇很有名的短文《愛蓮説》,贊揚了蓮"出淤泥而不染,濯清漣而不妖,中通外直,不蔓不枝,香遠益清,亭亭净植"的君子風格,寓托了個人的人格理想。周敦頤自己實有蓮的至善高潔。

周敦頤爲官剛正廉明,能不爲時、勢、利所屈,顯示出一種高潔的人品。北宋慶曆四年(1044),他任南安軍司理參軍的時候,能夠公正執法。如當時有個犯人法不當死,但轉運使王逵卻一定要嚴加查辦。很多人都不敢提出異議,因爲王逵這個人爲人悍厲武斷,又是地方長官,誰也不想得罪他。周敦頤以爲其中情有可原,乃據理力争,毫不相讓。王逵根本就不聽周敦頤的道理。一氣之下,周敦頤當時就準備棄官而去,説:"如此尚可仕乎?殺人以媚人,吾不爲也。"意思是靠亂殺人來取悦上級,他周敦頤是不願爲之的。王逵感於周敦頤的凛然言辭,最終爲之所動,赦免了那個囚犯。又,"歷合州判官,事不經手,吏不敢決,雖下之,民不肯從。部使者趙抃惑於譖口,臨之甚威,敦頤處之超然。通判虔州,抃守虔,熟視其所爲,乃大悟,執其手曰:'吾幾失君矣,今而後乃知周茂叔也。'"(《宋史·周敦頤傳》)周敦頤起初被誤解,但他的光明磊落最終也消除了趙抃對他的誤解。趙抃後來甚至還提拔過周敦頤,兩人成爲朋友,也算是一段佳話。

與之相應的是,周敦頤喜歡山水名勝,他經常"乘興結客,與高僧道人,跨松蘿,躡雲嶺,放肆於山巔水涯,彈琴吟詩,經月不返"(《周敦頤集》附錄),並在山水悠遊中放縱自己超脱的性靈。如《同石守遊》詩:"朝市誰知世外遊,杉松影裏入吟幽。爭名逐利千繩縛,度山登水萬事休。野鳥不驚如得伴,白雲無語似相留。旁人莫笑憑欄久,爲戀林居作退謀。"(《周敦頤集》卷三)此詩普遍認爲有出塵之思,卻也可以反映出周敦頤胸懷灑落的一面。宋蒲宗孟説他:"生平襟懷飄灑,有高趣,常以仙翁隱者自許。"黄庭堅更説他:"人品甚高,胸懷灑落,如光風霽月。廉於取名而鋭於求志,薄於徼福而厚於得民,菲於奉身而燕及煢嫠,陋於希世而尚友千古。"所謂"陋於希世"者,也恰恰是由於周敦頤不願同流合污、攀權附勢,足見《愛蓮説》詠懷之真切。

2. 遇事剛果,廉潔勤政

周敦頤生前並不廣爲人知,他的學術成就在朱熹之前還没有得到廣泛認識,人們更多知道他的"政事精絶",且"宦業過人",這從以上敍述已略見一斑。據《宋史》記載,周敦頤前後擔任過分寧主簿、南安軍司理參軍、桂陽和南昌縣令,歷合州判官,通判虔州,熙寧初知郴州,因部使者趙抃薦,遷爲廣東轉運判官、提點刑獄,最後"以疾求知南康軍"。周敦頤爲官多任,官任多地,但無論在哪裏,均"盡心職事,務在矜恕,雖瘴癘僻遠,無所憚勞"(潘興嗣《濂溪先生墓誌銘》),故多有政聲。

周敦頤爲政剛果善斷,很有能力。他在分寧主簿任上時,有些陳年舊案長時間得不到解决,周敦頤一到,稍加過問,立即作出决斷,以此服人。時人對周敦頤這種行事風格皆大加贊賞:"連資格最老的官吏都比不了他啊!"這件事讓周敦頤名聞遐邇。後擔任南昌縣令,甫一到任,南昌百姓都拍額相慶:"就是那個在分寧時能明斷是非的人嗎?那我們的官司算是有希望了。"南昌在周敦頤的治理下,"富家大姓、黠吏惡少,惴惴焉不獨以得罪於令爲憂,而又以污穢善政爲恥"。因爲過於勤勉於公務,他竟因此得疾,五十七歲就去世。

在個人的生活上,周敦頤絶不奢侈腐敗,相反卻能堅持自奉節儉。周敦頤雖然在多處任官,但俸禄比較少。儘管如此,他還儘量將僅有的俸禄去接濟同族中的貧者。《周敦頤年譜》記載:"平日俸禄,悉以周宗族,奉賓友。及分司而歸,妻子饘粥或不給,曠然不以爲意。"(《周敦頤集》附録一)友人潘興嗣所撰《墓誌銘》也説,周敦頤在南昌爲令時,一次得重病,潘興嗣去看望,只見周敦頤的家中"服御之物,止一敝篋,錢不滿百"。

政治上的周敦頤無疑是古代廉吏的典型,朱熹稱贊他:"不卑小官,職思其憂",並進一步說周敦頤是"短於取名,而樂於求志;薄於徼福,而厚於得民;菲於奉身,而尚友千古。聞茂叔之風猶足律貪"。這種評價是一點都不爲過的。周敦頤爲官三十多年,儘管所擔任的都只不過是州縣小吏,但他從不抱怨職位卑微,更不求名利,處世超然自得。他的《任所寄鄉關故舊》曰:"老子生來骨性寒,宦情不改舊儒酸。停杯厭飲香醪味,舉箸常餐淡菜盤。事冗不知精力倦,官清贏得夢魂安。故人欲問吾何況,爲道舂陵只一般。"是自道人生和品性。

3. 致力教育,傳聖之學

周敦頤任職都不過是地方小吏,雖有政聲,究不是留給後人的主要財富。其實,周敦頤的仕途輾轉,其最著力的事情仍是在教育和學術領域。周敦頤可以稱得上是古代著名的教育家,他不僅通過學術和教育相互發明,提出了很多教育領域裏面的重要問題,而且能夠把這種教育理念運用到教育實踐中去。

周敦頤的教育主張是建立在他的學術基礎之上的。如他提出教育的終極目標是"中正仁義",以"誠"爲出發點體認性命與天道,提出了道德修養的重要性及基本步驟,在教學方法上善於啓發他人等,都大大充實了我國古代教育的理論(具體參見下面的學說思想專述)。

《宋史》卷四二七載:"兩漢而下,儒者之論大道,察焉而弗精,語焉而不詳,異端邪說起而乘之,幾至大壞。千有餘載,至宋中葉,周敦頤出於舂陵,乃得聖賢不傳之學。"周敦頤的這種"聖賢不傳之學"奠定了理學的基礎。他通判虔州的時候,南安通判程珦知道他的理學造詣很深,便將自己的兩個兒子——程顥、程頤送到他的門下,請求教誨。由於"二程"悟性極高,學業大進,深得周敦頤器重與悉心培養,聲名與尊師齊並,後人稱爲"周程學派"。周敦頤在教學中還深諳教學技巧,《宋史》周敦頤本傳中記載了這樣一件事:"侯師聖學於程頤,未悟,訪敦頤,敦頤曰:'吾老矣,說不可不詳。'留對榻夜談,越三日乃還。頤驚異之,曰:'非從周茂叔來耶?'"從這裏可以看出,周敦頤爲人師可謂誨人不倦。

在教育領域尤爲人所矚目的是他在各個任所創辦書院。他每到一個地方,便會積極籌辦書院教授子弟。如在九江的濂溪書院等。這些書院的籌建和經辦,啓發了後世的書院教育。周敦頤厥功甚偉。

二、學說思想

周敦頤的思想主要體現在一篇兩百多字的《太極圖說》和不足三千字的《通

書》中，這些文字構建了一個完整的哲學體系，開創了一個時代的學術風氣。

首先，他提出了無極而太極的宇宙生成論："無極而太極，太極動而生陽，動極而静，静而生陰，静極復動，一動一静，互爲其根，分陰分陽，兩儀立焉。陽變陰合而生水火木金土，五氣順布，四時行焉。"(《太極圖説》)在這裏，周敦頤演繹出了一個宇宙的生發過程，大致順序是太極(無極)—陰陽—五行—萬物(人)。也就是説，太極是宇宙的本原，又是創生萬物的基始。太極可名爲"有"，但"有"本於"無"，是爲無極。無極可名爲"無"，但"無"中含"有"，是爲太極。無極、太極二名實一。太極又表現爲陰陽二氣，陽動陰静，成爲宇宙運動的基本形式。陰陽變合，産生金木水火土五行之氣，陰陽二氣的交感，使"萬物生生變化無窮焉"，就産生了人和世界萬物。周敦頤的這種思想是借由老子來的，老子曰："天下萬物生於有，有生於無。"又曰："道生一，一生二，二生三，三生萬物。"故有無相生，衍生世界。周敦頤的《太極圖説》大體上依道士陳摶的《先天圖》寫成。可見，周敦頤是繼承了道家的某些思想而發展成了自己的學説，乃是"引道教之思想入道學者之尤著者也"。(馮友蘭語)

周敦頤描述出了這樣的天道規律，主要是爲了確立人道的標準，也就是"人極"。以太極立人極，是《太極圖説》的主旨。他認爲"人極"即"誠"，"誠"是由"太極"派生出來的陽氣的體現，是"純粹至善"的，因而以"誠"爲內容的人類本然之性亦是完善的。宇宙陰陽變化，滋生萬物，其中"惟人得其秀而最靈"。所以能夠體認道德規範，確立"人極"之"誠"。周敦頤認爲，"誠"可以溝通天道與人道之間，因此他對"誠"是看得比較重的，論述也比較多。在《通書》第一章他就提出了"誠"這個概念："誠者，聖人之本。'大哉乾元，萬物資始'，誠之源也。'乾道變化，各正性命'，誠斯立焉，純粹至善者也。"正因爲"誠"乃"聖人之本"，所以一般的人都要努力立誠，這種功夫叫思誠，它是儒家發展人格、完善道德修養的成人之道。凡人都應當通過思誠來獲得聖人一樣的德性。這和《中庸》所説"誠者，天之道；誠之者，人之道也"是一致的。那麽，如何才能達到"誠"呢？他認爲首先要"無欲"。《通書》説："'聖可學乎？'曰：'可。'曰：'有要乎？'曰：'有。''請聞焉。'曰：'一爲要，一者，無欲則静虚、動直。静虚則明，明則通；動直則公，公則溥。明通公溥，庶幾乎？'"又説："君子乾乾，不息於誠，然必懲忿窒欲、遷善改過而後至。"在周敦頤看來，一切情欲、惡念都有礙於"誠"的養得，人們只有通過懲忿窒欲、遷善改過，才能明白無疑，正直無私，才能最終達到"誠"的境界。其次，周敦頤提出了"中正仁義"的"倫理之道"。《通書》説："聖人定之以中正仁義而主静,立人極焉。""君子修之吉,小人悖之凶。""中正仁義"就是儒家傳統的"仁義禮智"四德,所以周敦頤有時就直接將"中正仁義"表述爲"仁義禮智信",認爲聖人之道,"仁義中正而已矣"。他覺得,絶大多數人只要願意以"仁義中正"律己、行事,通過學習和修養,能夠"自易其惡,恢復善性",使自己的一切言行都不違背封建的仁義禮智。這是一種儒家道德準則的要求,是使人的精神境界與宇宙本原和諧一致的方法。

人是刻刻不能忘記"誠"的修爲的,因爲"誠"則通性,可以體認天道。正如《中庸》所説:"唯天下之至誠爲能盡其性,能盡其性則能盡人之性,能盡人之性則能盡物之性,能盡物之性則可以贊天地之化育,可以贊天地之化育則可以與天地參矣。"周敦頤就此用誠與性建立了一個文化價值體系:乾元立誠,是立天道,也是立人道。人性之中,通於天道誠體,能夠盡人性,也就能盡物性,參天地化育。人與自然處在一種和諧的統一之中。

上面所論列的"太極""理""氣""性命"等,後成爲宋明理學的基本範疇。

周敦頤融佛道於儒,以太極立人極,確立了儒家的宇宙本體論,並通過對"誠"的闡發和論證,打通天道和人道,使天道落實到心性本體上,同時也使人道有了天道這一本體論歸依,構建了宋明新儒學的基本理論框架。

三、濂溪書院

周敦頤在江西的時間比較長,他從二十四歲開始就在江西不同地方任官,在日常政務之外,他非常注重教育,分别在九江、修水、萍鄉、贛州和南昌等地創辦了濂溪書院,作爲自己退職修養和進學會友之所。排除後世爲祀念周敦頤的各類以"濂"爲名的書院外,周敦頤生前真正講過學的地方大概有四處,即江州(今九江)的濂溪書院、修水(今九江修水縣)的景濂書院、萍鄉蘆溪的宗濂書院、虔州(今贛州)的清溪書院。

1. 九江的濂溪書院

江州的濂溪書院又名濂溪書堂,是周敦頤最初建院之所,後改爲祠,故址在九江郡治之南十里。宋嘉祐六年(1061),周敦頤"遷國子博士,通判虔州,道出江州,愛廬山之胜,有卜居之志,因築書堂於其麓。堂前有溪,發源於蓮華峰下,潔清紺寒,下合於湓江,先生濯纓而樂之,遂寓名以濂溪"。可見他是很喜歡廬山北麓蓮花峰一帶的清幽環境的,尤其喜歡發源於蓮花峰下的一條清泉。但愛上這裏的勝景只能算是其中一個原因,周敦頤冠溪名以"濂",應當還有另外兩點原因,其一是他的家鄉湖南營道縣營樂鄉就有濂溪,周敦頤"晚居廬阜,因名其溪",實際上是爲了"示不忘其本之意"(朱熹《濂溪説》)。後何棄仲《營道齋詩并序》亦説:"(周敦頤)遠臣南歸,馳肩廬阜,力不能返故居,乃結屋臨流,寓濂溪之名,志鄉關在目中也。"何棄仲所説的"志鄉關在目中"是對的,而"力不能返故居"未必然,否則他就不可能叮囑後世子孫世守江州了。其二方面的原因是,"濂"諧音"廉",他取這個名字有藴志之意。周敦頤爲官廉,持守廉,奉養廉,逆世風而爲,正如前面介紹的那樣,大有君子之風。他晚年與作《愛蓮説》中的"蓮"即"濂",亦"廉"也。周敦頤在各地的書院名雖然各有不同,但大致都有一個"濂"字,其實都應當包含了他的這些想法的。周敦頤在這裏隱居著述,陶然自樂,其中有一首名《濂溪書堂》的詩表達了他對廬山的真摯感情和對淡泊的隱居講學生活的感受。詩曰:"田間有流水,清沁出山心。山心無塵土,白石磷磷沉。潺浸來數里,到此始沉深……芋蔬可卒歲,絹布足衣衾。飽暖大富貴,康寧無價金。吾樂蓋易足,名濂朝暮箴。"宋熙寧六年(1073),周敦頤病逝,終年五十七歲,葬於九江南門外的栗樹嶺,距濂溪書堂五六里。墓側有其母親、妻子和繼配的墓葬。

　　周敦頤去世後,濂溪書堂由其後代掌管,歷代均有修建,但據清同治十一年(1873)《德化縣誌·書院志》記載,書院位址在興修過程中數有變更。第一處即是周敦頤初建之所。淳熙三年(1176),江州知州潘慈明擴建了濂溪書堂和祠堂,奉周敦頤之祀。次年,朱熹爲作《濂溪先生書堂記》和《濂溪先生畫像記》,兩記闡述了理學的道統,並對周敦頤作了評價,文曰:"道之在天下者未嘗亡,惟其托於人者或絕或續。故其行於世者有明有晦。是皆天命之所爲,非人之智力之所能及也……若濂溪先生者,其天之所畀,而得乎斯道之傳者歟! 不然何其絕之久而續之易,晦之甚而明之亟也。"元代濂溪書院始終興盛,大學者、大詩人吴澄曾留居於此。元末毀於兵。明代弘治年間(1488—1505),經朝廷批准,重建濂溪祠,並根據先生生前愛蓮有池,濯纓有溪,喜歡窗前有青草等嗜好,特地在書院周圍建了"愛蓮""濯纓""交翠""光霽"四座小亭,疏浚了蓮花池。第二處爲濂溪港書院。南宋嘉定年間(1208—1224),江州軍守趙崇憲爲"廣先生之居","明先生之教",建築學舍二十六楹,書院規模不斷擴大。室内有周敦頤塑像和《太極圖説》石刻,趙親自主講其間。另外兩處興建於明清時期:一爲豐儲坊濂溪書院,爲明嘉靖年間(1522—1566)兵備道陳洪濛建,院内有濂溪祠、無極堂、書室五幢、學舍四幢,天啓間曾改爲祠,清末廢棄;一爲新濂溪書院,乾隆五十年(1785),知府初之朴在城内重建，以舊書院田租充膏火、束修，而後屢有興建，光緒二十八年（1902）改爲九江府中學（今九江一中前身）。

濂溪書院在歷史上有不可忽視的重要地位，它不單純是個人的講學著述之地，更是後世理學與書院相結合模式的濫觴，朱熹對它推崇備至。另外，歷代來到濂溪書院親炙遺風而留下詩文的名家比比皆是。如黄庭堅、蘇軾、"二程"、王陽明等人均駐迹於此。朱熹曾率徒拜謁、留下了"我率諸生拜祠下，要令今古播清芬"的詩句。

2. 修水的景濂書院

景濂書院位於江西分寧（今九江修水）。《光緒江西通志》記載："宋濂溪周子來分寧時創書院以延所學之士，後人額曰景濂。"據這樣看來，"景濂"爲後人命名，"景"可理解爲景仰的意思，"景濂"表示對周敦頤的尊崇。初名現已不可考。書院相傳是宋慶曆初周敦頤任分寧主簿時建於東門外修河對岸的旌陽山麓。此地遠離鬧市，風景優美。由宋至元，該書院應當都存在，但元末毁於兵亂。明天順三年（1459）縣尹羅瑨、成化十四年（1478）知縣蕭光甫分別勸鄉紳劉用禮、劉淮父子捐資重修，更名濂溪書院。書院中有神龕，祀周敦頤，旁翼兩堂屋，東西分列。弘治十五年（1502），巡撫林俊、分守參政王綸、分巡僉事王純、知府祝瀚、知州葉天爵等曾有增修。兩年後，提學副使邵寳立周敦頤像，並曾經講學其中。嘉靖間（1522—1566），增建黃山谷祠，祀黄庭堅。崇禎間（1628—1643），巡撫解學龍、僉事邢大忠將濂溪書院和黄山谷祠合併，易名"濂山"，以紀念周敦頤和黄庭堅。明末毁於兵火。清康熙七年（1668），知州徐永齡重建，復稱"濂溪"。不久又遭兵火。乾隆年間再定名"濂山"。嘉慶、道光、咸豐、同治間學資倍增，士子遍及全州八鄉。歷任山長皆本州縣舉人，如咸豐十一年李鏡華，同治四年涂家傑、五年何章、七年鄧均心、八年盧炳炎，光緒六年盧以恕等。光緒二十八年（1902）改爲義寧州高第小學堂，後又改爲義寧州中學堂。曾有《濂山書院志》（清道光、同治、光緒三種版本）刊行於世。

3. 萍鄉的宗濂書院

宗濂書院位於萍鄉蘆溪鎮。慶曆元年（1041），周敦頤監稅袁州（今江西宜春市）萍鄉縣蘆溪鎮（今江西萍鄉市蘆溪縣），於公廨之地營創書院，具體名稱現在不可考。《光緒江西通志》載："（周）立書院以教授，後人就其地建'宗濂書院'。"袁州士人從其講學甚多。後毁，清代重建。

4. 贛州的清溪書院和濂溪書院

宋嘉祐六年(1061)周敦頤調任贛州通判,在任四年。這幾年中周敦頤亦興辦書院不輟,藉以傳播理學思想。他曾經和趙抃共同講學的地方是清溪書院,在今贛州市水東玉虛觀左。玉虛觀始建于唐開元年間(713—741),屬十方叢林,觀內有丹台,相傳劉繼先真人煉丹于此。玉虛觀尚存,至今香火不斷。後人爲了紀念周敦頤,在原清溪書院舊址建了一個祠堂,用以授業,稱"濂溪書院"。宋末著名文人劉辰翁等人在此擔任過山長。元末被毀。明洪武四年(1371)贛縣知縣崔天錫重建,後再有增葺。明弘治十三年(1500),濂溪書院遷鬱孤台下郵舍,擴建房屋百餘間。崇禎十三年(1640),濂溪巷設光孝寺(巷),改濂泉書院。清順治十年(1653),南贛巡撫劉武元重修,改名濂溪書院。康熙年間時毀時復。光緒二十八年(1892)改爲虔南師範學堂。

5. 其他濂溪書院

由於朱熹對周敦頤的推崇,周敦頤逐漸被聖化,屢祀不已,全國各個地方出現很多與周敦頤有關的書院。湖南有濂溪書院六處,分別在道州、郴州、桂陽、桂東、邵州、衡州,此外還有清溪書院(東安)、宗元書院(江永)、希濂書院(寶慶)、宗濂書院(藍山)等。江西贛州地區有愛蓮書院(贛縣)、龍溪書院(萬安)、濂溪書院(于都、安遠);吉州地區有周程書院(大余縣)、宗濂精舍(隆興府)等。江蘇鎮江、丹陽都有濂溪書院。浙江江山有景濂書院。安徽來安縣有景濂書院,廣德有愛蓮書院。湖北武漢、鐘祥都有濂溪書院,棗陽有舂陵書院。四川合川有濂溪書院。貴州六枝有愛蓮書院。廣東曲江、四會、廣州、南恩州(治陽江縣)、樂昌、仁化、惠陽、南海等地都有濂溪書院,海康有濂泉書院。眾多書院體現了周敦頤的巨大影響。

四、《九江濂溪志》的編撰

周敦頤曾經在九江地區的修水縣、星子縣爲官,後來定居在廬山之北,將所居之處的河流命名爲"濂溪",並作"濂溪書堂"於其上。他去世之後,被安葬在廬山腳下。由於周敦頤的巨大影響,"濂溪書堂"就演變爲後來的"濂溪書院",並且"化身"爲眾多的"濂溪書院"出現在全國各地。而"濂溪墓"則成爲人們參觀景仰的地方,後人在這裏建有濂溪祠,並反復修建。在星子縣和修水縣,人們也一直用建造書院、建造祠堂、刊刻書籍等方式紀念這位理學宗師。而從明代到清代,全國各地先後出現了八種記載周敦頤及其影響流變的"濂溪志",即明代胥從化的《濂溪志》,明代李楨的《濂溪志》,明代[1]周沈珂、周之翰的《周元公世系遺芳集》,明代李嶸慈的《濂溪志》,清代吳大鎔的《道國元公濂溪周夫子志》,清代周誥的《濂溪志》,清代周誥的《濂溪遺芳集》,清代彭玉麟的《希賢録》。但遺憾的是,作爲周敦頤生前最重要的活動區域之一九江,卻從未編纂《濂溪志》。有鑑於此,我們就編纂了這部《九江濂溪志》。

1. 爲突出地域特色,避免與其他《濂溪志》重複,《九江濂溪志》的收録範圍限於與九江市(含星子縣、修水縣)有關的資料,共分爲六卷。第一卷爲"濂溪本志",記載周敦頤生前在九江的事迹、詩文、酬答、與廬山佛道的交往等内容。第二卷爲"濂溪墓祠",記載與九江的濂溪墓、濂溪祠有關的各種文章以及後人圍繞兩者進行的各種紀念活動。第三卷、第四卷爲"濂溪書院",僅指九江的濂溪書院,它在歷史上多次遷徙、興廢,但一直都是地域文化的"高地"。因宋代資料豐富,故而單獨成爲一卷。第五卷爲星子、修水兩縣的"濂溪志"。第六卷爲有關九江濂溪遺迹的詩歌。

2.《九江濂溪志》的文獻搜索面較爲廣泛,除了部分資料采自九江地方誌之外,還搜集了大量散見於詩文集中的文章,許多資料都是前人不曾關注到的。如與廬山高僧的交往對周敦頤理學思想的形成具有重要意義,但卻是向來不太受關注的内容。

3.《九江濂溪志》附録有《柳山小志》一種。柳山位於九江市武寧縣石渡鄉境内,因唐朝柳渾在此隱居而得名,山上留有很多前人活動的遺迹。柳山在古代被認爲是武寧縣的"文脈"所在,也積累了不少文化内涵。爲推動地方文化建設,我們特意從歷代《武寧縣誌》和其他書籍中搜集出有關柳山的資料,編成《柳山小志》,分成"柳渾隱居志""柳山勝迹志""柳山詩文志"三卷。

【目録】
前言

卷一　濂溪本志

　　一、九江事迹

　　【紀事】

　　周敦頤傳

---

[1] 此"明代"應爲"清代"之誤。

周敦頤：吉州彭推官詩序
　　　　清水巖石刻
度正：分寧決獄
【紀事】
周敦頤：東林寺題名
　　　　題寇順之道院壁
【紀事】
周敦頤：治平乙巳暮春十四日同宋復古遊山巔至大林寺書四十字
度正：游廬山大林寺
周敦頤：石塘橋晚釣
【紀事】
度正：濂溪書堂
周敦頤：濂溪書堂
朱熹：濂溪說
樓鑰：答趙郎中崇憲書
李絨：濂溪考
李夢陽：論濂溪
【紀事】
度正：葬於九江

二、九江酬答

傅耆：周茂叔送到近詩數篇因和渠閣、裴二公招隱詩
賀鑄：寄題潯陽周氏濂溪草堂
李大臨：謁濂溪周虞部
潘興嗣：贈周茂叔，時隱居廬山
　　　　題濂溪
　　　　和茂叔憶濂溪
趙抃：題茂叔濂溪書堂
任大中：濂溪隱齋
　　　　再題虞部周茂叔濂溪
　　　　送永陵倅周茂叔還居濂溪

附錄兩則：周文敏與濂溪講學廬山
　　　　　周元公歷陵閣留題

三、廬山佛緣

《歷朝釋氏資鑒》：濂溪與佛印

《廬山歸宗寺志》：青松社

黃庭堅：答周濂溪居過歸宗謁真净文禪師

《居士分燈錄》：周敦頤

《佛法金湯編》：周敦頤

《歸元直指》：儒宗參究禪宗
　　　　　　東林諭濂

《靈峰蕅益大師宗論》：示葉天紀

《紫竹林顓愚衡和尚語錄》：匡山蓮華峰志略序

《宋元學案》：周茂叔窮禪客

卷二　濂溪墓祠

一、濂溪墓

【紀事】

濂溪墓始末

墓道亭及碑

潘興嗣：仙居縣太君墓誌銘
　　　　周茂叔先生墓誌銘

蒲宗孟：濂溪先生墓碣銘

孔文仲：墓祭文

孔武仲：祭周茂叔文

何子舉：濂溪先生墓室記

二、歷代修祀

【紀事】

吳澄：祭周元公濂溪先生墓文

【紀事】

【紀事】

周冕：九江致祭

雷復：謁九江墓
【紀事】
童潮：濂溪先生墓祠堂記
陳哲：濂溪先生祭田記
【紀事】
查取後裔赴九江守墓公檄
【紀事】
欽賜崇祀
九江墓祭
【紀事】
廖紀：重修濂溪先生墓記
傅楫：重修祠堂增置墓田記
【紀事】
朱曰藩：九江府重修濂溪書院碑
余文獻：修濂溪墓祠記
何遷：謁元公祭文
【紀事】
周煌：增置濂溪祠墓田記
　　　濂溪祠墓田檄文
【紀事】
羅澤南：重修濂溪先生墓記
曾國藩：周子墓地
何之曙：周俊薰復興濂溪祀事記
【紀事】
彭玉麟：重修周子墓碑記
《申報》：捐廉修墓
《申報》：樹猶如此
【紀事】
《申報》：潯陽瑣記

【紀事】

《申報》：重修濂溪先生墓

三、江州濂溪祠

【紀事】

林栗：江州州學先生祠堂記

謝諤：重建祠記

【紀事】

王溉：謁祠祝文

黃維之：祠堂銘

【紀事】

余禹績：江州重建煙水亭記

【紀事】

趙崇憲：到任謁祠祝文
　　　　辭廟祝文

【紀事】

王佖：江州州學四先生祠記

【紀事】

陳黃裳：周濂溪先生祠堂記

【紀事】

陳騏：府學濂溪祠記

【紀事】

王啓：濂溪祠祭

李夢陽：九江謁濂溪先生祠告文

王立道：祭周濂溪文

薛應旂：謁濂溪先生祠告文

卷三　宋代濂溪書院

【紀事】

濂溪書院始末

【紀事】

朱熹：江州濂溪書堂記

【紀事】

《同治德化縣誌》：光風霽月亭

朱熹：書濂溪光風霽月亭

【紀事】

【紀事】

《輿地紀勝》：王師古建拙堂及愛蓮堂

【紀事】

陳孔碩：濂溪書院記

郡齋士：濂溪書院上梁文

趙崇憲：濂溪書院成開講祝文

【紀事】

蔡念成任濂溪書院堂長

蔡念成：通書志學章

　　　　《論語》孔顏所樂二章

余宋傑：太極圖說

【紀事】

【紀事】

李埴：留題書堂

安公直：留題書堂

魏了翁：留題書堂

家大酉：留題書堂

【紀事】

趙善璙：書濂溪書堂謚告石刻下

吳昌裔：留題書堂

馮去疾：江州貢士增員記

【紀事】

文天祥：知韶州劉容齋墓誌銘

【紀事】

馮夢得：江州濂溪書院後記

【紀事】

劉元龍：請御書濂溪書院四大字奏狀

　　　　謝賜御書表

章琰：江州謝表

　　　書御書濂溪書院字石刻下

陳緯：御書門屋上梁文

【紀事】

方逢辰：江州咸淳增貢額記

卷四　元明清濂溪書院

【紀事】

元明清濂溪書院紀要

【紀事】

《通制條格》：蠲免濂溪書院租稅

徐明善：送馬貴權江州德化主簿序

趙汸：黃楚望先生行狀

【紀事】

唐文鳳：濂溪書屋銘

【紀事】

王直：戶部右侍郎南陽焦公宏神道碑

【紀事】

王啟：僉事王啟記

【紀事】

桑喬：濂溪祠

《明實錄·武宗實錄》：邵寶奏請祀典

【紀事】

王汝憲：①嘉靖江州本《濂溪集》序

林山：嘉靖江州本《濂溪集》跋

---

① "憲"字應爲"賓"之誤。

【紀事】

黃雲師：濂溪書院記事

崔掄奇：重修濂溪書院記

方孝標：重修濂溪書院記

蔡瀛：濂溪書院

【紀事】

宋犖：濂溪港書院記

濂溪港小考

高植：重修濂溪書院記

【紀事】

胡寶瑮：濂溪書院碑記

蔡瀛：蓮花洞書院圖

桑調元：濂溪書院上梁文

　　　　爲濂溪書院請題求宸翰

　　　　濂溪書院學規

【紀事】

新濂溪書院

蔡錦青：重修濂溪書院記

《申報》：九江關道李亦青修復濂溪書院

《申報》：濂溪書院生童無禮

《申報》：濂溪書院甄別生童

《申報》：聘請李烈堂主濂溪書院講席

《申報》：濂溪書院恢復考課八個月

《申報》：聘請吳東萬主講席

濂溪書院產業

王之春：咸豐十一年濂溪書院空地

【紀事】

卷五　兩縣濂溪志

【紀事】

朱熹：奉安濂溪先生祠文

張栻：南康軍新立先生祠記
朱熹：書濂溪先生愛蓮說後
【紀事】
陳宓：奉安周濂溪朱文公二先生祠堂記
【紀事】
袁甫：南康軍四賢堂記
【紀事】
謝方叔：南康軍二先生祠記
【紀事】
王禕：南康二賢祠記
彭夢祖：二賢祠祝文
【紀事】
蔣國祥：重建二賢祠記
《同治南康府志》：二賢祠沿革
盛元：修復二賢祠記
【紀事】
邵寶：謁周朱二先生文
　　　宗儒祠始祔諸儒告周朱二先生文
【紀事】
【紀事】
邵寶：寧州謁周濂溪先生祠文
【紀事】
方沆：重建濂溪書院山谷祠記
史旌賢：重建分寧濂溪書院山谷祠記
解學龍：濂山書院課藝序
邢大忠：濂山會課序
黃文麟：濂山社稿跋
【紀事】
徐永齡：修濂溪山谷合祀祠
班衣錦：重修濂溪山谷兩先生書院合祠記

藏振榮：重修濂山書院記

【紀事】

許淵：重修濂山書院記

李孝滄：重建濂溪講堂記

邊學海：重修濂山書院記

王茂源：重修濂山書院記

周澍：重修濂山書院記

道光年間濂山書院田租

卷六　濂溪詩歌志

一、宋元詩歌

楊傑：濂溪

釋道潛：周茂叔郎中濂溪

蘇軾：故周茂叔先生濂溪

黃庭堅：濂溪詩

孔平仲：題濂溪書院

張舜民：濂溪詩

王庶：濂溪詩

周紫芝：濂溪

柴中行：敬題濂溪先生書堂二首

度正：留題濂溪書堂

　　　留題九江濂溪書堂

魏嗣孫：濂溪識行

　　　永嘉薛師董同兄筮從友劉仁願同來

朱熹：山北紀行二首

錢聞詩：愛蓮堂

陳宓：廬山愛蓮堂觀雨

許月卿：寄題張宗玉窗下廬山

王溉：謁濂溪先生祠堂

王子修：題濂溪祠堂詩

鮑昭：題濂溪祠并序

魏了翁：四月癸巳發潯陽館過濂溪飯於杏溪謁清虛庵宿太平宮

> 端平三年春三月戊午朔，天子有詔俾臣了翁以僉書樞密院奏事，既上還山之請，乃休沐日丁丑，與賓佐謁濂溪先生祠，賓主凡二十有二，謂是不可無紀也，遂以明道先生"雲淡風輕"之詩分韻而賦，而詩有二言，有四言，同一韻者則二客賦之，了翁得雲字

岳珂：歸自鄂雙蓮生於後池偶作再寄紫微

周以雅：濂溪六詠

王遂：送三八弟歸九江

曾極：濂溪

劉黻：和何明府愛蓮堂

釋道璨：和恕齋濂溪書院二首

董嗣杲：寄周堂長
　　　　題濂溪書院

王義山：送余仲謙赴江州教

洪咨夔：沁園春・用周潛夫韻

劉因：同仲實南湖賞蓮醉中走筆

危素：過元公濂溪故宅

史謹：九江周廣文松隱軒

二、明代詩歌

錢子義：濂溪

羅亨信：濂溪觀蓮二首

李時勉：二賢祠

陸深：謁濂溪墓

曾棨：二賢祠

吳與弼：謁濂溪晦庵二先生祠二首

陳獻章：晚酌示藏用諸友。藏用，梁文康公初字也，先生門人
　　　　濂溪台

胡居仁：題濂溪舊隱

童潮：濂溪古樹

楊廉：雨中望廬山用蘇提學伯誠韻

王縝：登廬山謁濂溪周先生墓。墓在九江城東十里許，對廬山五峰，有祭田

費宏：送蘇伯誠提學江西
邵寶：謁濂溪先生祠
王守仁：謁濂溪祠
尹襄：謁濂溪書院作
楊本仁：冬日濂溪祠送馬鐘陽地官
　　　　謁濂溪墓
羅洪先：謁濂溪先生祠墓
李萬實：式濂溪先生墓
歐大任：經濂溪先生故居
黃克晦：謁濂溪周先生墓
孫應鰲：謁濂溪墓次羅念庵韻
　　　　謁濂溪祠次陽明韻
龔暹：修江八景·濂溪書院
陳玨：修江八景·濂溪書院
張元忭：謁濂溪先生祠四首
吳文奎：過周濂溪先生墓下
邢大忠：九日謁濂溪先生祠

三、清代及民國詩歌

鄭澹成：謁濂溪書院
張仁熙：周濂溪先生墓
方文：廬山詩（壬辰）
徐浩：過周濂溪先生墓
宋至：經濂溪廢祠二首
潘耒：濂溪祠
查慎行：經周濂溪先生廢祠
陳大章：謁濂溪祠堂
張耀曾：濂溪書院
繆象衡：古愛蓮池
唐英：過周濂溪先生墓
桑調元：歸自恒山題濂溪一絕

　　　　　抵濂溪書院
　　　　　陪定巖濂溪書院視工四首
　　　　　酬定巖得大府留予主濂溪書院垂示之作疊韻
　　　　　濂溪書院瀑布歌和定巖韻
　　　　　入濂溪書院酬定巖韻
　　　　　入書院呈定巖
董榕：謁濂溪祠
錢載：拜元公周子墓
楊梅閣：過濂溪祠墓
彭瀾：鷺溪懷古二首（其二）
顧光旭：訪周濂溪墓
朱之麟：濂溪山谷祠
冷玉光：濂山書院
吳嵩梁：濂溪港
王謨：宋周元公
王朝瑞：濂溪書院
陳文殊：簡少翁並寄子堅京口（選一）
燕笙：過周濂溪先生墓
張宿煌：謁濂溪墓
易順鼎：濂溪墓
魏調元：謁周濂溪墓
　　　　　潯陽懷古（選一）
魏元曠：南康城
陳三立：雨中謁周元公墓
劉景熙：拜濂溪墓
周鐘嶽：九江謁周元公祠墓
廖桂賢：過濂溪故居
張惠先、王逢辰、申集珊、周才華、申崧甫：濂溪
古直：謁周濂溪先生墓二絕有序
程鏡寰：濂溪遺迹

馬一浮：續廬山新謠（其一）

一葉：謁濂溪墓示雨之

濂溪墓對聯兩副

附錄　柳山小志

卷一　柳渾隱居志

卷二　柳山勝迹志

卷三　柳山詩文志

現存周敦頤文集版本概況及收藏單位一覽表[①]

書名卷數	編刻者	編刻時間	藏　　地	備　　註
《濂溪先生集》不分卷	佚名	宋寶祐四年至景定五年間（1256—1264）	中國國家圖書館	存一册（卷首至太極説），傅增湘舊藏
《元公周先生濂溪集》十二卷	佚名	宋咸淳末年（約1270—1275年間）	中國國家圖書館	二十册，徐乾學舊藏
《濂溪周元公全集》十三卷	周木重輯	明弘治年間（1492年後）	天津圖書館	四册一函
			私人藏書家韋力	十二册二函
			日本名古屋市蓬左文庫	十二册，《後録》末附宋刻《濂溪先生大成集目録》《元公周先生濂溪集總目》
			日本京都大學文學部圖書館	十二册，缺卷十二、十三
《周子抄釋》二卷或三卷（《宋四子抄釋》之一）	吕柟編	明嘉靖五年（1526）編、嘉靖十一年（1532）程爵刻、嘉靖十六年（1537）汪克儉重刻本	中國國家圖書館、北京大學圖書館、清華大學圖書館、中央黨校圖書館等	一册，二卷本
		清乾隆年間（約1780年後）《四庫全書》本	中國國家圖書館（文津閣本）、甘肅省圖書館（文溯閣本）、浙江省圖書館（文瀾閣本）、臺北圖書館（文淵閣本）	三卷本

[①]　著録版本僅限於 1912 年以前的古籍。

(續表)

書名卷數	編刻者	編刻時間	藏　　地	備　　註
《周子抄釋》二卷或三卷（《宋四子抄釋》之一）	呂柟編	清道光二十六年（1846）宏道書院刻咸豐八年（1858）續刻本	中國國家圖書館、中國科學院圖書館、上海圖書館、甘肅省圖書館、浙江省圖書館、雲南省圖書館、南京圖書館、復旦大學圖書館、四川大學圖書館等	三卷本，《惜陰軒叢書》之一
		光緒十四年（1882）刻長沙惜陰書局刻本	中國科學院圖書館	
		光緒二十二年（1890）長沙刻本	上海圖書館、陝西省圖書館、湖北省圖書館、遼寧省圖書館、浙江省圖書館、四川省圖書館、南京圖書館、復旦大學圖書館、香港中文大學圖書館、日本京都大學人文科學院研究所等	
《濂溪集》六卷	周倫編	明嘉靖十四年（1535）黃敏才刻本	中國國家圖書館、安徽省圖書館、山東省圖書館、臺北圖書館、中研院傅斯年圖書館等	三冊或二冊
			中國國家圖書館（兩部）、重慶書圖館、臺北故宮博物院等	四冊或二冊（遞修本）
			日本静嘉堂文庫	兩部，一部六冊，中村敬宇等舊藏；一部二冊，陸心源舊藏
		明嘉靖三十七年（1558）丁永成重刻本	杭州圖書館	二冊，內容有增補
《濂溪志》十卷	魯承恩編	明嘉靖十九年（1540）編，嘉靖二十五年（1546）刻本	韓國首爾大學奎章閣	五冊（存四冊）。卷端題署梅崖書屋編次、芝城書院校正、濂溪書院刊行

(續表)

書名卷數	編刻者	編刻時間	藏　　地	備　　註
《濂溪集》三卷	王會編	明嘉靖二十二年（1544）	臺北圖書館	二册
			臺北故宫博物院	一册，卷末補刻二文
《宋濂溪周元公先生集》十卷	王俸、崔惟植編	明萬曆三年（1575）	湖南圖書館	四册
			上海圖書館	四册（卷首、卷一、二爲抄配）
			温州市圖書館	存一册（卷八至十）
《濂溪志》十卷	胥從化、謝眖編	明萬曆二十一年（1593）	日本尊經閣文庫	七册，江户時代加賀藩主前田綱紀等舊藏
			中國國家圖書館	四册，存卷首至卷二、卷七至十
			上海圖書館（舊誤題李楨輯）	四册，存卷二至十
		乾隆二十八年（1763）重刻	新鄉市圖書館（舊誤題李楨撰、周誥重修）	四册一函
《周子全書》六卷	張國璽刻	明萬曆二十四年（1596）	大連圖書館、吉林市圖書館、新鄭市圖書館、日本内閣文庫等	二册一函
《宋濂溪周元公先生集》十卷	劉汝章輯	明萬曆二十七年（1599）	中國國家圖書館	四册
《周子全書》七卷（《合刻周張兩先生全書》之一）	徐必達校正	明萬曆三十四年（1606）	中國國家圖書館、四川省圖書館、福建省圖書館、湖北省圖書館、南京圖書館、遼寧大學圖書館、黑龍江大學圖書館、日本内閣文庫、尊經閣文庫、廣島大學文學部、韓國首爾大學奎章閣（兩部）等	一册或二册、三册，國圖本爲鄭振鐸舊藏
		日本延寶三年（1675）京都武村新兵衛重刊	日本内閣文庫（兩部）、東京大學東洋文化研究所、京都大學人文科學研究所、日本國立國會圖書館等	三册，影刻本

(續表)

書名卷數	編刻者	編刻時間	藏　　地	備　　註
《濂溪志》四卷（舊題九卷）	林學閔重修	明萬曆三十七年（1609）	日本內閣文庫	四冊
《周子全書》七卷	顧造校刻	明萬曆四十年（1612）	中國國家圖書館	一冊，莫友芝舊藏
《宋濂溪周元公先生集》十卷、《世系遺芳集》五卷	周與爵重輯	明萬曆四十二年（1614）	中國國家圖書館（六冊），日本宮內廳書陵部（五冊）、內閣文庫（兩部，八冊本全，單冊本只有最後五卷）、東京大學東洋文化研究所（六冊）。日本三地藏本均誤題萬曆三年本	國圖本為傅增湘舊藏。《遺芳集》卷末跋語落款署"吳郡十七代孫與爵同男希皋希夔"，內容豐富
			上海圖書館、湖南圖書館、日本內閣文庫（六冊本）、美國哈佛大學燕京圖書館	三冊。上圖藏二部，一部為二冊，已破損。《遺芳集》卷末跋語落款僅署"吳郡十七代孫與爵"，內容簡略
			臺北圖書館	六冊，抄本，誤題丁懋儒編，僅有前七卷內容
《濂溪志》四卷（舊題九卷）	佚名（舊題李楨撰輯）	萬曆末	臺北故宮博物院	四冊，臺北"國家圖書館"有縮微品
			福建省圖書館	四冊，較臺北本有增補
			無錫圖書館	三冊，缺卷四
《宋濂溪周元公先生集》十卷	黃克儉刻	明天啟三年（1623）	中國國家圖書館	四冊，瞿氏鐵琴銅劍樓舊藏
			重慶圖書館	六冊

(續表)

書名卷數	編刻者	編刻時間	藏　　地	備　註
《宋濂溪周元公先生集》十三卷	李嵊慈編	明天啓四年（1624）	中國國家圖書館、上海圖書館、湖南圖書館、甘肅省圖書館、南京圖書館、北京文物局、日本内閣文庫（兩部）、東洋文庫等	十册或五册、四册，南圖本爲丁丙舊藏
		崇禎初年（1628年後）蔣騰蛟重印本	北京大學圖書館	四册一函，爲李盛鐸舊藏
			臺北圖書館	四册，僅有前九卷
《周子書》不分卷	山崎嘉編	日本正保丁亥（1647）編、延寶八年（1680）林鐘吉辰壽文堂刻本	日本東京大學文學部、中國學者張京華（兩部）等	一册
《道國元公濂溪周夫子志》十五卷首一卷	吳大鎔修、常在輯	清康熙二十四年（1685）許魁刻本	中國國家圖書館、上海圖書館、天津圖書館、湖南圖書館、首都圖書館、故宫博物院、北京大學圖書館、湖南省社會科學院圖書館、美國國會圖書館、哥倫比亞大學東亞圖書館、華盛頓大學東亞圖書館、日本東京大學東洋文化研究所等	五册，湖圖藏二部，一部已殘
		清光緒元年（1875）周振文堂木活字印本	上海圖書館	六册
《宋濂溪周元公先生集》十卷、《世系遺芳集》五卷	周沈珂、周之翰重輯	清康熙三十年（1691）	北京師範大學圖書館	六册，館藏目錄誤題爲明本
			清華大學圖書館	三册一函
			南京圖書館	三册
			浙江省圖書館	六册，缺《世系遺芳集》五卷
			陝西省圖書館（誤題明萬曆本）	四册，缺《世系遺芳集》五卷
			福建省圖書館	存二册，缺《世系遺芳集》五卷
			韓國國立中央圖書館	四册，序跋不全

(續表)

書名卷數	編刻者	編刻時間	藏　　地	備　　註
《周濂溪先生全集》十三卷	張伯行輯	康熙四十七年(1708)正誼堂刻《正誼堂叢書》本	天津圖書館、重慶圖書館、保定市圖書館、徐州市圖書館、南開大學圖書館、四川大學圖書館、日本内閣文庫、韓國首爾大學奎章閣等	四冊或三冊
		清同治五年(1866)福州正誼書院刻、清同治八年至九年(1869—1870)續刻《正誼堂全書》本	中國國家圖書館(兩部)、中國科學院圖書館、天津圖書館、湖南圖書館、湖北省圖書館、浙江省圖書館、山西省圖書館、青海省圖書館、遼寧省圖書館、四川省圖書館、甘肅省圖書館、南京圖書館、哈爾濱市圖書館、洛陽市圖書館、新鄉市圖書館、蘇州圖書館、北京大學圖書館、復旦大學圖書館、香港中文大學圖書館(兩部)、臺灣大學圖書館、韓國首爾大學奎章閣、美國康奈爾大學東亞圖書館等	六冊或五冊、四冊
			暨南大學圖書館	存二冊(卷一至三、七至十)
		清光緒六年(1880)洪氏公善堂刻《洪氏唐石經館叢書》本	中國國家圖書館、南京圖書館、天津師範大學圖書館、日本京都大學圖書館等	四冊
《周子全書》二十二卷首一卷	董榕輯	清乾隆二十一年(1756)	中國國家圖書館、中國科學院圖書館、黑龍江省圖書館、山西省圖書館、湖南圖書館、南京圖書館、齊齊哈爾市圖書館、四川大學圖書館、蘇州大學圖書館、貴州師範大學圖書館、日本京都大學人文科學研究所、韓國成均館大學中央圖書館等	七冊或八冊

(續表)

書名卷數	編刻者	編刻時間	藏　　地	備　　註
《周子全書》二十二卷首一卷	董榕輯	清乾隆二十一年（1756）	山東師範大學圖書館	存三冊，十一卷
			韓國東國大學圖書館	存六冊，卷四至二十二
		清光緒二十九年（1903）周氏愛蓮堂重刻	湖南圖書館、湖南省社會科學院圖書館等	十冊
《周元公集》八卷（屬《四庫全書》之一）	周沈珂、周之翰重輯	清乾隆年間（約1780年後）《四庫全書》本	中國國家圖書館（文津閣本）、甘肅省圖書館（文溯閣本）、浙江省圖書館（文瀾閣本）、臺北圖書館（文淵閣本）	
《濂溪志》七卷附《濂溪遺芳集》一卷	周誥編	清道光十九年（1839）道州周氏愛蓮堂刻本	中國國家圖書館（二部）、中國民族圖書館、中國歷史博物館、首都圖書館、上海圖書館、天津圖書館、重慶圖書館、山西省圖書館、遼寧省圖書館、湖南圖書館（三部）、北京師範大學圖書館（三部）、暨南大學圖書館、蘇州大學圖書館、湖南省社會科學院圖書館、孔子博物館、溫州市圖書館、臺北圖書館、中國文化大學圖書館、美國哥倫比亞大學圖書館等	四冊。其中國圖本有一部缺附錄一卷，遼寧省圖本書"周孝廉續輯"
《周子全書》九卷首二卷末一卷	鄧顯鶴編	清道光二十七年（1847）	中國國家圖書館、四川省圖書館、遼寧省圖書館、吉林省圖書館、湖南圖書館、湖南省社會科學院圖書館、重慶市萬州區圖書館、遼寧大學圖書館、東北師範大學圖書館等	五冊或四冊

(續表)

書名卷數	編刻者	編刻時間	藏　　地	備　　註
《周子全書》四卷（屬《西京清麓叢書》正編之一）	賀瑞麟輯	清光緒十三年（1887）	上海圖書館、甘肅省圖書館、內蒙古自治區圖書館、南京圖書館、北京大學圖書館、北京師範大學圖書館、山東師範大學圖書館、美國普林斯頓大學東亞圖書館等	一册

參考文獻

（依文獻的首字拼音字母爲序）

A

《安徽省國家珍貴古籍名録圖録》，安徽省古籍保護中心編，安徽文藝出版社，2017年。

B

《北京大學圖書館善本書録》，北京大學圖書館編，北京大學出版社，1998年。

《北京師範大學圖書館古籍善本書目》，北京師範大學圖書館古籍部編，北京圖書館出版社，2002年。

《北京師範大學圖書館古籍普查登記目録》，本書編委會編，國家圖書館出版社，2017年。

《皕宋樓藏書志》，（清）陸心源撰，中華書局影印本，1990年。

C

《藏園訂補邵亭知見傳本書目》，（清）莫友芝撰、傅增湘訂補、傅熹年整理，中華書局，1993年。

《藏園群書經眼録》，傅增湘撰，中華書局，1983年。

《長沙府志》，（清）蘇佳嗣修、譚紹琬纂，康熙二十四年（1685）刻本。

《常熟縣志》，（明）馮汝弼修、鄧韍纂，嘉靖十八年（1539）刻本。

《成均館大學中央圖書館古籍目録》，［韓國］成均館大學中央圖書館編印，首爾，1979年。

《重慶市十三家收藏單位古籍普查登記目録》，本書編委會編，國家圖書館出版社，2014年。

《恥堂存稿》,(宋)高斯得撰,四部叢刊本。

《崇雅堂書錄》,甘鵬雲編,潛江甘氏息園民國二十四年(1935)鉛印本;影印本收載李萬建、鄧雲秋編《民國時期私家藏書目錄叢刊》,國家圖書館出版社,2012年。

D

《道州志》,(清)張元惠修、黃如穀纂,清嘉慶二十五年(1820)刻本。

《第四批國家珍貴古籍名錄圖冊》,中國國家圖書館、中國國家古籍保護中心編,國家圖書館出版社,2014年。

《東京大學東洋文化研究所漢籍分類目錄》,[日本]東京大學東洋文化研究所編,汲古書院,昭和五十六年(1981)。

《東京大學總和圖書館漢籍目錄》,[日本]東京大學總和圖書館編,株式會社東京堂,1995年。

F

《福建省圖書館古籍普查登記目錄》,本書編委會,國家圖書館出版社,2015年。

G

《改訂內閣文庫漢籍分類目錄》,[日本]內閣文庫編印,昭和四十六年(1971)。

《甘肅省圖書館善本書目》(手抄本),甘肅省圖書館典藏部編,2005年。

《貴州師範大學圖書館古籍珍善本提要目錄》,張新航主編,廣西師範大學出版社,2011年。

《國家圖書館古籍普查登記目錄》,本書編委會,國家圖書館出版社,2018年。

《國立國會圖書館漢籍目錄》,[日本]國立國會圖書館圖書部編印,昭和六十二年(1987)。

H

《韓國所藏中國漢籍總目》,[韓國]金寅初主編,學古房,2005年。

《河南省新鄉市圖書館古籍普查登記目錄》,本書編委會,國家圖書館出版社,2017年。

《衡廬精舍藏稿》,(明)胡直撰,影印文淵閣《四庫全書》本。
《胡宏集》,(宋)胡宏撰,中華書局點校本,1987年。
《湖南省古籍善本書目》,常書智、李龍如主編,嶽麓書社,1998年。
《湖南省社會科學院圖書館古籍普查登記目錄》,本書編委會,國家圖書館出版社,2014年。
《湖南圖書館古籍普查登記目錄》,本書編委會,國家圖書館出版社,2014年。
《匯古菁華》,(明)張國璽、劉一相編,明萬曆二十四年(1596)刻本。

J

《建國大學中央圖書館藏書目錄》,[韓國]建國大學中央圖書館編印,1984年。
《江蘇省蘇州圖書館古籍普查登記目錄》,本書編委會,國家圖書館出版社,2016年。
《絳雲樓書目》,(清)錢謙益撰,粵雅堂叢書本。
《京都大學人文科學研究所漢籍目錄》,[日本]京都大學人文科學研究所編,同朋舍,昭和五十四年(1979)。
《靜嘉堂文庫漢籍分類目錄》,[日本]靜嘉堂文庫編,臺灣進學書局,1969年。
《九江府志》,(明)馮曾修、李汛纂,嘉靖六年(1527)刻本。
《九江濂溪志》,李寧寧、黃林燕編,江西人民出版社,2016年。
《舊京書影:1933年北平圖書館善本書目》,[日本]倉石武四郎(攝影),趙萬里(編),人民文學出版社影印本,2011年。
《郡齋讀書志校證》,(宋)晁公武撰、孫猛校證,上海古籍出版社,1990年。

K

《奎章閣圖書中國本綜合目錄》,[韓國]首爾大學圖書館編印,1982年。

L

《來燕榭書跋》,黃裳著,上海古籍出版社,1999年。
《樂安縣志》,(清)朱奎章修、胡芳杏纂,同治十年(1871)刻本。
《濂溪志(八種彙編)》,王晚霞校注,湖南大學出版社,2013年。
《〈濂溪志〉版本述略》,王晚霞著,《中南大學學報(社會科學版)》2011年第

3 期。

《濂溪志新編》,王晚霞編著,中國社會科學出版社,2019 年。

M

《美國哈佛大學燕京圖書館藏中文善本書志》,沈津著,上海辭書出版社,1999 年。

《美國哈佛大學燕京圖書館藏中文善本書志》(增訂本),沈津著,廣西師範大學出版社,2011 年。

《木犀軒藏書題記及書錄》,李盛鐸著、張玉範整理,北京大學出版社,1985 年。

N

《內閣文庫漢籍分類目錄》,[日本] 內閣文庫編印,1956 年。

《內蒙古自治區圖書館古籍普查登記目錄》,本書編委會,國家圖書館出版社,2015 年。

P

《平宋錄》,(元) 劉敏中撰,叢書集成初編本。

Q

《啓明大學中央圖書館古書目錄》,[韓國] 啓明大學中央圖書館編印,1987 年。

《欽定四庫全書總目》(整理本),紀昀、陸錫熊、孫士毅等著,四庫全書研究所整理,中華書局,1997 年。

《清華大學圖書館藏善本書目》,清華大學圖書館編,清華大學出版社,2003 年。

《全宋文》,曾棗莊、劉琳主編,上海辭書出版社、安徽教育出版社,2006 年。

R

《日本漢籍善本書錄》,嚴紹璗著,中華書局,2007 年。

《日藏兩種〈濂溪志〉價值考論》,王晚霞著,《南昌大學學報》(人文社會科學版)2017 年第 4 期。

S

《善本書室藏書志》，（清）丁丙撰，中華書局影印本，1990 年。

《山東師範大學圖書館館藏古籍書目》，張宗茹、王恒柱編纂，齊魯書社，2003 年。

《陝西省圖書館古籍普查登記目錄》，陝西省圖書館編，國家圖書館出版社，2014 年。

《四川大學圖書館古籍叢書目錄》，倪晶瑩編，四川大學出版社，1994 年。

《四川省高校圖書館古籍善本聯合目錄》，四川省高等學校圖書館情報工作委員會編，四川大學出版社，1994 年。

《四庫存目標注》，杜澤遜著，上海古籍出版社，2007 年。

《四庫全書簡明目錄》，（清）永瑢等著，上海古籍出版社點校本，1985 年。

《四庫全書卷前提要四種》，李國慶輯，大象出版社影印本，2016 年。

《四庫全書總目匯訂》，黎小虎編撰，上海古籍出版社，2012 年。

《四庫提要箋注稿》，王培軍撰，上海大學出版社，2019 年。

《首都圖書館古籍善本書目》，首都圖書館編，國家圖書館出版社，2011 年。

《宋代序跋全編》，曾棗莊主編，齊魯書社，2015 年。

《宋集序跋彙編》，祝尚書編，中華書局，2010 年。

《宋人別集敍錄》，祝尚書著，中華書局，1999 年。

《宋人年譜集目》，吳洪澤編，巴蜀書社，1995 年。

《宋史》，（元）脱脱等撰，中華書局點校本，1977 年。

《遂初堂書目》，（宋）尤袤編，影印文淵閣《四庫全書》本。

T

《天津圖書館古籍善本書目》，天津圖書館編，國家圖書館出版社，2008 年。

《鐵庵集》，（宋）方大琮撰，影印文淵閣《四庫全書》本。

《鐵琴銅劍樓藏書目錄》，（清）瞿鏞編纂、瞿果行標點、瞿鳳起覆校，上海古籍出版社，2000 年。

W

《萬卷精華樓藏書記》，（清）耿文光撰，中華書局影印本，1993 年。

《萬曆〈濂溪志〉三種及其承繼關係》，粟品孝著，未刊稿。

《文溯閣四庫全書提要》，金毓黻等編，中華書局據1935年遼海書社排印本影印，2014年。

《文淵閣四庫本〈周元公集〉的提要及底本問題》，粟品孝著，《徐規教授九十華誕紀念文集》（張其凡、李裕民主編），浙江大學出版社，2009年。

X

《現存兩部宋刻周敦頤文集的價值》，粟品孝著，《四川大學學報（哲學社會科學版）》2010年第3期。

《現存宋人別集版本目錄》，沈治宏編，巴蜀書社，1990年。

《現存宋人著述總錄》，劉琳、沈治宏編，巴蜀書社，1995年。

《香港中文大學圖書館中國古籍目錄》，香港中文大學圖書館系統編，香港中文大學出版社，2004年。

《學部圖書館善本書目》，繆荃孫編，原載《古學彙刊》，1912年；整理本收入張廷銀、朱玉麒主編《繆荃孫全集·目錄1》，鳳凰出版社，2013年。

Y

《延世大學中央圖書館古書目錄》，[韓國]延世大學中央圖書館編印，1977年。

《藝風藏書記》，（清）繆荃孫撰，中華書局影印本，1993年、2006年。

《永樂大典》，（明）解縉等，中華書局影印本，2012年。

《永州府志》，（清）劉道著修、錢邦芑纂，康熙九年（1670）刻本。

《元公周先生濂溪集》，湖南省濂溪學研究會整理，嶽麓書社，2006年。

《元公周先生濂溪集》，湖南省濂溪學研究會影印，2017年。

Z

《浙江圖書館古籍善本書目》，浙江圖書館古籍部編，浙江教育出版社，2002年。

《浙江省古籍善本聯合目錄·集部》，程小瀾、朱海閔、應長興主編，國家圖書館出版社，2017年。

《直齋書錄解題》，（宋）陳振孫著，徐小蠻、顧美華點校，上海古籍出版社，1987年。

《中國版刻綜錄》,楊繩信撰,陝西人民出版社,1987年。

《中國叢書綜錄》,上海圖書館編,上海古籍出版社,1986年。

《中國古籍版刻辭典》,瞿冕良編著,齊魯書社,1999年。

《中國古籍善本書目·史部》,中國古籍善本書目編輯委員會編,上海古籍出版社,1991年。

《中國古籍善本書目·集部》,中國古籍善本書目編輯委員會編,上海古籍出版社,1996年。

《中國古籍總目·史部》,中國古籍總目編纂委員會編,中華書局、上海古籍出版社,2009年。

《中國古籍總目·子部》,中國古籍總目編纂委員會編,中華書局、上海古籍出版社,2010年。

《中國古籍總目·集部》,中國古籍總目編纂委員會編,中華書局、上海古籍出版社,2012年。

《中國歷史名人別傳錄·周濂溪先生實錄》,俞冰、馬春梅編,學苑出版社影印本,2007年。

《中國善本書提要》,王重民編撰,上海古籍出版社,1983年。

《中國善本書提要補編》,王重民撰,書目文獻出版社,1991年。

《中華書局點校本〈周敦頤集〉考辨三則》,粟品孝著,《宋代文化研究》第十八輯,四川文藝出版社,2010年。

《中華再造善本總目提要》,中華再造善本工程編纂委員會編,國家圖書館出版社,2013年。

《周敦頤全書》,周文英主編、李才棟副主編,江西教育出版社,1993年。

《周敦頤集》,(宋)周敦頤著,陳克明點校,中華書局,1990年。

《周敦頤集》,曹楊整理、李國鈞審閱,海南國際新聞中心,1996年。

《周敦頤集》,譚松林、尹紅點校,嶽麓書社,2002年。

《周敦頤集》,梁紹輝、徐孫銘等點校,嶽麓書社,2007年。

《周敦頤評傳》,梁紹輝著,南京大學出版社,1994年。

《周敦頤文集版本考略》,劉小琴著,《北京大學中國古文獻研究中心集刊》第4輯,北京大學出版社,2004年。

《周敦頤文集三個版本的承續關係》,粟品孝著,《宋代文化研究》第二十輯,四川大學出版社,2013年。

《周敦頤詩文的彙集過程及若干考辨》,粟品孝著,《宋史研究論叢》第二十三輯,科學出版社,2018年。

《周敦頤著述及版本述録》,尋霖著,《圖書館》2017年第9期。

《周與爵、周沈珂兩種〈濂溪集〉的版本性質》,張京華著,未刊稿。

《周元公集版本辨析》,杜澤遜著,《文獻》2004年第3期。

《字溪集》,(宋) 陽枋撰,影印文淵閣《四庫全書》本。

《尊經閣文庫漢籍分類目録》,[日本] 尊經閣文庫編印,昭和九年(1934)。

致　　謝

　　本書是筆者在十多年搜集和整理周敦頤文集各種版本的基礎上編纂的，其間得到諸多師友的熱心幫助，謹將他們的美名（括注單位、身份）列諸書末（按姓氏拼音字母爲序），以示銘記在懷和衷心感謝！如有遺漏，萬請海涵！

　　白井順（原四川大學古籍整理研究所特聘副研究員，現爲東洋大學文學部東洋思想文化學科准教授）
　　陳雷（上海圖書館館員）
　　陳樂保（湖北師範大學歷史文化學院講師）
　　陳力（四川大學歷史文化學院教授）
　　陳默（四川大學歷史文化學院特聘副研究員）
　　陳微（武漢大學中國傳統文化中心博士生）
　　陳曄（福建師範大學社會歷史學院副教授）
　　村田雄二郎（日本原東京大學教授，現同志社大學大學院教授）
　　段宇（日本學習院大學博士生）
　　范立舟（杭州師範大學人文學院教授）
　　范佳（南京大學歷史系研究生）
　　范喜茹（河北大學歷史學院講師）
　　方文逑（重慶師範大學歷史與社會學院碩士畢業）
　　馮明華（復旦大學歷史系博士生）
　　郭沂（韓國首爾大學哲學系教授）
　　郭畑（重慶大學高等研究院副教授）
　　郭碩（四川大學歷史文化學院博士後）
　　高揚（四川大學歷史文化學院碩士畢業）

何靖（四川大學歷史文化學院教授）
洪麗珠（四川大學歷史文化學院特聘副研究員）
胡斌（北京大學歷史系博士生）
胡華喻（日本東京大學博士生）
黄博（四川大學歷史文化學院副教授）
姜妮（陝西省圖書館古籍部）
姜莉（四川大學歷史文化學院教師）
金生楊（西華師範大學歷史文化學院教授）
康利娟（四川大學歷史文化學院碩士畢業）
李超（湖南省社會科學院歷史研究所助理研究員）
李逸寒（四川大學歷史文化學院博士生）
林英（成都中醫藥大學圖書館館長助理）
劉世龍（四川大學歷史文化學院教授）
劉益民（浙江大學歷史系博士生）
劉蘭英（四川大學歷史文化學院碩士畢業）
羅凱（四川大學歷史文化學院講師）
羅宇晴（美國哥倫比亞大學東亞語言與文化系博士生）
蒙家原（四川大學歷史文化學院博士生）
潘哲毅（日本比叡山文化研究所研究員）
喬東山（河南師範大學歷史文化學院講師）
邱逸凡（臺灣清華大學博士生）
冉豔紅（中國人民大學歷史學院研究生）
宋曉希（西南財經大學人文學院講師）
田炳郁（韓國古典翻譯院、南昌大學教授）
鐵愛花（蘇州大學歷史系教授）
萬朝林（南京大學歷史系教授）
王化雨（四川師範大學歷史與旅遊學院副教授）
王慧敏（河南省新鄉市圖書館副館長）
王瑞來（日本學習院大學教授）
王善軍（西北大學歷史學院教授）

王晚霞（湖南科技學院副教授）
王鵬（北京師範大學碩士畢業）
王興（中國人民大學馬克主義學院講師）
王曉平（天津師範大學教授）
王智勇（四川大學古籍整理研究所研究員）
韋昊昱（清華大學藝術學院博士生）
韋力（北京私人藏書名家）
吳銘能（原四川大學歷史文化學院特聘副研究員）
霞紹輝（四川大學古籍整理研究所博士）
肖建新（南京審計大學教授）
小野泰教（日本學習院大學外國語教育研究中心准教授）
徐陽（北京大學歷史系研究生）
尋霖（湖南圖書館研究員）
楊小平（日本島根大學國際交流中心研究員）
楊雨溪（韓國首爾大學哲學系研究生）
尤東進（杭州師範大學人文學院副教授）
游彪（北京師範大學歷史系教授）
喻學忠（重慶師範大學歷史與社會學院教授）
余新忠（南開大學歷史學院教授）
趙凌（杭州圖書館古籍部）
張明（西北大學歷史學院副教授）
張錦郎（臺灣地區文獻學、出版學、圖書館學專家）
張京華（湖南科技學院國學院教授）
張衛忠（西南民族大學旅遊與歷史文化學院講師）
張勇（四川大學歷史文化學院研究生）
張雯（山東大學外國語學院老師）
周斌（四川大學歷史文化學院教授）
周博（山東大學歷史文化學院博士生）
鄭丞良（臺灣輔仁大學史學系副教授）
朱領（四川大學歷史文化學院博士生）

圖書在版編目(CIP)數據

歷代周敦頤文集序跋目録彙編 / 粟品孝編. —上海：上海古籍出版社，2020.5
ISBN 978-7-5325-9600-3

Ⅰ.①歷… Ⅱ.①粟… Ⅲ.①周敦頤(1017-1073)－著作研究－序跋－彙編②周敦頤(1017-1073)－著作研究－圖書目録－彙編 Ⅳ.①B244.2②Z862

中國版本圖書館 CIP 數據核字(2020)第 066453 號

歷代周敦頤文集序跋目録彙編

粟品孝　編

上海古籍出版社出版發行

(上海瑞金二路 272 號　郵政編碼 200020)

(1) 網址：www.guji.com.cn
(2) E-mail：guji1@guji.com.cn
(3) 易文網網址：www.ewen.co

常熟市新驊印刷有限公司印刷

開本 710×1000　1/16　印張 20　插頁 2　字數 327,000
2020 年 5 月第 1 版　2020 年 5 月第 1 次印刷
ISBN 978-7-5325-9600-3
K・2828　定價：88.00 元
如有質量問題，請與承印公司聯繫